中华人民共和国
保 险 法
注解与配套

第六版

中国法制出版社
CHINA LEGAL PUBLISHING HOUSE

出版说明

中国法制出版社一直致力于出版适合大众需求的法律图书。为了帮助读者准确理解与适用法律，我社于 2008 年 9 月推出"法律注解与配套丛书"，深受广大读者的认同与喜爱，此后推出的第二、三、四、五版也持续热销。为了更好地服务读者，及时反映国家最新立法动态及法律文件的多次清理结果，我社决定推出"法律注解与配套丛书"（第六版）。

本丛书具有以下特点：

1. 由相关领域的具有丰富实践经验和学术素养的法律专业人士撰写适用导引，对相关法律领域作提纲挈领的说明，重点提示立法动态及适用重点、难点。

2. 对主体法中的重点法条及专业术语进行注解，帮助读者把握立法精神，理解条文含义。

3. 根据司法实践提炼疑难问题，由相关专家运用法律规定及原理进行权威解答。

4. 在主体法律文件之后择要收录与其实施相关的配套规定，便于读者查找、应用。

此外，为了凸显丛书简约、实用的特色，分册根据需要附上实用图表、办事流程等，方便读者查阅使用。

真诚希望本丛书的出版能给您在法律的应用上带来帮助和便利，同时也恳请广大读者对书中存在的不足之处提出批评和建议。

中国法制出版社

2023 年 7 月

适用导引

　　保险法是以保险关系为调整对象的法律规范的总称，也就是以保险组织、保险对象以及保险当事人的权利义务为调整对象的法律规范。其中保险关系是指参与保险活动的主体之间形成的权利义务关系，包括当事人之间依保险合同发生的权利义务关系和国家对保险业进行监督管理过程中所发生的各种关系。保险法通常有广义和狭义之分，广义的保险法既包括保险公法，也包括保险私法；狭义的保险法则仅指保险私法。所谓保险公法，就是有关保险的公法性质的法律，即调整社会公共保险关系的行为规范，主要指保险业法和社会保险法；所谓保险私法，就是调整自然人、法人或其他组织之间保险关系的法律，主要指保险合同法和保险特别法（如海商法中有关海上保险的法律规范）。

　　新中国的保险立法除新中国成立初期制订的几部强制保险条例外，主要是在改革开放后发展起来的。1979 年，国务院决定恢复国内保险业务。1981 年 12 月 13 日颁布的《中华人民共和国经济合同法》中第一次对财产保险合同作了原则性的规定。1983 年 9 月 1 日国务院发布了《财产保险合同条例》，该条例基本具备了保险合同法的框架，适应了当时保险业的发展。1985 年 3 月 3 日国务院又颁发了《保险企业管理暂行条例》。如果说《财产保险合同条例》构建了我国保险合同法的基本框架，《保险企业管理暂行条例》则为我国保险业法的制定打下了基础。1992 年 11 月 7 日通过的《中华人民共和国海商法》第一次以法律的形式对海上保险作出明确规定。1995 年 6 月 30 日，全国人大常委会通过《中华人民共和国保险法》，内容包括总则、财产和人身保险合同、保险公司、保险业的监督管理等。这是新中国成立以来第一部保险基本法，它标志着以保险法为主体、相关法规配套的中国保险法律法规体系的初步形成。随着中国保险监督管理委员会于 1998 年 11 月 18 日宣告成立，我国保险法规体系在组织结构上也逐步走向完善。

2002 年为履行我国加入世贸组织的承诺，对保险法曾做过部分修改。保险法的公布施行，对保护保险活动各方当事人的合法权益，规范保险市场秩序，促进保险业的健康发展，发挥了重要作用。随着经济社会的发展，我国保险业在快速发展、取得显著成绩的同时，也出现了一些新的情况和问题。原保险法的一些规定已不能完全适应形势发展的需要，有必要进一步修改完善。保险法修订草案于 2008 年 8 月由国务院提交全国人大常委会审议。全国人大常委会会议于 2008 年 8 月、12 月和 2009 年 2 月三次审议。在 2009 年 2 月 28 日举行的十一届全国人大常委会第七次会议的全体会议上，通过了修订后的保险法。修订后的保险法从 2009 年 10 月 1 日起施行。这次修订是对保险法的一次全面修改，条文数量由修订前的一百五十八条增加到修订后的一百八十七条，绝大多数条款都有修改。此后，全国人大常委会于 2014 年 8 月 31 日、2015 年 4 月 24 日对保险法的部分条文作出了进一步修改。

在保险法中，保险合同法是其核心内容。它是关于保险关系双方当事人权利义务的法律规定，通常包括保险合同的订立、效力、履行、终止、变更、解除以及保险合同纠纷的处理等事项。我国保险法第二章是对保险合同的规范，包括三节内容：分别就保险合同的一般规则、人身保险和财产保险两大类保险合同的一些特殊规则进行了规定，基本确立了我国保险合同法的体系和内容。对于实践中发生的保险合同纠纷，如果保险法未规定，则可适用合同法的相关规定；合同法中也未规定的，则可适用民法总则的有关规定。除此之外，其他法律中关于保险合同的具体规定也是我国保险合同法的有机组成部分。目前最重要的就是海商法中关于海上保险合同的规定。

而保险业法，又称为保险组织法、保险业监督法，其内容是有关保险组织的设立、经营、管理、监督、破产、解散和清算等的规定。保险业法的调整对象一般包括：（1）国家在监督和管理保险企业过程中所发生的关系；（2）保险企业相互间因合作、竞争而发生的关系；（3）保险企业在内部管理过程中所发生的关系。我国保险法第三章至第六章规定了对保险业进行监督管理的法律规范，包括保险公司的设立、变更、解散、破产、保险经营规则、保险业的监督管理以及保险中介等。

从我国保险法的规定来看，保险法的作用主要体现在以下几个方面：一是规范保险活动。在中国境内从事的保险活动必须遵循我国保险法的基本原则，并严格按照法律的规定进行。二是保护保险活动当事人的合法权益。我国保险法保护的是保险活动当事人即投保人、被保险人和保险人的合法权益。三是加强对保险业的监督管理。我国保险法明确了国务院保险监督管理机构依法负责对保险业实施监督管理，并在该法第六章保险业监督管理部分具体规定了监督管理的内容，包括保险险种和保险费率的审批或备案、保险监督管理机构的检查以及采取有关行政措施的权力，如调整负责人及有关管理人员、接管和整顿保险公司等。四是促进保险业的健康发展。我国保险法通过规范保险活动，保护保险活动当事人的合法权益和加强对保险业的监督管理，来达到维护保险业公平竞争、促进保险业健康发展的目的。

目　录

中华人民共和国保险法

第一章　总　则

第二章　保险合同

第一节　一般规定

第二节 人身保险合同

第三章　保险公司

第四章 保险经营规则

第五章 保险代理人和保险经纪人

第七章　法律责任

配套法规

中华人民共和国保险法

(1995 年 6 月 30 日第八届全国人民代表大会常务委员会第十四次会议通过 根据 2002 年 10 月 28 日第九届全国人民代表大会常务委员会第三十次会议《关于修改〈中华人民共和国保险法〉的决定》第一次修正 2009 年 2 月 28 日第十一届全国人民代表大会常务委员会第七次会议修订 根据 2014 年 8 月 31 日第十二届全国人民代表大会常务委员会第十次会议《关于修改〈中华人民共和国保险法〉等五部法律的决定》第二次修正 根据 2015 年 4 月 24 日第十二届全国人民代表大会常务委员会第十四次会议《关于修改〈中华人民共和国计量法〉等五部法律的决定》第三次修正)

目 录

第七章　法律责任

第八章　附　　则

第一章　总　　则

第一条　【立法宗旨】* 为了规范保险活动，保护保险活动当事人的合法权益，加强对保险业的监督管理，维护社会经济秩序和社会公共利益，促进保险事业的健康发展，制定本法。

注解

在人类的生产与生活中，危险无处不在，给人们的生产、生活造成严重威胁，危险事故的发生则给人们带来伤害和损失。无论是个人还是集体，对危险的损害后果都难以独自承担，对危险进行识别、衡量、防范和控制的要求就很自然地产生了。危险处理的方法有许多种，包括危险回避、损失控制、危险转移、危险自留等。其中危险转移是指通过合理的措施，将危险及其损失从一个主体转移给另一个主体，即转移损失发生及其程度的不确定性。危险转移包括两种方式：一种是控制型的危险转移，即转移可能发生危险损失的财产或活动，例如将容易着火的建筑物卖掉，也就不再承担其着火带来的损失；另一种是财务型的危险转移，即通过财务方式转移危险损失。保险就是财务型危险转移方式之一，即通过购买保险将可能发生的危险损失由保险人来承担，以确定的保险费支出代替损失程度的不确定性。

第二条　【调整范围】本法所称保险，是指投保人根据合同约定，向保险人支付保险费，保险人对于合同约定的可能发生的事故因其发生所造成的财产损失承担赔偿保险金责任，或者当被

保险人死亡、伤残、疾病或者达到合同约定的年龄、期限等条件时承担给付保险金责任的商业保险行为。

从理论上讲，保险有广义和狭义之分。广义的保险是将商业保险、社会保险与政策保险等一切采取保险方式来处理危险的社会化保险机制都包括在内；狭义的保险则仅指商业保险，即采取商业手段并严格按照市场法则运行的保险机制。我国保险法在本条中明确规定了保险法的调整对象是商业保险活动。

应用

1. 如何区分商业保险与社会保险？

商业保险与具有社会保障性质的社会保险相比较，具有以下三个特点：一是具有自愿性，商业保险法律关系的确立，是投保人与保险人根据意思自治原则，在平等互利、协商一致的基础上通过自愿订立保险合同来实现的，而社会保险则是通过法律强制实施的；二是具有营利性，商业保险是一种商业行为，经营商业保险业务的公司无论采取何种组织形式都是以营利为目的，而社会保险则是以保障社会成员的基本生活需要为目的；三是从业务范围及赔偿保险金和支付保障金的原则来看，商业保险既包括财产保险又包括人身保险，投入相应多的保险费，在保险价值范围内就可以取得相应多的保险金赔付，体现的是多投多保、少投少保的原则，而社会保险则仅限于人身保险，并不单纯以投入保险费的多少来加以差别保障，体现的是社会基本保障原则。

2. 因果关系存在是保险人承担保险责任的前提吗？

在保险法上，因果关系旨在解决保险人填补责任的有无，所以侧重于危险（承保危险和免责危险）与损害（金钱损害）之间的因果关系有无的判断。而有关被保险人所受损害且应由保险人补偿的范围确定问题，则不属于因果关系解决的范畴。被保险人为防范可能发生的事故，弥补因不确定的事故发生而可能招致的不利益，向保险人投保；保险事故发生后，保险人对"因"承保的事故所产生的财产损失承担赔偿保险责任。因此《保险法》第二条规定："……保险人对于合同约定的可能发生的事故因其发生所造成的财产损失承担赔偿保险金责任……"但是，所发生的事故是否是合同所约定的事故，或者说所发生的事故与损失之间是否有"因果关系"，是在保险理赔中需要认定的一个重要问题。换言之，保险人承担保险金赔偿的前提是承保的事故与损失之间存在"因果关系"，两者无因果关系时，保险人不负赔偿责任，这是保险法上因果关系意义最重要所在。

具体到我国《保险法》第四十五条，不能是只要被保险人有故意犯罪或者抗拒依法采取的刑事强制措施的行为，即使保险人赔付保险金的责任得以豁免，而是必须判断上述行为同被保险人的死亡、伤残之间是否存在因果关系，存在因果关系的，保险人无需承担保险责任，不存在因果关系的，保险人以被保险人存在上述行为的抗辩不能成立。①

第三条　**【适用范围】**在中华人民共和国境内从事保险活动，适用本法。

应用

3. 外国人、外国保险组织适用我国保险法吗？

按照本条规定，无论是中国自然人、法人还是外国自然人、法人以及无国籍人，只要在中华人民共和国境内从事保险活动，包括处于保险人地位或处于投保人、被保险人、受益人地位的所有保险活动当事人，都必须遵守和执行本法；无论外国保险组织在中国境内有没有设立机构，只要从中国境内吸收投保，并依所订立的保险合同在中国境内履行保险责任，都受本法的约束。同时由于本法第二条已明确规定保险法仅调整商业保险活动，因此，在中国境内从事的所有商业保险活动，包括保险人的业务经营、保险代理人、保险经纪人和保险公估人等的业务活动及其他与保险有关的行为，都适用本法。

第四条　**【从事保险活动的基本原则】**从事保险活动必须遵守法律、行政法规，尊重社会公德，不得损害社会公共利益。

第五条　**【诚实信用原则】**保险活动当事人行使权利、履行

---

①　杜万华主编、最高人民法院民事审判第二庭编著：《最高人民法院关于保险法司法解释（三）理解与适用》，人民法院出版社2015年版，第551~552页。

义务应当遵循诚实信用原则。

第六条　【保险业务经营主体】保险业务由依照本法设立的保险公司以及法律、行政法规规定的其他保险组织经营，其他单位和个人不得经营保险业务。

`应　用`

4. 商业保险业务经营主体有什么社会职能？

商业保险是现代市场经济高度发展的大工业社会中的一种经济活动，经营商业保险业务的目的固然在于营利，但从全社会的角度来看，商业保险业务经营主体的社会职能是对减低风险进行组织、管理、计算、研究、赔付和监督的一种服务。由于保险业务直接经营着货币资本，所以它又是一种金融服务。

5. 法律为何需要规范保险业务经营主体？

保险业务涉及众多投保人、被保险人和受益人的利益，如果商业保险业务经营主体经营不当，不能赔付应承担的保险金，不仅会使投保人、被保险人和受益人因保险事故的发生出现的损害得不到补偿，而且会引发社会矛盾和不安定。因此法律为保障社会公共利益，需要对商业保险业务经营主体的成立、管理、投资和终止经营等各个方面予以规范，以保障这种社会财富再分配的顺利进行。长期的保险活动实践也要求商业保险业务经营主体应当实行专业经营原则，也就是说商业保险业务只能由符合法律规定条件的特定商业组织经营。

第七条　【境内投保原则】在中华人民共和国境内的法人和其他组织需要办理境内保险的，应当向中华人民共和国境内的保险公司投保。

`注　解`

本条规定中的"境内的法人"，既包括依照我国法律设立的具有法人资格的公司、企事业单位、机关和社会团体，也包括经我国政府批准在我国境内设立分支机构的外国法人；本条规定中的"其他组织"，是指依法成立的不具备法人资格的各类组织，包括合伙企业、个人独资企业、未取得法人资格的联营企业等；本条规定中的"境内的保险公司"，是指我国的保险公司以及经批准设立在我国境内的中外合资保险公司和外国保险公司分公司。如果上述境内的法人和其他组织在我国境内从事生产经营或其他活动，需要办理境内保险时，按照本条规定就应当向我国境内的保险公司投保。

第八条 **【分业经营原则】**保险业和银行业、证券业、信托业实行分业经营、分业管理，保险公司与银行、证券、信托业务机构分别设立。国家另有规定的除外。

应 用

6. 何为金融分业经营？何为金融混业经营？

保险业是金融业的重要组成部分。金融分业经营是指银行、证券、保险、信托等金融行业内以及金融业与非金融业实行相互分离经营。金融混业经营是指金融业的混合、交叉经营。本条规定了我国金融业分业经营的原则，即在金融业内部实行专业化经营。严格的分业经营的模式可以简单概括为：一个法人，一个执照，一类业务。

7. 为何实行分业经营、分业管理？

从历史发展来看，金融分业的目的在于在资本市场和货币市场中间建立管制屏障，避免银行、保险资金流入高风险的证券市场，以确保银行、保险业的稳定、安全，保护储户、保户的利益，稳定金融。同时，金融分业，实行专业化经营还有助于提高效率，维护市场的公平竞争。1929 年世界金融危机之后，分业经营作为切断银行、保险与证券市场的联系的一道防火墙而被采用。但是，随着全球经济的发展和不断融合，过于严格的分业经营和金融管制也增加了金融业的成本，降低了综合经营效率，难以满足客户的多元化需求，也不利于提高金融业的竞争力。因此，这些年来一些国家的政策和实践也在一定限度上采取混业经营。为了有效防范金融风险，同时有利于金融创新，这次修订保险法，根据实践发展的需要，在对保险业与其他金融业继续实行分业经营、分业管理的同时，增加规定"国家另有规定的除外"，以法律的形式为我国金融体制的进一步改革和保险市场的健康发展留有余地。

第九条 **【保险监督管理机构】**国务院保险监督管理机构依法对保险业实施监督管理。

国务院保险监督管理机构根据履行职责的需要设立派出机构。

派出机构按照国务院保险监督管理机构的授权履行监督管理职责。

第二章 保 险 合 同

第一节 一 般 规 定

第十条 【保险合同及其主体】保险合同是投保人与保险人约定保险权利义务关系的协议。

投保人是指与保险人订立保险合同，并按照合同约定负有支付保险费义务的人。

保险人是指与投保人订立保险合同，并按照合同约定承担赔偿或者给付保险金责任的保险公司。

应 用

8. 投保人应该具备哪些条件？

保险合同的当事人即投保人和保险人。投保人作为保险合同的当事人，必须具备以下条件：

一是具有完全的民事权利能力和相应的民事行为能力。民事权利能力是指民事主体依法享有民事权利和承担民事义务的资格；民事行为能力是指民事主体以自己的行为享有民事权利和承担民事义务的能力。《民法典》将自然人的民事行为能力按照年龄、智力、精神健康状况分为完全民事行为能力、限制民事行为能力和无民事行为能力。八周岁以上的未成年人、不能完全辨认自己行为的成年人为限制民事行为能力人，其作为投保人订立保险合同时，需由其法定代理人代理或经其法定代理人同意、追认。未满八周岁的未成年人、不能辨认自己行为的八周岁以上的自然人为无民事行为能力人，通常不能成为保险合同的当事人。

二是投保人须对保险标的具有保险利益。否则不能申请订立保险合同，已订立的合同为无效合同。规定投保人应对保险标的具有保险利益，可以使保险与赌博区别开来，并预防道德风险和限制赔偿金额。

三是投保人须是以自己的名义与保险人订立保险合同的当事人，同时还须依保险合同的约定交纳保险费。保险合同是双务合同和有偿合同,被保险人获得保险保障是以投保人交纳保险费为前提。当投保人为自己的利益投保时,有义务交纳保险费;在为他人利益投保时,也要承担保险费的交付义务。投保人如不按期交纳保险费,保险人可以分情况要求其交付保险费及利息,或者终止保险合同。保险人对终止合同前投保方欠交的保险费及利息,仍有权要求投保方如数补足。

9. 保险人应该具备哪些条件?

保险人应具备以下条件:第一,要有法定资格。保险人经常以各种经营组织形态出现。按照我国《保险法》的规定,保险人必须是依法成立的保险公司。第二,保险公司须以自己的名义订立保险合同。作为一方当事人,保险人只有以自己的名义与投保人签订保险合同后,才能成为保险合同的保险人。

配套

《民法典》第 17—24 条;《保险法》第 6 条、第 181 条;《海商法》第 216 条

第十一条 【保险合同订立原则】订立保险合同,应当协商一致,遵循公平原则确定各方的权利和义务。

除法律、行政法规规定必须保险的外,保险合同自愿订立。

注解

保险合同和其他民商事合同一样,需要双方当事人协商一致形成合意后才能形成。在合同的订立过程中,双方当事人在法律和法规的允许范围内,经过磋商,做出一个双方均能够接受的意思合意,即构成保险合同。双方当中,任何一方都不能把自己的意愿强加给另一方。

应用

10. 如何保护投保人的合同权益?

在实践中,由于保险合同的复杂性和专业性,往往是由保险人制作格式合同,而由投保人签字而形成的,这些内容,并不是双方当事人意思表示合意的表现,有些甚至侵害了投保人的合法利益。这就需要建立起一套保护投

保人地位的制度。

首先，要建立起有效的批注制度，手写或事后打印的批注，是双方协商和订立合同时所约定的特别条款，一旦出现批注的内容与格式合同中的条款相矛盾的，则以批注的条款为准，而否认格式条款的效力。《保险法解释①（二）》第十四条明确了这一规则的顺序：（1）投保单与保险单或者其他保险凭证不一致的，以投保单为准。但不一致的情形系经保险人说明并经投保人同意的，以投保人签收的保险单或者其他保险凭证载明的内容为准；（2）非格式条款与格式条款不一致的，以非格式条款为准；（3）保险凭证记载的时间不同的，以形成时间在后的为准；（4）保险凭证存在手写和打印两种方式的，以双方签字、盖章的手写部分的内容为准。

其次，有利于投保人和被保险人的解释。《保险法》第三十条对这一解释规则作出了规定，即在条文文意有争议之时，采用有利于当事人的解释方式，以保障投保人的地位与利益。

最后，是保险人的告知义务。《保险法》第十七条第二款明确规定："对保险合同中免除保险人责任的条款，保险人在订立合同时应当在投保单、保险单或者其他保险凭证上作出足以引起投保人注意的提示，并对该条款的内容以书面或者口头形式向投保人作出明确说明；未作提示或者明确说明的，该条款不产生效力。"通过这样的条款，能够使协商一致的民事基本原则得以贯彻实施。②

配套

《民法典》第 147-151 条；《机动车交通事故责任强制保险条例》

第十二条　【保险利益、保险标的】人身保险的投保人在保险合同订立时，对被保险人应当具有保险利益。

财产保险的被保险人在保险事故发生时，对保险标的应当具有保险利益。

---

① 《最高人民法院关于适用〈中华人民共和国保险法〉若干问题的解释》，本书中统一简称为《保险法解释》。

② 《最高人民法院专家法官阐释疑难问题与案例指导·保险合同卷》，中国法制出版社 2016 年版，第 7-8 页。

人身保险是以人的寿命和身体为保险标的的保险。

财产保险是以财产及其有关利益为保险标的的保险。

被保险人是指其财产或者人身受保险合同保障，享有保险金请求权的人。投保人可以为被保险人。

保险利益是指投保人或者被保险人对保险标的具有的法律上承认的利益。

注 解

保险利益又称可保利益，是指投保人或被保险人对投保标的的所具有的法律上所承认的利益。它体现了投保人或被保险人与保险标的之间存在的利益关系。衡量投保人或被保险人对保险标的的是否具有保险利益的标志主要是看投保人或被保险人是否因保险标的的损害或丧失而遭受经济上的损失，即当保险标的安全时，投保人或被保险人可以从中获益；反之，当保险标的受损，投保人或被保险人必然会遭受经济损失，则投保人或被保险人对该标的具有保险利益。

保险利益是保险合同法特有的制度，财产保险合同的被保险人对保险标的是否具有保险利益直接决定被保险人是否能够请求赔偿保险金。实践中，财产的使用人、租赁人、承运人等非财产所有权人有转移风险的需求，可能向保险公司投保，有些保险公司虽给予承保，却在保险事故发生时以被保险人不是财产所有权人、不具有保险利益为由拒赔，有违诚实信用，不符合保险消费者的合理期待。为此，《保险法解释（二）》第一条规定，不同投保人可以就同一保险标的分别投保，承认财产的使用人、租赁人、承运人等主体对保险标的的也具有保险利益，防止保险人滥用保险利益原则拒绝承担保险责任。当然，任何人都不得通过保险合同获得超过损失的赔偿，故被保险人只能在其保险利益范围内依据保险合同主张保险赔偿。

应 用

11. 财产保险利益如何认定？

财产保险的保险利益产生于当事人与财产标的的利害关系，因此根据财产主体与客体不同的法律关系，可将保险利益分为现在利益、期待利益、责任利益和合同利益等类型。一般来说，投保人或被保险人具有下列情形之一的，可认定有保险利益存在：

（1）对财产标的具有所有权或其他物权等。凡是对财产享有法律上的财产权利，无论是所有权，还是抵押权、留置权、经营权等，也不论此种权利是现在的还是将来的，都可认定有保险利益。

（2）对财产标的物依法占有、使用或保管。经济生活中，通常会出现当事人依法或依约定对他人所有的财产占有、使用或保管的情形。此时占有人、使用人或保管人对财产标的物的毁损灭失依法或依约也具有经济上的利害关系，应认定当事人有保险利益，可以就所占有、使用、保管的财产标的进行投保。

（3）基于合同关系产生的利益。当事人根据彼此之间的合同，需要承担财产损失的风险时，则对该财产具有保险利益。如根据租赁合同或承揽合同，承租人或承揽人对租赁物、加工承揽物负有毁损灭失风险的，则承租人、承揽人对该标的物具有保险利益，可以投保。

（4）法律责任。自然人或法人依法对他人承担的赔偿责任也是一种保险利益。当事人可以将其可能对他人负有的法律责任进行投保，此时认为他对其法律责任负有保险利益。这种保险利益称为"责任利益"。责任利益一般是指民事赔偿责任，包括侵权责任和合同责任。保险实务上，责任利益包括雇主责任、公众责任、职业责任、代理责任等。

（5）期待利益。期待利益包括消极的期待利益和积极的期待利益。消极的期待利益是指基于现有利益而期待某种责任不发生的利益，主要针对责任保险而言，责任利益就是一种消极的期待利益。积极的期待利益，即当事人对于其现有财产或事业的安全而可获得的利益，如利润利益、营业收入、租金收入等。当事人对积极的期待利益可以投保，保险范围、赔偿标准等一般须在保险单中明确，而且投保人或被保险人对期待利益的存在负有证明之责。

12. 投保人在人身保险合同成立后对被保险人丧失保险利益的，保险合同继续有效吗？

《保险法》第十二条第一款规定，人身保险的投保人在保险合同订立时，对被保险人应当具有保险利益。第三十一条第三款明确规定，订立合同时，投保人对被保险人不具有保险利益的，合同无效。根据以上规定，显然投保人只要在保险合同订立时存在保险利益即可，保险关系存续期间丧失保险利益不影响保险合同的效力。此外，该方式也不会增加被保险人可能遭受的道德风险。因为，根据《保险法》第四十条和四十一条的规定，受益人的指定和变更都必须经过被保险人的同意，被保险人可以通过变更受益人控制道德风险。而且，《保险法》第四十三条也明确规定，投保人故意制造保险事故的，保险人不承担保险责任；受益人故意制造保险事故的，丧失受益权。该规定也将使得故意制造保险事故投保人或者受益人无法获得保险金，故即使投保人在保险期间丧失保险利益，其一般不会有加害被保险人的道德危险。①

配套

《海商法》第 218 条

第十三条　【保险合同成立与生效】 投保人提出保险要求，经保险人同意承保，保险合同成立。保险人应当及时向投保人签发保险单或者其他保险凭证。

保险单或者其他保险凭证应当载明当事人双方约定的合同内容。当事人也可以约定采用其他书面形式载明合同内容。

依法成立的保险合同，自成立时生效。投保人和保险人可以对合同的效力约定附条件或者附期限。

注解

订立保险合同是投保人与保险人的双方法律行为，保险合同的订立过程，是投保人和保险人意思表示趋于一致的过程，在双方意思表示一致的基础上，双方最终达成协议，保险合同才能成立。订立保险合同与其他合同一样要经过要约和承诺两个步骤，一方要约，另一方承诺，保险合同即告成立。根据我国《民法典》的有关规定，要约是希望与他人订立合同的意思表示，该意思表示应当符合下列条件：（1）内容具体确定；（2）表明经受要约人承诺，要约人即受该意思表示约束。承诺是受要约人同意要约的意思表示。承诺的内容应当与要约的内容一致。承诺生效时合同成立。

但是，保险合同的成立并不等于生效，这两者的区分已经很明确地规定

---

① 杜万华主编、最高人民法院民事审判第二庭编著：《最高人民法院关于保险法司法解释（三）理解与适用》，人民法院出版社 2015 年版，第 95~97 页。

在了本条的第三款之中："依法成立的保险合同，自成立时生效。投保人和保险人可以对合同的效力约定附条件或者附期限。"一般来说，合同成立即生效，然而，根据合同的原理，成立的合同并不必然生效，有的可以推迟生效，有的甚至根本就不能发生效力。合同的成立和生效是不同的概念，首先，成立是保险合同本身的一个事实判断，即对合同这样一个法律关系的存在与否作出一个判断。而生效则是一个法律上的价值判断，如果成立的保险合同违反了《民法典》第一编第六章第三节或者第三编第一分编等有关规定或《保险法》规定的其他无效要件，例如在人身保险合同中，投保人在投保时对被保险人的人身并不享有保险利益，此时，即使成立的合同，也会因法律的价值判断要件的不符合而使合同归于无效。当然，同时符合合同的成立要件和生效要件的保险合同，即根据第三款前段的规定，自然发生效力，即合同成立时即生效。

应 用

13. 保险凭证主要有哪些种类？

载明合同内容的保险凭证主要有以下几种：

（1）保险单。保险单是投保人与保险人之间订立的保险合同的书面凭证，它由保险人签发给投保人，是最基本的载明合同内容的形式。

（2）保险凭证。保险凭证是保险人签发给投保人以证明保险合同业已生效的文件，它是一种简化的保险单，与保险单具有同样的作用和效力。

（3）投保单。投保单是投保人向保险人递交的书面要约。为准确迅速处理保险业务，投保单的格式和项目都由保险人设计，附格式条款，并以规范的形式提出。在保险人出立正式保险单后，投保单成为保险合同的组成部分。

（4）暂保单。暂保单是在正式保险单出立之前先给予投保人的一种临时保险凭证，它具有与正式保险单同等法律效力，并于正式保险单交付时自动失效。当然，在订立保险合同过程中，由于保险标的的特殊性不能采用标准的保险单时，投保人与保险人需要就保险标的及保险保障的一些问题进行具体的协商，经双方同意可以在保险合同中增加新的内容或对部分合同内容进行修改。如保险人在保险合同之外出具批单，以注明保险单的变动事项，或者在保险合同上记载附加条款，以增加原保险合同的内容，或者采用其他书面协议形式载明合同内容。这里所讲的其他书面协议形式，也就是指前述四种形式之外的书面形式。

14. 如何理解对保险合同约定附条件或附期限?

依据本条规定,投保人和保险人可以对合同的效力约定附条件或者附期限。

(1)所附条件是指合同当事人自己约定的、未来有可能发生的、用来限定合同效力的某种合法事实。所附条件有以下特点:一是所附条件是由双方当事人约定的,并且作为合同的一个条款列入合同中。其与法定条件的最大区别就在于后者是由法律规定的,不由当事人的意思取舍并具有普遍约束力的条件。因此,合同双方当事人不得以法定条件作为所附条件。二是条件是将来可能发生的事实。过去的、现存的事实或者将来必定发生的事实或者必定不能发生的事实不能作为所附条件。三是所附条件是当事人用来限制合同法律效力的附属意思表示。它同当事人约定的所谓供货条件、付款条件是不同的,后者是合同自身内容的一部分,而附条件合同的所附条件只是合同的附属内容。四是所附条件必须是合法的事实。违法的事实不能作为条件,如双方当事人不能约定某人杀死某人作为合同生效的条件。所附条件可分为生效条件和解除条件。生效条件是指使合同的效力发生或者不发生的条件,在此条件出现之前,合同的效力处于不确定状态,当此条件出现后,即条件成就后,合同生效;当条件没有出现,合同也就不生效。需要特别指出的是,附条件的合同虽然要在所附条件出现时生效或者失效,但是对于当事人仍然具有法律约束力,双方当事人不能随意变更或者解除。条件未出现前的效力对于附生效条件的合同表现为当事人不得自行撤销、变更合同的拘束力和可基于条件出现时对该合同生效的期待权。

(2)所附期限是指双方当事人约定的将来的某个时间。合同中的附期限可分为附生效期限和附终止期限。生效期限是指以其到来使合同发生效力的期限。该期限的作用是延缓合同效力的发生,其作用与附条件合同中的生效条件相当。合同在该期限到来之前,其效力处于停止状态,待期限到来时,合同的效力才发生。终止期限是指以其到来使合同效力消灭的期限。保险合同附期限一般为附期限生效。

15. 保险人接受了投保人提交的投保单并收取了保险费,尚未作出是否承保的意思表示,发生保险事故,被保险人或者受益人请求其赔偿的,如何处理?

保险人接受了投保人提交的投保单并收取了保险费,尚未作出是否承保的意思表示,发生保险事故,被保险人或者受益人请求保险人按照保险合同承担赔偿或者给付保险金责任，符合承保条件的，人民法院应予支持；不符合承保条件的，保险人不承担保险责任，但应当退还已经收取的保险费。保险人主张不符合承保条件的，应承担举证责任。

16. 如无特别约定，是否交付保险费对保险合同的成立和生效都不能产生影响?

保险合同以当事人双方意思表示一致为成立要件，即保险合同以双方当事人愿意接受特定条件拘束时，保险合同即为成立。签发保险单属于保险方的行为，目的是对保险合同的内容加以确立，便于当事人知晓保险合同的内容，能产生证明的效果。根据《保险法》第十三条关于"投保人提出保险要求，经保险人同意承保，保险合同成立。保险人应当及时向投保人签发保险单或者其他保险凭证，并在保险单或者其他保险凭证中载明当事人双方约定的全部内容"之规定，签发保险单并非保险合同成立时所必须具备的形式。

保险费是被保险人获得保险保障的对价。根据《保险法》第十三条第三款关于"依法成立的保险合同，自成立时生效。投保人和保险人可以对合同的效力约定附条件或者附期限"之规定，保险合同可以明确约定以交纳保险费为合同的生效要件。如果保险合同约定于交纳保险费后保险合同生效，则保险人对交纳保险费前所发生的损失不承担赔偿责任。（参见"云南某物流有限公司与某财产保险股份有限公司曲靖中心支公司财产损失保险合同纠纷申请再审案"，载《最高人民法院公报》2016 年第 7 期。）

配套

《民法典》第三编第一分编第二、三章；《海商法》第 221 条；《保险法解释（一）》第 1-5 条；《保险法解释（二）》第 3、4 条

第十四条　【保险合同效力】保险合同成立后，投保人按照约定交付保险费，保险人按照约定的时间开始承担保险责任。

注解

保险合同是一种诺成性合同，并不是实践性合同。投保人无需交纳保费，只要合同双方意思表示一致，合同就可以成立。但合同成立并不就等于合同生效。《保险法》第十四条规定，保险合同成立后，投保人按照约定交付保险费，保险人按照约定的时间开始承担保险责任。可见，一般情况下，

是合同成立后再交付保险费，是否交付保险费与合同成立之间没有关系。合同是否生效需要法律对当事人的合意进行评判。保险合同可以明确约定以交纳保险费为合同的生效要件。

第十五条　【保险合同解除】除本法另有规定或者保险合同另有约定外，保险合同成立后，投保人可以解除合同，保险人不得解除合同。

注解

按照本条的规定，除本法另有规定或者保险合同另有约定外，保险合同成立后，保险人不得解除保险合同。只有在发生本法规定的情形或者保险合同另有约定外，保险人才有权解除保险合同：（1）投保人故意隐瞒事实，不履行如实告知义务的，或者因重大过失未履行如实告知义务，足以影响保险人决定是否同意承保或者提高保险费率的，保险人有权解除保险合同。（2）被保险人或者受益人在未发生保险事故的情况下，谎称发生了保险事故，向保险人提出赔偿或者给付保险金的请求的，保险人有权解除保险合同，并不退还保险费。（3）投保人、被保险人故意制造保险事故的，保险人有权解除保险合同，不承担赔偿或者给付保险金的责任。（4）投保人、被保险人未按照约定履行其对保险标的的安全应尽的责任的；保险人有权要求增加保险费或者解除合同。（5）在合同有效期内，保险标的的危险程度显著增加的，被保险人按照合同约定应当及时通知保险人，保险人有权要求增加保险费或者解除合同。（6）保险标的发生部分损失的，保险人履行了赔偿责任后，除合同约定以外，保险人可以解除合同。（7）投保人申报的被保险人年龄不真实，并且其真实年龄不符合合同约定的年龄限制的，保险人可以解除合同。（8）人身保险合同分期支付保险费的，合同效力中止超过二年的，保险人有权解除合同。

应用

17. 以可流动人员的身体作为保险标的的人身保险合同的效力如何认定？

原告王某某之妻陈某某在某保险公司永顺县支公司工作期间，既是该保险公司永顺县支公司的职工，也是该公司工会的会员，有权利享受职工和会员的待遇。某保险公司永顺县支公司从该公司工会出资为其女职工投保，是该公司工会给会员的福利待遇。因保险合同的成立，陈某某以被保险人和受益人的身份成为合同当事人。依照保险法的规定，陈某某享有保险金请求权。在保险合同中，由于有被保险人加入，合同与被保险人利害相关，因此只有在通知并征求被保险人的意见后，才能决定合同的订立、变更或解除。原告王某某之妻陈某某从被告调离后，永顺支公司借该人身保险合同为同一人签署的便利，在没有征求陈某某意见的情况下，就以业务批单的形式解除合同。此举违背了《保险法》第十五条的规定，不能发生解除的效力。

人员流动是社会发展的正常现象。以可流动人员的身体作为保险标的的人身保险合同，投保人在投保时对保险标的具有的保险利益，可能由于人员流动而在投保后发生变化。对人身保险合同，只能根据投保人在投保时是否具有保险利益来确定合同效力，不能随保险合同成立后的人事变化情况来确定合同效力，这样才能保持合同的稳定性。被告永顺支公司以陈某某调离后，永顺支公司已没有可保利益为由，主张本案合同无效，理由不能成立。（参见"王某某诉某人寿保险公司永顺县支公司保险合同纠纷案"，载《最高人民法院公报》2001 年第 4 期）

18. 投保人与被保险人不一致时，投保人解除保险合同是否需要经过被保险人同意？

投保人为他人投保，与被保险人、受益人为不同主体时，投保人解除保险合同是否需要经过被保险人或者受益人同意，理论界与实务界确实存在不少争议。《保险法解释（三）》第十七条明确，投保人解除保险合同，无须经过被保险人和受益人的同意，理由在于：一是从保险立法来看，《保险法》第十五条确立了投保人的任意解除权，并没有对其行使进行限制，如要求投保人解除合同需征得被保险人或受益人同意不符合立法精神；二是从合同原理来看，保险合同的当事人是投保人与保险人，被保险人与受益人是保险合同的保障对象和保险金请求权的主体，其权利依附于投保人与保险人之间的合同，而不能影响保险合同的存续；三是从保险行业发展来看，保险单转让与质押是人身保险未来发展的方向之一，这些业务的开展是以投保人能够随时解除保险合同并取得保险单现金价值为条件的，如要求投保人解除合同需要经过被保险人和受益人同意，则可能限制保险单转让与质押业务的开展。基于被保险人与受益人利益保护的需要，《保险法解释（三）》第十七条规定了但书内容。虽然投保人解除保险合同无需经过被保险人与受益人的同意，但是保险合同的存续确实对被保险人与受益人的利益有较大影响，故如果被保险人、受益人同意向投保人支付相当于保险单现金价值的款项，可以承受投保人的合同地位，保险合同无需解除，一方面保护投保人对保险单现金价值的权利，另一方面也照顾到被保险人、受益人的合理期待。①

配套

《民法典》第 562-566 条；《保险法》第 16、27、32、37、49、50-52、58 条；《海商法》第 226-228 条

第十六条 【投保人如实告知义务】订立保险合同，保险人就保险标的或者被保险人的有关情况提出询问的，投保人应当如实告知。

投保人故意或者因重大过失未履行前款规定的如实告知义务，足以影响保险人决定是否同意承保或者提高保险费率的，保险人有权解除合同。

前款规定的合同解除权，自保险人知道有解除事由之日起，超过三十日不行使而消灭。自合同成立之日起超过二年的，保险人不得解除合同；发生保险事故的，保险人应当承担赔偿或者给付保险金的责任。

投保人故意不履行如实告知义务的，保险人对于合同解除前发生的保险事故，不承担赔偿或者给付保险金的责任，并不退还保险费。

投保人因重大过失未履行如实告知义务，对保险事故的发生有严重影响的，保险人对于合同解除前发生的保险事故，不承担赔偿或者给付保险金的责任，但应当退还保险费。

保险人在合同订立时已经知道投保人未如实告知的情况的，保险人不得解除合同；发生保险事故的，保险人应当承担赔偿或

---

① 参见最高人民法院民二庭负责人就《最高人民法院关于适用〈中华人民共和国保险法〉若干问题的解释（三）》答记者问。

者给付保险金的责任。

保险事故是指保险合同约定的保险责任范围内的事故。

投保人在订立保险合同时负有如实告知义务。告知是投保人在订立保险合同时对保险人的询问所作的说明或者陈述，包括对事实的陈述、对将来事件或行为的陈述以及对他人陈述的转述。如实告知要求投保人的陈述应当全面、真实、客观，不得隐瞒或故意不回答，也不得编造虚假情况欺骗保险人。投保人不仅应当告知其现时已经知道的情况，而且对于其尚未知道却应当知道的情况，也负有告知义务。如果投保人因重大过失而未知道，也构成对如实告知义务的违反。

本条第七款是对保险事故定义的规定。按照这一款规定，保险事故是指保险合同约定的保险责任范围内的事故，也就是造成保险人承担保险责任的事故。例如，财产保险中的火灾，海上货物运输险中的触礁、沉没等，人身保险中的意外伤害、死亡、疾病等。投保人要求保险人承保的事故项目在保险合同中必须一一列明，从而确定保险人的责任范围。需要指出的是，并不是任何事故均可成为保险人承保的事故，只有具备一定条件的事故才可成为保险事故。构成保险事故应具备以下要件：一是事故须有发生的可能，否则如根本不存在发生的可能性，保险人不能承保；二是事故的发生须不确定，其中又分三种情况，即事故发生与否不确定，或者发生虽确定但发生的时期不确定，或者发生及发生的时间大体确定，但其发生的程度不确定；三是事故的发生须属将来，也就是说其发生须在保险合同订立以后，才可作为保险事故。

19. 如何理解如实告知的范围？

保险合同订立时，投保人有义务将保险标的的有关情况向保险人进行如实说明和陈述。但作为一种制度安排，将有关保险标的所有事实情况都进行告知，既不可能，也没有必要；作为一种法定义务，投保人如实告知的范围应当有一个合理的界定。综观各国（地区）的立法与实践，其共识可以概括为：投保人应当如实告知的乃是其所知道的"重要事实"。

根据各国（地区）法律实践以及理论上的共识，所谓重要事实，是指能够影响保险人决定是否承保或以何种费率承保的各种客观事实和情况。我国保险法关于如实告知范围的规定，同样采取了上述原则标准。根据本条第二款，只有投保人未告知的事实"足以影响保险人决定是否同意承保或者提高保险费率的"，保险人才有权解除合同。所谓"足以影响"应当理解为该事实对保险人的承保决定具有实质影响，即如果保险人因投保人未进行告知而不知晓该事实，他的承保行为会违背其真实意愿，而如果保险人知道该事实则将拒绝承保或提高费率水平。例如，投保机动车辆保险，车的用途是家庭自用还是营业使用，如作为出租车，对于保险人风险评估、费率适用是有实质影响的。如果投保人隐瞒或者误告了车辆使用性质，则视为违反了如实告知义务，保险人可以解除合同。但是，车辆的颜色，对于保险人是否承保和决定适用何种费率并没有影响。因此，即使投保人错误告知了车辆颜色，保险人也不得解除合同，因为该情况并非重要事实，不在投保人告知义务范围内。

此外，采用当事人哪一方的标准来判断一个客观情况的重要性，对当事人的权利义务影响甚大。对一个具体的纷争来说，未告知的事实是否"足以影响"保险人，应当以谁的标准判断，是个重要的事实认定问题。一般认为，"足以影响"是针对保险人的判断。从逻辑上说，采用审慎的保险人标准是可行的，但基于利益平衡，同时考虑投保人一方的判断能力和合理期待可能更为合理。当然，对特定案例进行判断，还应当综合各种具体情势具体分析。

20. 保险人未询问投保人详细信息，由于自身的主观判断失误造成因信息不符实而不属于保险范围的，保险公司能否因此要求解除合同而拒绝承担赔偿责任？

《保险法》第十六条规定，订立保险合同，保险人就保险标的或者被保险人的有关情况提出询问，投保人应当如实告知。投保人故意隐瞒事实，不履行如实告知义务的，或者因过失未履行如实告知义务，足以影响保险人决定是否同意承保或者提高保险费率的，保险人有权解除保险合同。投保人故意不履行如实告知义务的，保险人对于保险合同解除前发生的保险事故，不承担赔偿或者给付保险金的责任，并不退还保险费。但是投保人的如实告知义务，仅限于保险人询问的事项，而对于保险人未询问的事项则不具有告知义务。保险人在投保人投保时，未进行必要的询问，而通过主观判断操作，使得因投保人的信息不符实而不属于保险范围的，不能认定为投保人违反了如实告知的义务，因此保险合同应当认定为有效，保险公司不能要求解除合同或拒绝承担赔偿责任。（参见"韩某某等诉某人寿保险股份有限公司江苏分公司保险合同纠纷案"，载《最高人民法院公报》2010年第5期）

21. 保险人明知投保人未履行如实告知义务，仍与之订立保险合同，如何处理？

（1）基于保险合同的特殊性，合同双方当事人应当最大限度地诚实守信。投保人依法履行如实告知义务，即是最大限度诚实守信的一项重要内容。根据《保险法》第十六条的规定，投保人在订立保险合同前，应当如实回答保险人就保险标的或者被保险人的有关情况作出的询问，如实告知影响保险人对是否承保以及如何设定承保条件、承保费率作出正确决定的重要事项。对于投保人故意隐瞒事实，不履行如实告知义务的，或者因过失未履行如实告知义务，足以影响保险人决定是否同意承保或者提高保险费率的，保险人有权解除保险合同，并对于保险合同解除前发生的保险事故不承担赔偿或者给付保险金的责任。

（2）如果保险人在明知投保人未履行如实告知义务的情况下，不是进一步要求投保人如实告知，而是仍与之订立保险合同，则应视为其主动放弃了抗辩权利，构成有法律约束力的弃权行为，故无权再以投保人违反如实告知义务为由解除保险合同，而应严格依照保险合同的约定承担保险责任。（参见"何某某诉某人寿保险股份有限公司佛山市顺德支公司、某人寿保险股份有限公司佛山分公司保险合同纠纷案"，载《最高人民法院公报》2008年第8期）

配套

《海商法》第222-224条；《保险法解释（二）》第5-8条

第十七条　【保险人说明义务】订立保险合同，采用保险人提供的格式条款的，保险人向投保人提供的投保单应当附格式条款，保险人应当向投保人说明合同的内容。

对保险合同中免除保险人责任的条款，保险人在订立合同时应当在投保单、保险单或者其他保险凭证上作出足以引起投保人注意的提示，并对该条款的内容以书面或者口头形式向投保人作出明确说明；未作提示或者明确说明的，该条款不产生效力。

注 解

所谓免责条款，是指保险合同中载明的保险人不负赔偿或者给付保险金责任的范围的条款。其范围一般包括：战争或者军事行动所造成的损失；保险标的自身的自然损耗；被保险人故意行为造成的事故；其他不属于保险责任范围的损失等。保险合同中规定有关于保险人责任免除条款的，保险人在订立保险合同时应当向投保人明确说明。如果订立保险合同时保险人未向投保人明确说明保险人在何种情况下免责，那么保险合同中关于保险人免责的条款将不产生法律效力。

保险合同中的免责条款就是保险公司不承担责任的条款。可以分成这样几个层次：第一，不属于合同约定的保险责任范畴。无论是否发生保险事故，保险人均不承担保险责任，也可以认为是法定免责条款。第二，合同约定不由保险人承担责任的条款。实际上，这类条款是指保险人在一定条件下不承担保险责任，也是保险人为了自身利益而与投保人协商确定的保险人可以不承担责任的条款。第三，特别免责条款。在一般情况下，保险人应当承担保险责任，不应轻易免责，但在一些特殊条件下保险人是可以免责的。例如，由于被保险人的过错或投保人隐瞒真相和重大事实导致保险人错误保险，或者发生人力所不能抗拒的自然灾害、战争等，或者为降低保险人的风险约定了特殊的免责条款。在保险合同中，就不承担责任的免责条款，保险人一般会用一些特别的声明性的条款引起投保人的重视，并会向投保人作出特别的说明。

保险合同属于专业性很强的合同，应以具有普通正常理性公民所能理解和认识为前提。保险术语，特别是涉及医疗事故、重大疾病保险方面，除非是医学专业人士，普通人一般难以正确认识和掌握。因此，为体现人性化和公平原则，特别是体现保险防灾救灾，减少、抚平损失的精神，更加需要参与合同各方都能正确把握合同意图，体现真实意思表示，避免产生欺诈。

保险人在进行说明时，既可采取重大、晦涩难懂术语的逐文阐释；也可采取重大条款，如免责、限责条款的是否阅读、理解的明知，是否存在疑点、难点需要进一步解释的答问，以选择判断的方式予以说明；还可以在主合同之后的附注中，特别提示投保人应当认真阅读的事项，以及允许提出疑议和修改要求的合理期间，以便于投保人对是否要投保作出正确选择。

22. 如何辨别保险合同中的免责条款？

保险合同中的免责条款就是保险公司不承担责任的条款。可以分成以下几个层次：第一，不属于合同约定的保险责任范畴。无论是否发生保险事故，保险人均不承担保险责任，也可以认为是法定免责条款。第二，合同约定不由保险人承担责任的条款。实际上，这类条款是指保险人在一定条件下不承担保险责任，也是保险人为了自身利益而与投保人协商确定的保险人可以不承担责任的条款。第三，特别免责条款。在一般情况下，保险人应当承担保险责任，不应轻易免责，但在一些特殊条件下保险人是可以免责的。例如，由于被保险人的过错，投保人隐瞒真相和重大事实，导致保险人错误保险，或者人力所不能抗拒的自然灾害、战争等，也有的是为了保险人的风险降低，特别约定免责条款。

在保险合同中，保险人不承担责任的免责条款，保险人一般会用特别的一些声明性的条款引起投保人的重视，并会对投保人作出特别的说明，即为免责条款的范畴。

23. 对于免责条款或限责条款的明确说明，保险公司应当以何种形式来履行说明义务？

保险合同属于专业性很强的合同。保险术语，特别是涉及医疗事故、重大疾病保险方面，除非是医学专业人士，一般普通百姓难以正确认识和掌握。因此，为体现人性化和公平原则，特别是体现保险防灾救灾，减少、抚平损失的精神，更加需要参与合同各方都能正确把握合同意图，体现真实意思表示，避免产生欺诈。

保险人在进行说明时，既可采取重大、晦涩难懂术语的逐文阐释；也可采取重大条款，如免责、限责条款的是否阅读、理解的明知，是否存在疑点、难点需要进一步解释的答问，以选择判断的方式予以说明；还可以在主合同之后的附注中，特别提示投保人应当认真阅读的事项，以及允许提出疑议和修改要求的合理期间，以便于投保人对是否要投保作出正确选择。

23

24. "自助式保险卡"的如实告知义务如何界定?

保险人或其委托的代理人出售"自助式保险卡"未尽说明义务,又未对相关事项向投保人提出询问,自行代替投保人激活保险卡形成数据电文形式的电子保险单,在保险合同生效后,保险人以电子保险单内容不准确,投保人违反如实告知义务为由主张解除保险合同的,人民法院不予支持。(参见"韩某某等诉某人寿保险股份有限公司江苏分公司保险合同纠纷案",载《最高人民法院公报》2010年第5期)

25. 什么是"免除保险人责任的条款"?

保险人提供的格式合同文本中的责任免除条款、免赔率条款、比例赔付条款,可以认定为《保险法》第十七条第二款规定的"免除保险人责任的条款",保险人应当尽到提示和明确说明义务。(参见"吴某诉某保险公司财产保险合同纠纷案",载《最高人民法院公报》2014年第2期)

配套

《民法典》第496、498条;《海商法》第222、223条;《保险法解释(二)》第9-13、17条;《最高人民法院研究室关于对〈保险法〉第十七条规定的"明确说明"应如何理解的问题的答复》

第十八条 【保险合同内容】保险合同应当包括下列事项:

(一)保险人的名称和住所;

(二)投保人、被保险人的姓名或者名称、住所,以及人身保险的受益人的姓名或者名称、住所;

(三)保险标的;

(四)保险责任和责任免除;

(五)保险期间和保险责任开始时间;

(六)保险金额;

(七)保险费以及支付办法;

(八)保险金赔偿或者给付办法;

(九)违约责任和争议处理;

(十)订立合同的年、月、日。

投保人和保险人可以约定与保险有关的其他事项。

受益人是指人身保险合同中由被保险人或者投保人指定的享有保险金请求权的人。投保人、被保险人可以为受益人。

保险金额是指保险人承担赔偿或者给付保险金责任的最高限额。

保险标的，是指作为保险对象的财产及其有关利益或者人的寿命和身体，它既是确定危险程度和保险利益的重要依据，也是决定保险种类、确定保险金额和选定保险费率的依据。订立保险合同时，保险标的必须明确记载于保险合同中，这样一方面可以认定投保人是否具有保险利益，另一方面可以确定保险人对哪些承保对象承担保险责任。

保险责任，是指保险人按照合同约定，对于可能发生的事故因其发生所造成的财产损失，或者当被保险人死亡、伤残、疾病或者达到合同约定的年龄、期限时承担的赔偿或者给付保险金的责任。在保险合同中，保险责任条款具体规定了保险人所承担的风险范围，保险种类不同，保险责任也不相同。

26. 保险当事人之间如何约定与保险有关的其他事项?

由于保险种类很多，每一个保险人的保险业务方式也不尽相同，因此保险合同除法定记载事项外，投保人和保险人还可以就与保险有关的其他事项作出约定，这些针对其他事项所作的约定也就是保险合同的特约条款。所谓保险合同的特约条款，是指保险合同当事人于基本条款之外，自由约定的履行特种义务的条款，其实质是对基本条款的修正或者限制。在保险实务中保险合同的特约条款具体包括：

（1）附加条款。保险合同当事人双方常常根据需要，在保险单基本条款的基础上，附加一些补充条文，用以扩大或者限制原基本条款中所规定的权利和义务，这些补充就是附加条款，通常主要有：防灾防损条款、危险增加条款、保证条款、退赔条款、无赔偿优惠条款、保险事故通知条款、索赔期限条款、代位求偿条款、保险标的条款、保险标的的过户和保险单的转让条款中的贷款条款、自杀条款、误报年龄条款、年龄限制条款等。

（2）保证条款。保证条款是指保险人要求被保险人保证做或者不做某事，或者保证某事态存在或者不存在，否则就是违背保证；保证如被违背，保险人自被保险人违背保证之日起即有权解除合同，因此保证条款实际上是一种消极性的特约条款。

保险合同中记载的内容不一致的，按照下列规则认定：（1）投保单与保险单或者其他保险凭证不一致的，以投保单为准。但不一致的情形系经保险人说明并经投保人同意的，以投保人签收的保险单或者其他保险凭证载明的内容为准。（2）非格式条款与格式条款不一致的，以非格式条款为准。（3）保险凭证记载的时间不同的，以形成时间在后的为准。（4）保险凭证存在手写和打印两种方式的，以双方签字、盖章的手写部分的内容为准。

配套

《保险法解释（二）》第14条

第十九条　【无效格式条款】 采用保险人提供的格式条款订立的保险合同中的下列条款无效：

（一）免除保险人依法应承担的义务或者加重投保人、被保险人责任的；

（二）排除投保人、被保险人或者受益人依法享有的权利的。

应用

27. 什么是格式条款？

本条是2009年保险法修改增加的条文，是对格式条款无效的规定。

格式条款是当事人为了重复使用而预先拟定，并在订立合同时未与对方协商的条款。使用格式条款的好处是简洁、省时、方便、降低交易成本，但其弊端是格式条款的提供者极有可能凭借自己的优势地位损害合同相对方的利益，这一点在消费者作为合同相对方的时候特别突出，必须在立法上予以限制。

28. 保险合同格式条款限定被保险人治疗方式被认定无效吗？

保险公司以保险合同格式条款限定被保险人患病时的治疗方式，既不符合医疗规律，也违背保险合同签订的目的。被保险人有权根据自身病情选择最佳的治疗方式，而不必受保险合同关于治疗方式的限制。保险公司不能以被保险人没有选择保险合同指定的治疗方式而免除自己的保险责任。（参见

"王某诉某人寿保险公司淮安市楚州支公司保险合同纠纷案"，载《最高人民法院公报》2015年第12期）

配套

《民法典》第497条

第二十条　【保险合同变更】投保人和保险人可以协商变更合同内容。

变更保险合同的，应当由保险人在保险单或者其他保险凭证上批注或者附贴批单，或者由投保人和保险人订立变更的书面协议。

注解

保险合同内容的变更即体现双方权利义务关系的合同条款变更，可分为两种情况：一是投保人根据需要而变更合同的某些条款，如延长或者缩短保险期，增加或者减少保险费等。二是当情况发生变化，依照法律规定，必须变更保险合同的内容时，投保人需及时通知保险人更改合同的某些条款。实践中保险合同内容的变更是经常的，如财产保险中，标的种类的变化、数量的增减、存放地点、占用性质、危险程度、危险责任、保险期限、保险金额、保险费缴纳办法等内容变化；人身保险被保险人职业的变化，保险金额的增减、缴费方法的变更等，都可能引起保险合同的变更。

应用

29. 如何变更保险合同的内容？

保险合同内容的变更会影响到保险合同当事人的权益及保险风险的大小，因此，保险合同的变更应当采用法定形式，经过一定的法律程序方可实施。依照本条第二款的规定，变更保险合同的，应当由保险人在保险单或者其他保险凭证上批注或者附贴批单，或者由投保人和保险人订立变更的书面协议。这也就是说，变更保险合同的法定形式有两种：一是由保险人在原保险单或者其他保险凭证上批注或者附贴批单；二是由投保人和保险人订立变更的书面协议。其中批单是变更保险合同时使用的一种保险单证，上面列明变更的条款内容，一般附贴在原保单或保险凭证之上，批单需由保险人签署。

配套

《民法典》第 543 条；《海商法》第 229、230 条

第二十一条 【通知义务】 投保人、被保险人或者受益人知道保险事故发生后，应当及时通知保险人。故意或者因重大过失未及时通知，致使保险事故的性质、原因、损失程度等难以确定的，保险人对无法确定的部分，不承担赔偿或者给付保险金的责任，但保险人通过其他途径已经及时知道或者应当及时知道保险事故发生的除外。

注 解

适用上述规定，应当注意以下三点：一是投保人、被保险人或者受益人主观上必须是出于故意或者重大过失；二是保险人不能通过其他途径已经及时知道或者应当及时知道保险事故发生；三是保险人不承担赔偿或者给付保险金的责任的范围仅限于保险事故的性质、原因、损失程度等难以确定的部分。

第二十二条 【协助义务】 保险事故发生后，按照保险合同请求保险人赔偿或者给付保险金时，投保人、被保险人或者受益人应当向保险人提供其所能提供的与确认保险事故的性质、原因、损失程度等有关的证明和资料。

保险人按照合同的约定，认为有关的证明和资料不完整的，应当及时一次性通知投保人、被保险人或者受益人补充提供。

应 用

30. 本条所称的"有关的证明和资料"是指哪些？

这里所讲的"有关的证明和资料"主要是指：（1）保险单或者保险凭证的正本；（2）已支付保险费的凭证；（3）账册、收据、发票、装箱单、运输合同等有关保险财产的原始单据；（4）身份证、工作证、户口簿或者其他有关人身保险的被保险人姓名、年龄、职业等情况的证明材料；（5）确认保险事故的性质、原因、损失程度等的证明和资料，如调查检验报告、出险证明书、损害鉴定、被保险人死亡证明或者丧失劳动能力程度鉴定、责任案件

的结论性意见等；（6）索赔清单，如受损财产清单、各种费用清单、其他要求保险人给付的详细清单等。

第二十三条　【理赔】保险人收到被保险人或者受益人的赔偿或者给付保险金的请求后，应当及时作出核定；情形复杂的，应当在三十日内作出核定，但合同另有约定的除外。保险人应当将核定结果通知被保险人或者受益人；对属于保险责任的，在与被保险人或者受益人达成赔偿或者给付保险金的协议后十日内，履行赔偿或者给付保险金义务。保险合同对赔偿或者给付保险金的期限有约定的，保险人应当按照约定履行赔偿或者给付保险金义务。

保险人未及时履行前款规定义务的，除支付保险金外，应当赔偿被保险人或者受益人因此受到的损失。

任何单位和个人不得非法干预保险人履行赔偿或者给付保险金的义务，也不得限制被保险人或者受益人取得保险金的权利。

应　用

31. 理赔核定期间的起算点如何认定？

保险理赔是最易引起保险纠纷的原因之一，理赔难问题一直备受社会大众关注。保险法虽规定了"三十日"理赔核定期间，但并未明确该期间的起算点。为避免保险人拖延赔付，《保险法解释（二）》明确该"三十日"核定期间应自保险人初次收到索赔请求及投保人、被保险人或者受益人提供的有关证明和资料之日起算。保险人主张扣除投保人、被保险人或者受益人补充提供有关证明和资料期间的，人民法院应予支持。扣除期间自保险人根据《保险法》第二十二条规定作出的通知到达投保人、被保险人或者受益人之日起，至投保人、被保险人或者受益人按照通知要求补充提供的有关证明和资料到达保险人之日止。

配　套

《保险法解释（二）》第15条

第二十四条　【拒绝赔付通知】保险人依照本法第二十三条的规定作出核定后，对不属于保险责任的，应当自作出核定之日

29

起三日内向被保险人或者受益人发出拒绝赔偿或者拒绝给付保险金通知书，并说明理由。

第二十五条　【先行赔付】 保险人自收到赔偿或者给付保险金的请求和有关证明、资料之日起六十日内，对其赔偿或者给付保险金的数额不能确定的，应当根据已有证明和资料可以确定的数额先予支付；保险人最终确定赔偿或者给付保险金的数额后，应当支付相应的差额。

32. 什么情况下可以先予支付保险金?

具体来讲，符合先予支付保险金的条件是：（1）属于保险责任；（2）收到索赔申请和有关证明、资料之日起满六十日；（3）保险人赔偿或者给付保险金的数额不能确定。如果符合上述条件，保险人应当根据已有证明和资料可以确定的数额，先予支付保险金。修改前的保险法规定先予支付的数额是"可以确定的最低数额"，2009 年修改保险法，将其规定为"可以确定的数额"，目的是更好地保护被保险人、受益人的利益。

第二十六条　【诉讼时效】 人寿保险以外的其他保险的被保险人或者受益人，向保险人请求赔偿或者给付保险金的诉讼时效期间为二年，自其知道或者应当知道保险事故发生之日起计算。

人寿保险的被保险人或者受益人向保险人请求给付保险金的诉讼时效期间为五年，自其知道或者应当知道保险事故发生之日起计算。

所谓保险金请求权诉讼时效，也就是索赔时效，是指投保人或者被保险人在保险标的因保险事故而遭受损失后，依照保险合同的有关规定，请求保险人给予经济补偿或者给付保险金的权利行使期限。

《保险法解释（四）》第 18 条

第二十七条 【保险欺诈】未发生保险事故，被保险人或者受益人谎称发生了保险事故，向保险人提出赔偿或者给付保险金请求的，保险人有权解除合同，并不退还保险费。

投保人、被保险人故意制造保险事故的，保险人有权解除合同，不承担赔偿或者给付保险金的责任；除本法第四十三条规定外，不退还保险费。

保险事故发生后，投保人、被保险人或者受益人以伪造、变造的有关证明、资料或者其他证据，编造虚假的事故原因或者夸大损失程度的，保险人对其虚报的部分不承担赔偿或者给付保险金的责任。

投保人、被保险人或者受益人有前三款规定行为之一，致使保险人支付保险金或者支出费用的，应当退回或者赔偿。

注解

为保护保险人的合法权益，防止保险欺诈，本条规定严格禁止投保人、被保险人、受益人进行保险欺诈。根据本条规定，投保人、被保险人、受益人进行保险欺诈主要有三种情形：

（1）在未发生保险事故的情况下谎称发生了保险事故。在这种情形下，当事人通常会伪造事故现场，编造事故原因，伪造有关证明文件和资料等，以骗取保险人的信任，非法取得保险金。

（2）故意制造保险事故。如有的以死亡为给付保险金条件的保险合同的投保人，为了获取保险金而杀害被保险人或者造成被保险人伤残、染病；有的财产保险合同的被保险人纵火烧毁保险财产等。在这种情形下，虽然确实发生了被保险人死亡、伤残或者保险财产损失等事故，但这种事故是投保人、被保险人图谋获取保险金而故意制造的，因此这种事故不属于保险合同约定的保险事故。投保人、被保险人故意制造保险事故的行为，显然是一种保险欺诈行为。

（3）保险事故发生后，投保人、被保险人或者受益人以伪造、变造的有关证明、资料或者其他证据，编造虚假的事故原因或者夸大损失程度。这种情形是指确实有保险事故发生，但投保人、被保险人或者受益人并不是根据保险事故实际所造成的人身伤残情况或者财产损失情况提出赔付保险金的请求，而是弄虚作假，伪造证据，夸大人身损害程度或者财产损失程度，企图得到超额的赔付。

应用

33. 保险公司故意隐瞒被保险人可以获得保险赔偿的重要事实，对被保险人进行错误诱导，致使被保险人误以为将不能从保险公司获得赔偿，并在此基础上作出同意销案的意思表示，则保险公司的行为是否构成欺诈？

根据《合同法》第五十四条第二款*的规定，一方以欺诈、胁迫的手段或乘人之危，使对方在违背真实意思的情况下订立的合同，受损害方有权请求人民法院或仲裁机构变更或者撤销。而欺诈是指合同一方当事人故意告知对方虚假情况，或者故意隐瞒真实情况，诱使对方当事人作出错误意思表示的行为。保险公司故意隐瞒被保险人可以获得保险赔偿的重要事实，对被保险人进行错误诱导，致使被保险人误以为将不能从保险公司获得赔偿，并在此基础上作出同意销案的意思表示，应认定被保险人作出了不真实的意思表示，保险公司的行为违背诚信原则，因此构成保险合同欺诈。（参见"刘某某诉某财产保险公司保险合同纠纷案"，载《最高人民法院公报》2013年第8期）

配套

《刑法》第198条

第二十八条　【再保险】保险人将其承担的保险业务，以分保形式部分转移给其他保险人的，为再保险。

应再保险接受人的要求，再保险分出人应当将其自负责任及原保险的有关情况书面告知再保险接受人。

注解

再保险又称第二次保险也叫分保，是指保险人在原保险合同的基础上，

---

* 对应《民法典》总则编第一百四十八条："一方以欺诈手段，使对方在违背真实意思的情况下实施的民事法律行为，受欺诈方有权请求人民法院或者仲裁机构予以撤销。"

通过订立合同，将其承担的保险业务，以承保形式，部分转移给其他保险人。进行再保险，可以分散保险人的风险，有利于其控制损失，稳定经营。再保险是在原保险合同的基础上建立的。在再保险关系中，直接接受保险业务的保险人称为原保险人，也叫再保险分出人；接受分出保险责任的保险人称为再保险接受人，也叫再保险人。再保险的权利义务关系是由再保险分出人与再保险接受人通过订立再保险合同确立的。再保险合同的存在虽然是以原保险合同的存在为前提，但两者在法律上是各自独立存在的合同，所以再保险的权利义务关系与原保险的权利义务关系，是相互独立的法律关系，不能混淆。

第二十九条 【再保险的保费及赔付】再保险接受人不得向原保险的投保人要求支付保险费。

原保险的被保险人或者受益人不得向再保险接受人提出赔偿或者给付保险金的请求。

再保险分出人不得以再保险接受人未履行再保险责任为由，拒绝履行或者迟延履行其原保险责任。

第三十条 【争议条款解释】采用保险人提供的格式条款订立的保险合同，保险人与投保人、被保险人或者受益人对合同条款有争议的，应当按照通常理解予以解释。对合同条款有两种以上解释的，人民法院或者仲裁机构应当作出有利于被保险人和受益人的解释。

注解

实践中，除少数保险合同外，多数保险合同采取保险人提供的格式条款订立。由于保险的专业性很强，对于投保人、被保险人、受益人来讲，一些术语、名词很难理解，一旦发生纠纷，保险人处于明显的优势地位。为了保护投保人、被保险人、受益人的合法权益，本法第十七条规定保险人应当向投保人说明合同的内容，并对合同中免除保险人责任的条款作出说明，否则，该条款不生效力。同时，依照民法典合同编对格式条款的解释原则，本条规定了对采用格式条款订立的保险合同的解释原则：（1）保险人与投保人、被保险人、受益人对合同条款有争议的，应当按照通常理解予以解释。所谓"通常理解"是指既不采纳保险人的解释，也不采纳投保人、被保险人、受益人的解释，而是按照一般人的理解来解释。（2）如果对合同条款有两种以上通常解释的，人民法院或者仲裁机构应当作出有利于被保险人和受益人的解释。

第二节　人身保险合同

第三十一条　【人身保险利益】 投保人对下列人员具有保险利益：

（一）本人；

（二）配偶、子女、父母；

（三）前项以外与投保人有抚养、赡养或者扶养关系的家庭其他成员、近亲属；

（四）与投保人有劳动关系的劳动者。

除前款规定外，被保险人同意投保人为其订立合同的，视为投保人对被保险人具有保险利益。

订立合同时，投保人对被保险人不具有保险利益的，合同无效。

注解

"与投保人有劳动关系的劳动者"，这是 2009 年修订保险法增加的一项。虽然有工伤保险为工伤劳动者提供保障，但工伤保险赔付的范围和限额都有限，不能完全补偿工伤劳动者的损失，故很多用人单位为那些经常出差或风险较大岗位的职工另行购买了意外险，有的企业把为员工购买商业保险作为企业的福利形式，以激励员工为企业创造更多的价值。但是，根据 2002 年保险法对人身保险中保险利益的规定，单位是不能作为投保人投保人身保险的，这在无形中使单位为员工购买人身保险的程序变得繁杂。有了该条规定，用人单位为员工购买人身保险，就可以直接把自己作为投保人，而无须劳动者同意或签字，简便了操作程序。

34. 单位是否可以为自己的职工投保人身险?

任何单位为自己的职工谋取合法利益,都是法律允许并支持的正当行为。由于保险是原某保险公司永顺县支公司的业务,此次保险是该公司为自己的职工投保,这种特殊情况决定了该保险合同上投保人和保险人的签署是同一人,但这与自己和自己签订的无效合同情况不同,仍然属于两个平等民事主体之间签订合同。根据保费出资的实际情况,应认定这个保险合同的投保人是原某保险公司永顺县支公司工会,保险人是该公司。工会在职工同意的情况下为职工投保人身险,是其履行职责的体现。依照《保险法》的规定,原某保险公司永顺县支公司工会对保险标的具有保险利益,本案的人身保险合同是当事人真实意思表示,依法成立有效。(参见"王某某诉某保险公司永顺县支公司保险合同纠纷案",载《最高人民法院公报》2001 年第 4 期)

《保险法解释(二)》第 2 条;《保险法解释(三)》第 3、4 条

第三十二条　【申报年龄不真实的处理】投保人申报的被保险人年龄不真实,并且其真实年龄不符合合同约定的年龄限制的,保险人可以解除合同,并按照合同约定退还保险单的现金价值。保险人行使合同解除权,适用本法第十六条第三款、第六款的规定。

投保人申报的被保险人年龄不真实,致使投保人支付的保险费少于应付保险费的,保险人有权更正并要求投保人补交保险费,或者在给付保险金时按照实付保险费与应付保险费的比例支付。

投保人申报的被保险人年龄不真实,致使投保人支付的保险费多于应付保险费的,保险人应当将多收的保险费退还投保人。

保险公司根据人身保险的特点,按照概率计算,确定了承保年龄的最高

上限，对超过这一年限的，不予承保。同时，保险公司要以被保险人的年龄为参照值，根据生命表等计算出死亡概率，确定被保险人在不同年龄段投保时应缴纳的保险费的费率。因此，人身保险合同中被保险人的年龄对保险人决定是否承保、确定保险费率的高低有重大影响。

应用

35. 年龄不实对保险费及保险金额的影响应如何计算？

申报年龄不真实，致使投保人支付的保险费多于应付保险费的，保险人应当将多收的保险费退还投保人。

申报年龄不真实，致使投保人支付的保险费少于应付保险费的。保险人发现年龄错报时可以作出更正，并有权要求投保人补交保险费不足部分，或者按保险费不足额调整保险金额，并按调整后的约定给付保险金。调整公式为：

$$应付保险金额 = 约定保险金额 \times \frac{实交保险费}{应交保险费}$$

实交保险费指投保人按错报年龄实际缴纳的保险费，应交保险费按被保险人真实年龄计算应该缴纳的保险费。

例如，A 投保人寿保险，保险金额为 10 万元，其实际年龄为 50 岁，其保险费本应交 10000 元，因虚报年龄为 40 岁，仅仅交费 7000 元。保险事故发生时，保险人仅需支付：$100000 \times 7000/10000 = 70000$ 元。

第三十三条　【死亡保险的禁止】投保人不得为无民事行为能力人投保以死亡为给付保险金条件的人身保险，保险人也不得承保。

父母为其未成年子女投保的人身保险，不受前款规定限制。但是，因被保险人死亡给付的保险金总和不得超过国务院保险监督管理机构规定的限额。

注解

死亡保险合同，是指以被保险人的死亡为保险事故，在事故发生时由保险人给付保险金的保险。死亡保险的被保险人不得是无民事行为能力人，在父母为未成年子女投保的情况下，死亡保险的被保险人可以是无民事行为能力人，但是保险金额总和不得超过规定的限额。

第三十四条　【死亡保险合同的效力】以死亡为给付保险金条件的合同，未经被保险人同意并认可保险金额的，合同无效。

按照以死亡为给付保险金条件的合同所签发的保险单，未经被保险人书面同意，不得转让或者质押。

父母为其未成年子女投保的人身保险，不受本条第一款规定限制。

配套

《保险法解释（三）》第1条、第2条、第6条

第三十五条　【保险费的支付】投保人可以按照合同约定向保险人一次支付全部保险费或者分期支付保险费。

第三十六条　【逾期支付保险费】合同约定分期支付保险费，投保人支付首期保险费后，除合同另有约定外，投保人自保险人催告之日起超过三十日未支付当期保险费，或者超过约定的期限六十日未支付当期保险费的，合同效力中止，或者由保险人按照合同约定的条件减少保险金额。

被保险人在前款规定期限内发生保险事故的，保险人应当按照合同约定给付保险金，但可以扣减欠交的保险费。

注解

人身保险合同中约定分期支付保险费的合同，一般是长达几年或者几十年的长期合同。因此，合同双方必须在合同中订明分期支付保险费的具体办法，比如支付保险费的周期、每期支付的时间和数额等。投保人应当严格按照合同的约定如期支付保险费。如果投保人不能按期支付保险费，就会影响合同的效力。因为保险合同是双务合同，投保人依照合同约定按时交纳保险费，保险人按照合同约定承担保险责任。本条对投保人支付首期保险费后，超过合同约定期限支付当期保险费的法律后果规定如下：

（1）合同效力中止。即投保人自保险人催告之日起超过三十日未支付当期保险费，或者超过约定的期限六十日未支付当期保险费的，合同效力中止。"合同效力中止"是指合同暂时失去效力，当满足一定条件后，合同效

力还可以恢复，与"合同效力终止"不同。根据本条规定，投保人未按照合同约定期限支付当期保险费，合同效力并不立即中止，而是在一定期限内继续有效，这一期限被称为宽限期。即投保人只要在宽限期届满前支付当期保险费，保险合同就继续有效。否则，将导致合同效力中止。本条规定宽限期，是为了避免在合同生效后，因投保人一时不能按照合同约定的期限支付当期保险费而影响合同的效力，实际上是适当延长了投保人的交费期限。从另一方面来讲，这一规定也有利于保险人，保险人因此可以稳定保费来源。本条对宽限期的具体规定是：投保人自保险人催告之日起三十日内，或者在合同规定的交费日起六十日内。需要说明的是，如果保险合同对效力中止问题作了约定，应当适用合同的约定，不适用本条的规定。

（2）由保险人按照合同约定的条件减少保险金额。即宽限期届满后投保人仍未交纳保险费的，保险人用减少保险金额的办法来折抵投保人未交的保险费。因为保险金额的大小与缴纳保险费的多少是成正比的。因此，本条规定保险人可以减少保险金额以折抵投保人未按规定缴纳的保险费，从而继续维持合同的效力。根据本条规定，如果采用这种办法，保险人应当按照合同约定的条件减少保险金额，而不能随意减少。

（3）如前所述，在宽限期内保险合同的效力依然存在。因此，本条第二款规定，对在此期间发生的保险事故，保险人应当按照合同约定给付保险金。由于投保人未交纳这一期间的保险费，本着公平的原则，本条第二款规定，保险人在给付保险金时可以扣减欠交的保险费。

应用

36. 保险公司单方改变双方长期形成的保费缴纳交易习惯导致保单失效的，责任应如何承担？

《合同法》第六十条*规定，当事人应当遵循诚实信用原则，根据合同

---

* 对应《民法典》合同编第五百零九条："当事人应当按照约定全面履行自己的义务。当事人应当遵循诚信原则，根据合同的性质、目的和交易习惯履行通知、协助、保密等义务。当事人在履行合同过程中，应当避免浪费资源、污染环境和破坏生态。"

的性质、目的和交易习惯履行通知、协助、保密等义务。第六十一条[*]规定，合同生效后，当事人就质量、价款或者报酬、履行地点等内容没有约定或者约定不明确的，可以协议补充；不能达成补充协议的，按照合同有关条款或者交易习惯确定。据此，保险合同未约定保费的具体缴纳方式，但如果投保人与保险人之间长期以来形成了固定的保费缴纳模式的，应认定为构成交易惯例，双方应遵守诚实信用原则，不得擅自改变交易习惯。如果保险公司违反诚实信用原则，单方改变该交易习惯，致使投保人未能及时缴纳保费从而保单失效的，应由保险人承担责任，保险公司无权中止合同效力并解除保险合同。（参见"陆某某诉某保险股份有限公司太仓支公司保险合同纠纷案"，载《最高人民法院公报》2013年第11期）

配套

《保险法解释（三）》第7条、第8条

第三十七条　【合同效力的恢复】合同效力依照本法第三十六条规定中止的，经保险人与投保人协商并达成协议，在投保人补交保险费后，合同效力恢复。但是，自合同效力中止之日起满二年双方未达成协议的，保险人有权解除合同。

保险人依照前款规定解除合同的，应当按照合同约定退还保险单的现金价值。

注解

本条为复效条款。所谓保险合同复效，是指保险合同的效力中止以后重新恢复其效力。在人身保险合同中，投保人因不能如期支付保险费而导致合同效力中止后，既可以重新投保成立新的保险合同，也可以在一定条件下，要求恢复原保险合同的效力。

第三十八条　【禁止通过诉讼要求支付保险费】保险人对人

寿保险的保险费，不得用诉讼方式要求投保人支付。

第三十九条　【受益人的确定】人身保险的受益人由被保险人或者投保人指定。

投保人指定受益人时须经被保险人同意。投保人为与其有劳动关系的劳动者投保人身保险，不得指定被保险人及其近亲属以外的人为受益人。

被保险人为无民事行为能力人或者限制民事行为能力人的，可以由其监护人指定受益人。

应 用

37. 什么人可以被指定为受益人？

人身保险的受益人，是指人身保险合同中由被保险人或者投保人指定的享有保险金请求权的人。至于什么人可以被指定为受益人，本条未作任何限制，即被保险人或者投保人可以任意指定受益人，包括投保人或者被保险人自己，都可以作为受益人。

配 套

《保险法解释（三）》第9条

第四十条　【受益顺序及份额】被保险人或者投保人可以指定一人或者数人为受益人。

受益人为数人的，被保险人或者投保人可以确定受益顺序和受益份额；未确定受益份额的，受益人按照相等份额享有受益权。

第四十一条　【受益人变更】被保险人或者投保人可以变更受益人并书面通知保险人。保险人收到变更受益人的书面通知后，应当在保险单或者其他保险凭证上批注或者附贴批单。

投保人变更受益人时须经被保险人同意。

配 套

《保险法解释（三）》第10条、第11条、第13条

第四十二条　【保险金作为遗产情形】被保险人死亡后，有

下列情形之一的，保险金作为被保险人的遗产，由保险人依照《中华人民共和国继承法》的规定履行给付保险金的义务：

（一）没有指定受益人，或者受益人指定不明无法确定的；

（二）受益人先于被保险人死亡，没有其他受益人的；

（三）受益人依法丧失受益权或者放弃受益权，没有其他受益人的。

受益人与被保险人在同一事件中死亡，且不能确定死亡先后顺序的，推定受益人死亡在先。

注解

受益人是享有保险金请求权的人。因此，被保险人死亡后，保险人应当依照合同的约定将保险金给付受益人。本条对因各种原因而没有受益人的情况下，该保险金如何处理作了规定。

应用

38. 哪些情况属于没有受益人？

（1）没有指定受益人的。根据本法规定，投保人、被保险人可以指定受益人。投保人指定受益人的，应当经被保险人同意。没有指定受益人，主要是指被保险人生前未指定，投保人指定后被保险人生前未同意等情形。（2）受益人先于被保险人死亡，没有其他受益人的。（3）受益人依法丧失受益权或者放弃受益权，没有其他受益人的。受益人依法丧失受益权是指本法规定的受益人故意造成被保险人死亡或者伤残，或者故意杀害被保险人未遂的情况。受益人主动放弃受益权是受益人在享有受益权的前提下主动放弃这种权利。受益权作为一种民事权利，受益人可以放弃。

39. 没有受益人的情况下如何处理保险金？

将保险金作为被保险人的遗产，由保险人依照继承法的规定，向被保险人的继承人履行给付保险金的义务。因为根据本法规定，被保险人是指其人身受保险合同保障，享有保险金请求权的人；被保险人可以指定受益人；投保人指定受益人必须经被保险人同意；被保险人可以为受益人。鉴于此，本条规定，在没有受益人时，保险金作为被保险人的遗产。

配套

《保险法解释（三）》第14、15条；《民法典》第六编

第四十三条　【受益权丧失】 投保人故意造成被保险人死亡、伤残或者疾病的，保险人不承担给付保险金的责任。投保人已交足二年以上保险费的，保险人应当按照合同约定向其他权利人退还保险单的现金价值。

受益人故意造成被保险人死亡、伤残、疾病的，或者故意杀害被保险人未遂的，该受益人丧失受益权。

第四十四条　【被保险人自杀处理】 以被保险人死亡为给付保险金条件的合同，自合同成立或者合同效力恢复之日起二年内，被保险人自杀的，保险人不承担给付保险金的责任，但被保险人自杀时为无民事行为能力人的除外。

保险人依照前款规定不承担给付保险金责任的，应当按照合同约定退还保险单的现金价值。

应用

40. 如何认定"自杀"？

对于"自杀"的认定通常需要考虑两个因素：一是要求自杀者有主观的意愿，其行为是建立在故意的动机之上的。二是自杀者的行为造成了死亡的客观事实。实践中通常认为对于无民事行为能力人的主观意愿不能被认定为符合第一个条件。因为无民事行为能力人不能为自己的行为负责，不符合保险中"故意"的条件。

配套

《保险法解释（三）》第21条

第四十五条　【免于赔付情形】 因被保险人故意犯罪或者抗拒依法采取的刑事强制措施导致其伤残或者死亡的，保险人不承担给付保险金的责任。投保人已交足二年以上保险费的，保险人应当按照合同约定退还保险单的现金价值。

所谓故意犯罪，是指明知自己的行为会发生危害社会的结果，并且希望或者放任这种结果发生，因而构成犯罪的情形。

刑事强制措施是指公安机关、人民检察院、人民法院为了有效地同犯罪作斗争，并保障诉讼活动的顺利进行，依法对犯罪嫌疑人、被告人及现行犯所采取的暂时限制或剥夺其人身自由的各种诉讼方法和手段的总称。依据《刑事诉讼法》的规定，刑事强制措施有：拘传、取保候审、监视居住、拘留、逮捕。

41. 如何正确认识合同约定条款与犯罪不赔的关系？

实践中，保险合同的责任免除条款通常包括犯罪不赔，而且部分保险公司的条款表述与《保险法》第四十五条存在一定差异。比如有的合同约定将犯罪或者抗拒依法采取的刑事强制措施，"直接或间接造成被保险人身故、残疾的"均列入免赔范围。有的合同将"拒捕"导致身故作为免责情形。有的合同约定"不法"或"非法"活动导致身故属于免赔情形。这些条款或者将"导致"一词的因果关系扩大至间接导致，或者将故意犯罪扩大至不法行为、违法行为，实际上使得保险人免除责任的情形大于《保险法》第四十五条。在审判实务中，当保险人依据此类约定拒赔时，法院应当如何处理？我们认为，保险条款中的此类条款属于责任减免条款。在具体处理时，应当根据其约定内容分别处理。首先，条款中有关故意犯罪或抗拒依法采取的刑事强制措施导致其伤残或者死亡的内容，如与《保险法》第四十五条一致的，属于保险合同重述法定免责条款。此种约定条款不论保险人有无履行提示和明确说明义务，均当然发生法律效力。其次，保险合同将不法、违法行为导致的死亡、伤残列入保险责任免责事由的，法院应当根据《保险法》第十七条审查该条款是否产生效力。第三，条款就《保险法》第四十五条"导致"一词进行扩大性解释，将故意犯罪间接导致也列入免赔范围的，法院也应当依据《保险法》第十七条审查该条款是否产生效力。[①]

---

① 参见杜万华主编、最高人民法院民事审判第二庭编著：《最高人民法院关于保险法司法解释（三）理解与适用》，人民法院出版社2015年版，第546~547页。

《保险法解释（三）》第22条、第23条

第四十六条 **【保险人禁止追偿】**被保险人因第三者的行为而发生死亡、伤残或者疾病等保险事故的，保险人向被保险人或者受益人给付保险金后，不享有向第三者追偿的权利，但被保险人或者受益人仍有权向第三者请求赔偿。

注解

本条在规定保险人向被保险人或者受益人给付保险金后，不得享有向第三者追偿的权利的同时，又规定被保险人或者受益人仍有权向第三者请求赔偿。因为人的生命或者身体是无价的，不能以金钱来衡量。所以，人身保险不适用财产保险的补偿原则，即使被保险人或者受益人从保险人处获得保险赔偿，也不妨碍其依法向侵权人请求赔偿。当第三者给被保险人造成死亡、伤残或者疾病时，应依法承担相应的民事责任，进行损害赔偿。人身保险是一种给付性的保险，而不是赔偿性的保险。不能因为保险人已向被保险人或者受益人支付了保险金，而剥夺被保险人或者受益人向第三者请求追偿的权利。被保险人或者受益人享有侵权赔偿请求权和保险金请求权两项权利，从而能够更好地保护被保险人或者受益人的权利。

应用

42. 意外伤害保险合同的被保险人在获得第三者侵权赔偿后，是否有权继续要求保险公司理赔？

意外伤害保险，是指当被保险人遭受意外伤害时，保险人给予保险金的保险。根据保险法规定，意外伤害保险属于人身保险的范围。财产保险中的"损失补偿原则"规定，保险人向被保险人赔偿后，有权在赔偿金范围内向第三人代位追偿。而在人身保险中，保险人在被保险人从实施致害行为的第三人处获得侵权赔偿后，仍然负有赔付保险金的义务，且保险人向被保险人赔偿后，无权在其赔偿金范围内向第三人代位追偿。因此，财产保险中的"损失补偿原则"不适用于人身保险。同时，被保险人依保险合同取得赔偿系基于保险合同关系；被保险人依受害人身份取得赔偿系基于侵权关系，二者隶属的法律关系不同。对此，保险人不能以第三人已经向被保险人给予赔偿为由拒绝保险理赔，被保险人有权继续要求保险人履行赔付保险金的义务。（参见"冯某某诉某人寿保险有限公司保险合同纠纷案"，载《最高人民法院公报》2007年第11期）

第四十七条　【人身保险合同解除】投保人解除合同的，保险人应当自收到解除合同通知之日起三十日内，按照合同约定退还保险单的现金价值。

配套

《保险法解释（三）》第16条、第17条

第三节　财产保险合同

第四十八条　【财产保险利益】保险事故发生时，被保险人对保险标的不具有保险利益的，不得向保险人请求赔偿保险金。

注解

依据本条规定，财产保险的被保险人在保险事故发生时，对保险标的不具有保险利益的，由于其并没有因为保险事故的发生而产生经济利益的损失，因此保险人不承担赔偿保险金的责任，被保险人不得按照保险合同的约定向保险人请求赔偿。同时，根据保险事故对保险标的物造成损害的不同，对保险合同可以有以下几种处理方式：第一，保险标的物因保险事故的发生而灭失的。因为合同标的不存在，保险合同自然终止。第二，保险标的物部分损坏、没有灭失的。因为保险标的仍然存在，保险合同继续有效，如果以后再发生保险事故，且当时被保险人对保险标的具有保险利益的，保险人仍应按照保险合同的约定向被保险人承担赔偿保险金的责任。当然，投保人也可以要求解除保险合同，保险人应依照本法第五十四条的规定，将已经收取的保险费按照合同约定扣除自保险责任开始之日起至合同解除之日止应收的部分后，退还投保人。

配套

《保险法解释（四）》第1条

第四十九条　【保险标的转让】保险标的转让的，保险标的的的受让人承继被保险人的权利和义务。

保险标的转让的，被保险人或者受让人应当及时通知保险人，但货物运输保险合同和另有约定的合同除外。

因保险标的转让导致危险程度显著增加的，保险人自收到前款规定的通知之日起三十日内，可以按照合同约定增加保险费或者解除合同。保险人解除合同的，应当将已收取的保险费，按照合同约定扣除自保险责任开始之日起至合同解除之日止应收的部分后，退还投保人。

被保险人、受让人未履行本条第二款规定的通知义务的，因转让导致保险标的的危险程度显著增加而发生的保险事故，保险人不承担赔偿保险金的责任。

注解

所谓保险标的的转让，是指合同中被保险的财产及其有关利益的转让，既包括这些保险财产及其有关利益的所有权发生转让，如买卖、让与、继承等，也包括使用权、经营管理权、抵押权等的转移。

本条对保险标的的转让进行了重大修订，将因保险标的的转让而发生的保险合同变更由"通知变更"（即保险标的的转让的，投保人或被保险人应当通知保险人，经保险人同意继续承保后，变更保险合同），修改为"自动变更"，有助于实现保险保障的自动延续。从而避免因保险标的的转让与保险人同意承保之间产生保险合同的"空白期"，减少争议。

应用

43. 保险标的转让后投保人可以行使任意解除权吗？①

投保人任意解除权属于特殊情形下的合同解除。保险合同是具有保障性的合同，投保人为保障自己的保险利益与保险人签订保险合同，保险利益基于投保人对保险标的的权利而产生，投保人有权在法律规定的范围内任意处分自己的民事权利。也即在订立保险合同时，应充分尊重投保人的意思自

---

① 内容来源于《中国法院 2023 年度案例·保险纠纷》一书，国家法官学院、最高人民法院司法案例研究院编，中国法制出版社 2023 年 5 月出版。

由，其可以选择保险或者不保险，可以选择何时保险或者何时不再保险。投保人的合同任意解除权是法律赋予保险合同投保人的一项特殊权利，与普通商事合同存在较大不同，属于一项特殊的权利，是法律对投保人权益的一项特别保护措施。

保险标的转让后投保人行使任意解除权应有所限制。其主要理由是：第一，《保险法》第四十九条曾在 2009 年进行了较大程度的修改，从原来保险合同不经变更不发生权利义务转让变为当然转让，同时增加规定了当事人保险标的转让的通知义务及责任。该修改的目的是实现保险保障的自动延续，从而避免因保险标的的转让与保险人同意承保之间产生保险合同的空白期，减少争议，充分保障受让人的合法权益。若保险标的转让后，允许原投保人行使解除权，显然会影响到受让人的权利，导致现行《保险法》第四十九条规定的目的落空。第二，从立法目看，《保险法》第四十九条对保险标的转让作出的规定更加合理。财产保险合同系依附于保险标的而订立，若当事人在转让保险标的时未对保险合同作出特别约定，根据社会通常观念，应推定包括保险标的的所有权在内的一切权益均转让给受让人，以及受让人所支付的对价应包括保险合同部分。第三，如此处理并不会对投保人的任意解除权形成实质影响，其完全可以在转让前依法行使合同解除权，从而达到解除合同的目的。本案中，原告的车辆在 2017 年 12 月 20 日即转让给第三人，其如果需要解除保险合同，完全可以在车辆转让前向保险人提出，并不影响其民事权利的行使。

保险标的转让后对投保人行使任意解除权应当进行严格审查。就本案而言，一个特殊情况是，本案原告系在短期内买进并迅速卖出案涉车辆，其在合同存续期间虽曾申请退保，但直至合同有效期届满后一年多时间才提起本案诉讼，经法院释明也不愿提供转让合同，导致相关事实难以查清，其行为目的的正当性值得怀疑，可能存在一定的道德风险，应当承担举证不能的不利法律后果。与此同时，从规范保险市场秩序和维护当事人合法权益的角度出发，二审法院最终判决对其诉请不予支持。（参见"蒋某诉财保盐城分公司财产保险合同案"，江苏省盐城市中级人民法院〔2020〕苏 09 民终 4257 号民事判决书）

《保险法解释（四）》第2、4、5条

第五十条 【禁止解除合同】货物运输保险合同和运输工具航程保险合同，保险责任开始后，合同当事人不得解除合同。

在财产保险中，以一次航程或运程来计算保险期间的，为航程保险。货物运输保险属于航程保险，运输工具也有航程保险。航程保险的保险期间不是按日期而是按航程或运程计算，保险责任的起止时间一般采用"仓至仓"条款，就是保险人对保险标的的所负的保险责任，从保险单载明的起运地开始，到保险单载明的目的地为止。

《海商法》第227条、第228条

第五十一条 【安全义务】被保险人应当遵守国家有关消防、安全、生产操作、劳动保护等方面的规定，维护保险标的的安全。

保险人可以按照合同约定对保险标的的安全状况进行检查，及时向投保人、被保险人提出消除不安全因素和隐患的书面建议。

投保人、被保险人未按照约定履行其对保险标的的安全应尽责任的，保险人有权要求增加保险费或者解除合同。

保险人为维护保险标的的安全，经被保险人同意，可以采取安全预防措施。

第五十二条 【危险增加通知义务】在合同有效期内，保险标的的危险程度显著增加的，被保险人应当按照合同约定及时通知保险人，保险人可以按照合同约定增加保险费或者解除合同。保险人解除合同的，应当将已收取的保险费，按照合同约定扣除自保险责任开始之日起至合同解除之日止应收的部分后，退还投保人。

被保险人未履行前款规定的通知义务的，因保险标的的危险程度显著增加而发生的保险事故，保险人不承担赔偿保险金的责任。

保险标的危险程度增加，是指保险责任范围内的灾害事故发生的可能性增加，而且这种危险程度增加的情形是合同当事人在订立合同时没有预料到的。保险合同订立和履行过程中，保险标的的情况可能会发生变化，如果发生保险事故的可能性增加，则视为是危险程度增加。由于保险标的的危险程度显著增加直接关系保险人的利益，所以被保险人在知悉后，都应当及时通知保险人。通知的具体时间、方式和范围可以由保险合同约定，被保险人应当按照合同约定履行危险通知义务。

应 用

44. 保险标的因为什么危险程度增加？

保险标的的危险程度增加主要有三个方面的原因：一是投保人或被保险人变更保险标的用途所致；二是保险标的自身发生意外引起物理、化学反应；三是保险标的的周围环境发生变化。

配 套

《保险法解释（四）》第4条

第五十三条　【降低保险费】 有下列情形之一的，除合同另有约定外，保险人应当降低保险费，并按日计算退还相应的保险费：

（一）据以确定保险费率的有关情况发生变化，保险标的的危险程度明显减少的；

（二）保险标的的保险价值明显减少的。

第五十四条　【保费退还】 保险责任开始前，投保人要求解除合同的，应当按照合同约定向保险人支付手续费，保险人应当退还保险费。保险责任开始后，投保人要求解除合同的，保险人应当将已收取的保险费，按照合同约定扣除自保险责任开始之日起至合同解除之日止应收的部分后，退还投保人。

第五十五条　【保险价值的确定】 投保人和保险人约定保险

标的的保险价值并在合同中载明的，保险标的发生损失时，以约定的保险价值为赔偿计算标准。

投保人和保险人未约定保险标的的保险价值的，保险标的发生损失时，以保险事故发生时保险标的的实际价值为赔偿计算标准。

保险金额不得超过保险价值。超过保险价值的，超过部分无效，保险人应当退还相应的保险费。

保险金额低于保险价值的，除合同另有约定外，保险人按照保险金额与保险价值的比例承担赔偿保险金的责任。

注 解

保险价值，是确定保险金额从而确定保险人所承担赔偿责任的依据，确定保险价值对于履行财产保险合同具有重要意义。

应 用

45. 如何确定保险价值？

按照保险法的规定，确定保险价值有两种方法。

其一，保险价值由投保人和保险人在订立合同时约定，并在合同中明确作出记载。合同当事人通常都根据保险财产在订立合同时的市场价格估定其保险价值，有些不能以市场价格估定的，就由双方当事人约定其价值。事先约定保险价值的合同为定值保险合同，采用这种保险合同的保险，是定值保险。属于定值保险的，发生保险责任范围内的损失时，不论所保财产当时的实际价值是多少，保险人都要按保险合同上载明的保险价值计算赔偿金额。保险标的发生损失时，以约定的保险价值为赔偿计算标准。

其二，保险价值可以在保险事故发生时，按照当时保险标的的实际价值确定。在保险事故已经发生，需要确定保险赔偿金额时，才去确定保险价值的保险，是不定值保险，采取不定值保险方式订立的合同为不定值保险合同。对于不定值保险的保险价值，投保人与保险人在订立保险合同时并不加以确定，因此，不定值保险合同中只记载保险金额，不记载保险价值。以保险事故发生时保险标的的实际价值为赔偿计算标准。

46. 保险金额和保险价值之间有什么关系?

在财产保险合同中,保险金额十分重要,它是保险人承担赔偿或者给付保险金责任的最高限额,也是投保人缴付保险费的依据。保险金额与保险价值的关系非常紧密,根据保险法的规定,二者的基本法律关系是,保险价值是确定保险金额的依据,保险金额可以低于保险价值,不得高于保险价值,保险金额超过保险价值的,超过的部分无效。具体讲,在财产保险合同中,保险金额与保险价值的关系可以有三种状态:一是保险金额与保险价值相等。这是足额保险,在这种保险中,如果保险标的发生保险事故而受到损失,被保险人可以得到与实际损失价值相等的保险金赔偿。二是保险金额超过保险价值。这是超额保险,这种状态主要是由于投保人和保险人对保险财产的实际价值未能准确掌握,或者保险合同订立后保险财产的实际价值下降,或者是投保人故意虚报保险财产价值等原因而形成的。对于超额保险,不管是什么原因造成的,对保险金额超过保险价值的部分,都是无效的,被保险人不得获得超额的经济补偿。三是保险金额低于保险价值。这是不足额保险,在这种保险中,保险人按照保险财产的实际损失承担赔偿责任,最高不超过保险金额。

第五十六条 【重复保险】重复保险的投保人应当将重复保险的有关情况通知各保险人。

重复保险的各保险人赔偿保险金的总和不得超过保险价值。除合同另有约定外,各保险人按照其保险金额与保险金额总和的比例承担赔偿保险金的责任。

重复保险的投保人可以就保险金额总和超过保险价值的部分,请求各保险人按比例返还保险费。

重复保险是指投保人对同一保险标的、同一保险利益、同一保险事故分别与两个以上保险人订立保险合同,且保险金额总和超过保险价值的保险。

注解

重复保险是指投保人对同一保险标的、同一保险利益、同一保险事故分别与两个以上保险人订立保险合同,且保险金额总和超过保险价值的保险。

51

47. 重复保险的情况下, 发生保险事故时如何赔偿?

根据重复保险赔偿的基本原则, 在发生保险事故时, 各个保险人可以按两种方式承担赔偿责任。

一是按比例分摊赔偿责任。这就是将各保险人承保的保险金额的总和计算出来, 再计算每个保险人承保的保险金额占各个保险人承保的保险金额总和的比例, 每个保险人分别按照各自的比例分摊损失赔偿金额。

二是按照合同约定的方式承担赔偿责任。重复保险的赔偿方式可以由各保险人在保险合同中约定。不管是各个保险人共同约定, 还是由投保人在订立保险合同时与各保险人分别约定, 只要有合同约定, 保险人就应当按照合同约定的方式承担赔偿责任。

《保险法解释 (二) 》第 1 条

第五十七条 **【防止或减少损失责任】**保险事故发生时, 被保险人应当尽力采取必要的措施, 防止或者减少损失。

保险事故发生后, 被保险人为防止或者减少保险标的的损失所支付的必要的、合理的费用, 由保险人承担; 保险人所承担的费用数额在保险标的损失赔偿金额以外另行计算, 最高不超过保险金额的数额。

48. 为防止或减少损失产生的费用, 由谁负责?

被保险人为防止或者减少保险财产损失而采取施救、保护、整理等措施, 必然要有一定的费用支出。由于被保险人的财产已经投保, 从某种意义上说, 被保险人的这些费用是为保险人的利益而支出的。因此, 保险法规定, 被保险人为防止或者减少保险标的损失而支付的必要的、合理的费用, 应当由保险人来承担。这些费用在实践中一般包括两个部分: 一是保险事故发生时, 为抢救财产或者防止灾害蔓延采取必要措施而造成的损失, 如房屋发生火灾, 为防止火势蔓延, 将房屋周围的附属建筑物拆除, 所造成的损失就应由保险人赔偿；二是抢救、保护和整理保险标的所支出的合理费用，如抢救的人工费、材料费等。

配 套

《保险法解释（四）》第6条

第五十八条　【赔偿解除】保险标的发生部分损失的，自保险人赔偿之日起三十日内，投保人可以解除合同；除合同另有约定外，保险人也可以解除合同，但应当提前十五日通知投保人。

合同解除的，保险人应当将保险标的未受损失部分的保险费，按照合同约定扣除自保险责任开始之日起至合同解除之日止应收的部分后，退还投保人。

第五十九条　【保险标的残值权利归属】保险事故发生后，保险人已支付了全部保险金额，并且保险金额等于保险价值的，受损保险标的的全部权利归于保险人；保险金额低于保险价值的，保险人按照保险金额与保险价值的比例取得受损保险标的的部分权利。

第六十条　【代位求偿权】因第三者对保险标的的损害而造成保险事故的，保险人自向被保险人赔偿保险金之日起，在赔偿金额范围内代位行使被保险人对第三者请求赔偿的权利。

前款规定的保险事故发生后，被保险人已经从第三者取得损害赔偿的，保险人赔偿保险金时，可以相应扣减被保险人从第三者已取得的赔偿金额。

保险人依照本条第一款规定行使代位请求赔偿的权利，不影响被保险人就未取得赔偿的部分向第三者请求赔偿的权利。

注 解

本条是对保险人行使代位求偿权的规定。代位求偿权，是指在财产保险中，保险标的由于第三者责任导致保险损失，保险人按照合同的约定履行赔偿责任后，依法取得对保险标的的损失负有责任的第三者请求赔偿的权利。

应用

49. 在实践中，因第三者对保险标的造成损害的，保险人行使代位求偿权，应当如何确定管辖法院？

保险代位求偿权又称保险代位权，是指当保险标的遭受保险事故造成的损失，依法应由第三者承担赔偿责任时，保险公司自支付保险赔偿金之日起，在赔偿金额的限度内，相应地取得向第三者请求赔偿的权利。《保险法》第六十条第一款规定即是对保险代位求偿权的诠释。另，《民事诉讼法》第二十五条规定，因保险合同纠纷提起的诉讼，由被告住所地或者保险标的物所在地人民法院管辖。第二十九条规定，因侵权的行为提起的诉讼，由侵权行为地或者被告住所地人民法院管辖。保险人的代位求偿权源自被保险人与第三者之间的法律关系，所以保险人提起代位求偿之诉时，应当根据保险人所代位的被保险人与第三者之间的法律关系确定管辖法院，而不应当根据保险合同法律关系确定管辖法院，即应当由侵权行为地或者被告住所地人民法院管辖。（参见"最高人民法院指导性案例第25号：某财产保险有限公司北京分公司诉李某某、某财产保险股份有限公司河北省分公司张家口支公司保险人代位求偿权纠纷案"）

配套

《保险法解释（二）》第16、19条；《保险法解释（四）》第7-13条

第六十一条　【不能行使代位求偿权的法律后果】保险事故发生后，保险人未赔偿保险金之前，被保险人放弃对第三者请求赔偿的权利的，保险人不承担赔偿保险金的责任。

保险人向被保险人赔偿保险金后，被保险人未经保险人同意放弃对第三者请求赔偿的权利的，该行为无效。

被保险人故意或者因重大过失致使保险人不能行使代位请求赔偿的权利的，保险人可以扣减或者要求返还相应的保险金。

第六十二条　【代位求偿权行使限制】除被保险人的家庭成员或者其组成人员故意造成本法第六十条第一款规定的保险事故外，保险人不得对被保险人的家庭成员或者其组成人员行使代位请求赔偿的权利。

被保险人的家庭成员，是指作为自然人的被保险人，其配偶、子女、父母以及与被保险人有抚养、赡养或者扶养关系的人。被保险人的组成人员，是指作为法人和其他组织的被保险人，其内部工作人员。一般情况下，被保险人的家庭成员或者其组成人员对保险标的具有与被保险人共同的利益。如家庭财产遭受损失，不仅被保险人的利益受损害，所有家庭成员的生活及工作都会受到影响；企业财产遭受损失，企业的生产和效益以及职工的利益也会受影响。因此，被保险人的家庭成员或者其组成人员通常不会故意造成保险标的的损失，一旦他们造成保险事故，实际上是给他们自己带来损失。在这种情况下，法律不必再追究他们的责任。因此，对于过失造成保险标的的损失的被保险人的家庭成员或者其组成人员，保险人不得行使代位求偿权。

第六十三条　【协助行使代位求偿权】保险人向第三者行使代位请求赔偿的权利时，被保险人应当向保险人提供必要的文件和所知道的有关情况。

《保险法解释（四）》第11条

第六十四条　【勘险费用承担】保险人、被保险人为查明和确定保险事故的性质、原因和保险标的的损失程度所支付的必要的、合理的费用，由保险人承担。

第六十五条　【责任保险】保险人对责任保险的被保险人给第三者造成的损害，可以依照法律的规定或者合同的约定，直接向该第三者赔偿保险金。

责任保险的被保险人给第三者造成损害，被保险人对第三者应负的赔偿责任确定的，根据被保险人的请求，保险人应当直接向该第三者赔偿保险金。被保险人怠于请求的，第三者有权就其应获赔偿部分直接向保险人请求赔偿保险金。

责任保险的被保险人给第三者造成损害，被保险人未向该第三者赔偿的，保险人不得向被保险人赔偿保险金。

责任保险是指以被保险人对第三者依法应负的赔偿责任为保险标的的保险。

责任保险，又称为第三者责任保险，是被保险人对第三者负损害赔偿责任时，由保险人承担其赔偿责任的一种保险。订立责任保险合同的目的，实际上是由保险人担负被保险人对第三者的损害赔偿责任。

责任保险的保险标的，是被保险人在法律上应该承担的损害赔偿责任，既可以是侵权责任，也可以是违约责任。如汽车司机因交通肇事而负的民事责任，卖主因产品质量不合格造成第三人的财产和人身损害而负的民事责任等。这与以某一具体的物质形态的财产为标的的保险有所不同。但是，由于发生民事赔偿责任，就需要向受损害的第三者支付金钱或者实物作为赔偿，所以，这种保险实际上是以被保险人的全部财产为保险标的的一种保险，也应属于财产保险的范畴。

50. 如何认定"第三者"及"第三者责任险免责条款"？

（1）根据机动车辆保险合同的约定，机动车辆第三者责任险中的"第三者"，是指除投保人、被保险人和保险人以外的，因保险车辆发生意外事故遭受人身伤亡或财产损失的保险车辆下的受害者；车上人员责任险中的"车上人员"，是指发生意外事故时身处保险车辆之上的人员。据此，判断因保险车辆发生意外事故而受害的人属于"第三者"还是属于"车上人员"，必须以该人员在事故发生当时这一特定的时间是否身处保险车辆之上为依据，在车上即为"车上人员"，在车下即为"第三者"。

（2）由于机动车辆是一种交通工具，任何人都不可能永久地置身于机动车辆之上，故机动车辆保险合同中所涉及的"第三者"和"车上人员"均为在特定时空条件下的临时性身份，即"第三者"与"车上人员"均不是永久的、固定不变的身份，二者可以因特定时空条件的变化而转化。因保险车辆发生意外事故而受害的人，如果在事故发生前是保险车辆的车上人员，事故发生时已经置身于保险车辆之下，则属于"第三者"。至于何种原因导致该人员在事故发生时置身于保险车辆之下，不影响其"第三者"的身份。

（3）涉案机动车辆第三者责任险免责条款规定，因保险车辆发生意外事故，导致本车上其他人员的人身伤亡或财产损失，不论在法律上是否应当由被保险人承担赔偿责任，保险人均不负责赔偿。鉴于该免责条款为格式条款，且对于该条款中的"本车上其他人员的人身伤亡或财产损失"可能有两种解释，一种解释是仅指车上人员在本车上发生的人身伤亡或财产损失，至于车上人员离开本车后又被本车事故导致的损害结果则不属免责范围；另一种解释是对于车上人员在本车上及离开本车后因本车事故导致的损害结果保险人均得以免责。鉴于双方当事人对此存在争议，故对此格式条款依法应当作出不利于格式条款提供者的解释。据此认定本案不适用该免责条款。（参见"郑某某诉徐某某、某财产保险股份有限公司长兴支公司道路交通事故人身损害赔偿纠纷案"）

51. 直接索赔的诉讼时效怎么计算？

根据《全国法院民商事审判工作会议纪要》（2019 年 11 月 8 日，法〔2019〕254 号）第九十九条的规定：商业责任保险的被保险人给第三者造成损害，被保险人对第三者应当承担的赔偿责任确定后，保险人应当根据被保险人的请求，直接向第三者赔偿保险金。被保险人怠于提出请求的，第三者有权依据《保险法》第六十五条第二款的规定，就其应获赔偿部分直接向保险人请求赔偿保险金。保险人拒绝赔偿的，第三者请求保险人直接赔偿保险金的诉讼时效期间的起算时间如何认定，实务中存在争议。根据诉讼时效制度的基本原理，第三者请求保险人直接赔偿保险金的诉讼时效期间，自其知道或者应当知道向保险人的保险金赔偿请求权行使条件成就之日起计算。

配套

《保险法解释（四）》第 14-20 条；《全国法院民商事审判工作会议纪要》99

第六十六条　【责任保险相应费用承担】责任保险的被保险人因给第三者造成损害的保险事故而被提起仲裁或者诉讼的，被保险人支付的仲裁或者诉讼费用以及其他必要的、合理的费用，除合同另有约定外，由保险人承担。

第三章 保险公司

第六十七条 **【设立须经批准】** 设立保险公司应当经国务院保险监督管理机构批准。

国务院保险监督管理机构审查保险公司的设立申请时，应当考虑保险业的发展和公平竞争的需要。

注解

按照我国公司法的规定，对公司的设立实行准则主义与核准主义相结合的原则，即只要符合公司法规定的有限责任公司或者股份有限公司的设立条件，就可以登记设立公司；法律、行政法规规定设立公司必须报经批准的，应当在公司登记前依法办理批准手续。保险公司属于我国公司法规范的公司，但其与一般的公司又有所不同：保险业属于金融行业，其涉及的范围广泛，关系社会的方方面面，与整个经济的运行和人民的生活息息相关，保险公司尤其是人寿保险公司的经营好坏，直接影响着被保险人和受益人的利益，关系整个社会的稳定。同时，保险公司是专业性很强的金融机构，需要有专业的经营管理人员，健全的内部管理机制和抵御风险的能力。这就决定了设立保险公司必须具备比一般企业设立具有更为严格的条件。按照我国行政许可法的规定，直接关系公共利益的特定行业的市场准入，需要赋予特定权利的事项，以及提供公众服务并且直接关系公共利益的职业、行业，需要确定具备特殊信誉、特殊条件或者特殊技能等资格、资质的事项，可以设立行政许可。根据保险行业的特点和有关法律的规定，本法对保险设立规定了前置的行政审批，依照本条规定，设立保险公司应当经国务院保险监督管理机构批准。未经批准设立保险公司，从事保险经营活动的，要依据本法的有关规定给予行政处罚。这样规定有利于保证保险公司的质量，促进我国保险市场的有序发展，更好地保护投保人、被保险人和受益人的利益。

配套

《公司法》第6条；《行政许可法》第11条；《保险公司管理规定》第2、3条

第六十八条　【设立条件】设立保险公司应当具备下列条件：

（一）主要股东具有持续盈利能力，信誉良好，最近三年内无重大违法违规记录，净资产不低于人民币二亿元；

（二）有符合本法和《中华人民共和国公司法》规定的章程；

（三）有符合本法规定的注册资本；

（四）有具备任职专业知识和业务工作经验的董事、监事和高级管理人员；

（五）有健全的组织机构和管理制度；

（六）有符合要求的营业场所和与经营业务有关的其他设施；

（七）法律、行政法规和国务院保险监督管理机构规定的其他条件。

第六十九条　【注册资本】设立保险公司，其注册资本的最低限额为人民币二亿元。

国务院保险监督管理机构根据保险公司的业务范围、经营规模，可以调整其注册资本的最低限额，但不得低于本条第一款规定的限额。

保险公司的注册资本必须为实缴货币资本。

第七十条　【申请文件、资料】申请设立保险公司，应当向国务院保险监督管理机构提出书面申请，并提交下列材料：

（一）设立申请书，申请书应当载明拟设立的保险公司的名称、注册资本、业务范围等；

（二）可行性研究报告；

（三）筹建方案；

（四）投资人的营业执照或者其他背景资料，经会计师事务所审计的上一年度财务会计报告；

（五）投资人认可的筹备组负责人和拟任董事长、经理名单及本人认可证明；

（六）国务院保险监督管理机构规定的其他材料。

第七十一条　【批准决定】国务院保险监督管理机构应当对设立保险公司的申请进行审查，自受理之日起六个月内作出批准或者不批准筹建的决定，并书面通知申请人。决定不批准的，应当书面说明理由。

第七十二条　【筹建期限和要求】申请人应当自收到批准筹建通知之日起一年内完成筹建工作；筹建期间不得从事保险经营活动。

第七十三条　【保险监督管理机构批准开业申请的期限和决定】筹建工作完成后，申请人具备本法第六十八条规定的设立条件的，可以向国务院保险监督管理机构提出开业申请。

国务院保险监督管理机构应当自受理开业申请之日起六十日内，作出批准或者不批准开业的决定。决定批准的，颁发经营保险业务许可证；决定不批准的，应当书面通知申请人并说明理由。

配套

《银行保险机构许可证管理办法》

第七十四条　【设立分支机构】保险公司在中华人民共和国境内设立分支机构，应当经保险监督管理机构批准。

保险公司分支机构不具有法人资格，其民事责任由保险公司承担。

注解

保险公司在中华人民共和国境内设立的分支机构，是指保险公司在我国境内设立、构成保险公司组成部分、不能独立承担民事责任、以自己的名义开展保险业务的机构；保险公司分支机构也称为保险公司的分公司、支公司。保险公司对其设立的分支机构的所有活动负责。保险公司可以在我国境内设立分支机构。保险公司通过分支机构开展保险业务，在经济上可以节省开办公司和运营公司的费用。分支机构是总公司的派出机构，它和总公司一样，具有开展保险业务的能力，只是不具备法人资格。所以法律规定要经保险监督管理机构批准，以便严格管理保险市场，使分支机构的设立有利于保险业务的发展和公平竞争的需要。

<u>配套</u>

《保险公司管理规定》

第七十五条　【设立分支机构提交的材料】保险公司申请设立分支机构，应当向保险监督管理机构提出书面申请，并提交下列材料：

（一）设立申请书；

（二）拟设机构三年业务发展规划和市场分析材料；

（三）拟任高级管理人员的简历及相关证明材料；

（四）国务院保险监督管理机构规定的其他材料。

第七十六条　【审批保险公司设立分支机构申请的期限】保险监督管理机构应当对保险公司设立分支机构的申请进行审查，自受理之日起六十日内作出批准或者不批准的决定。决定批准的，颁发分支机构经营保险业务许可证；决定不批准的，应当书面通知申请人并说明理由。

第七十七条　【工商登记】经批准设立的保险公司及其分支机构，凭经营保险业务许可证向工商行政管理机关办理登记，领取营业执照。

第七十八条　【工商登记期限】保险公司及其分支机构自取得经营保险业务许可证之日起六个月内，无正当理由未向工商行政管理机关办理登记的，其经营保险业务许可证失效。

第七十九条　【境外机构设立规定】保险公司在中华人民共和国境外设立子公司、分支机构，应当经国务院保险监督管理机构批准。

第八十条　【外国保险机构驻华代表机构设立的批准】外国保险机构在中华人民共和国境内设立代表机构，应当经国务院保险监督管理机构批准。代表机构不得从事保险经营活动。

外国保险机构是指在我国境外依照外国法设立，从事保险经营活动的机构。外国保险机构在我国境内可以设立代表机构，该代表机构不从事保险经营活动，其职能是调查研究，搜集情报，为机构总部提供驻在地有关保险方面的信息，起到机构总部与驻在地的沟通、联络作用。通常情况下，外国保险机构一般是在没有设立分支机构的国家或者地区设立代表机构，由代表机构摸情况，打基础，待条件成熟后，再设立分支机构或子公司，开展保险业务。虽然代表机构不直接从事保险业务，但是其活动与保险业务有密切的联系，因而需要保险监督管理机构从总体上把握代表机构的设立情况，以便对其日常活动进行监管。因此，本条规定，外国保险机构在我国境内设立代表机构，事先要取得国务院保险监督管理机构的批准；同时明确，外国保险机构的代表机构不得从事保险经营活动。

第八十一条　【董事、监事和高级管理人员任职规定】 保险公司的董事、监事和高级管理人员，应当品行良好，熟悉与保险相关的法律、行政法规，具有履行职责所需的经营管理能力，并在任职前取得保险监督管理机构核准的任职资格。

保险公司高级管理人员的范围由国务院保险监督管理机构规定。

《保险公司董事、监事和高级管理人员任职资格管理规定》，其中第四条规定了保险公司高管人员的范围。高级管理人员，是指对保险公司经营管理活动和风险控制具有决策权或者重大影响的下列人员：（1）总公司总经理、副总经理和总经理助理；（2）总公司董事会秘书、总精算师、合规负责人、财务负责人和审计责任人；（3）省级分公司总经理、副总经理和总经理助理；（4）其他分公司、中心支公司总经理；（5）与上述高级管理人员具有相同职权的管理人员。

配 套

《保险公司董事、监事和高级管理人员任职资格管理规定》

第八十二条　【董事、高级管理人员的任职禁止】有《中华人民共和国公司法》第一百四十六条规定的情形或者下列情形之一的，不得担任保险公司的董事、监事、高级管理人员：

（一）因违法行为或者违纪行为被金融监督管理机构取消任职资格的金融机构的董事、监事、高级管理人员，自被取消任职资格之日起未逾五年的；

（二）因违法行为或者违纪行为被吊销执业资格的律师、注册会计师或者资产评估机构、验证机构等机构的专业人员，自被吊销执业资格之日起未逾五年的。

注 解

按照本条规定，有下列情形的人员不能担任保险公司的董事、监事、高级管理人员：

1. 有《公司法》第一百四十六条规定的情形之一的不能担任。按照本条的规定，有下列情形之一的，不得担任保险公司的董事、监事、高级管理人员：（1）无民事行为能力或者限制民事行为能力；（2）因贪污、贿赂、侵占财产、挪用财产或者破坏社会主义市场经济秩序，被判处刑罚，执行期满未逾五年，或者因犯罪被剥夺政治权利，执行期满未逾五年；（3）担任破产清算的公司、企业的董事或者厂长、经理，对该公司、企业的破产负有个人责任的，自该公司、企业破产清算完结之日起未逾三年；（4）担任因违法被吊销营业执照、责令关闭的公司、企业的法定代表人，并负有个人责任的，自该公司、企业被吊销营业执照之日起未逾三年；（5）个人所负数额较大的债务到期未清偿。公司违反前款规定选举、委派董事、监事或者聘任高级管理人员的，该选举、委派或者聘任无效。董事、监事、高级管理人员在任职期间出现本条第一款所列情形的，公司应当解除其职务。

2. 因违法行为或者违纪行为被金融监管机构取消任职资格的金融机构的董事、监事、高级管理人员，自被取消任职资格之日起未逾五年的。这一规定，包括下述内容：限制对象是指因违法行为或者违纪行为被金融监管机构取消任职资格的金融机构的董事、监事、高级管理人员。金融机构在我国并没有严格的法律定义，一般是指商业银行，包括政策性银行、证券类公司企业、保险类公司企业、证券投资基金类公司企业等。上述受任职限制的人员均应当是违反法律、法规、行政规章的规定而被相关的金融监管机构取消任职资格的人员。限制的时间为五年，从被取消任职资格时起计算。

3. 因违法行为或者违纪行为被吊销执业资格的律师、注册会计师或者资产评估机构、验证机构的专业人员，自被吊销执业资格之日起未逾五年。这一规定，包括下述内容：限制对象为被中介服务机构的管理机关吊销执业资格的专业人员，包括：(1) 被司法行政部门吊销律师执业证书的人员。根据《律师法》第四十九条至第五十条的规定，律师有法定的违法行为之一的，由省、自治区、直辖市人民政府司法行政部门吊销其律师执业证书。(2) 被吊销注册会计师证书的人员。根据《注册会计师法》第三十九条的规定，注册会计师违法违规，由省级以上人民政府财政部门吊销注册会计师证书。(3) 资产评估机构、验证机构被吊销执业证书的专业人员。资产评估机构、验证机构的专业人员是指在资产评估机构、验证机构从业并取得执业证书的人员。这些人员如果违反法律、法规和内部纪律，由有关法定的机构吊销有关的执业证书。限制的时间为五年，从被吊销执业资格之日起计算。

配套

《公司法》第 146 条；《律师法》第 49-51 条；《注册会计师法》第 39 条

第八十三条　【董事、监事、高级管理人员的责任】保险公司的董事、监事、高级管理人员执行公司职务时违反法律、行政法规或者公司章程的规定，给公司造成损失的，应当承担赔偿责任。

第八十四条　【变更事项批准】保险公司有下列情形之一的，应当经保险监督管理机构批准：

（一）变更名称；

（二）变更注册资本；

（三）变更公司或者分支机构的营业场所；

（四）撤销分支机构；

（五）公司分立或者合并；

（六）修改公司章程；

（七）变更出资额占有限责任公司资本总额百分之五以上的股东，或者变更持有股份有限公司股份百分之五以上的股东；

（八）国务院保险监督管理机构规定的其他情形。

第八十五条 【精算报告制度和合规报告制度】保险公司应当聘用专业人员，建立精算报告制度和合规报告制度。

注解

保险精算制度，是指保险公司通过专业的、科学的数学计算手段，核定保险产品的保险费率及责任准备金的制度。从保险业经营的需要来说，不仅是人身保险业务特别是人寿保险业务，需要对保险费，包括预定死亡率、预定利息率、预定费用率以及责任准备金的提取比率，进行专业的、科学的计算；对于财产保险业务，也需要对其保险费率，特别是每一个保险产品的损失概率，以及预定费用率及责任准备金的提取比率进行科学计算。随着我国保险市场的发展，保险业经营管理水平的提高，目前保险监督管理机构已经要求所有的保险公司都应当聘请精算专业人员，建立精算报告制度。

第八十六条 【如实报送报告、报表、文件和资料】保险公司应当按照保险监督管理机构的规定，报送有关报告、报表、文件和资料。

保险公司的偿付能力报告、财务会计报告、精算报告、合规报告及其他有关报告、报表、文件和资料必须如实记录保险业务事项，不得有虚假记载、误导性陈述和重大遗漏。

注解

保险公司的偿付能力是指保险公司在承保之后，如遇有保险事故，其承担赔偿或者给付保险金的能力。或者说，保险公司只有具备了所必需的最低偿付能力，即在保险经营中能够履行其赔付保险金的义务，才可以依法存在和经营。

第八十七条 【账簿、原始凭证和有关资料的保管】保险公司应当按照国务院保险监督管理机构的规定妥善保管业务经营活动的完整账簿、原始凭证和有关资料。

前款规定的账簿、原始凭证和有关资料的保管期限，自保险合同终止之日起计算，保险期间在一年以下的不得少于五年，保险期间超过一年的不得少于十年。

第八十八条 【聘请或解聘中介服务机构】保险公司聘请或者解聘会计师事务所、资产评估机构、资信评级机构等中介服务机构，应当向保险监督管理机构报告；解聘会计师事务所、资产评估机构、资信评级机构等中介服务机构，应当说明理由。

第八十九条 【解散和清算】保险公司因分立、合并需要解散，或者股东会、股东大会决议解散，或者公司章程规定的解散事由出现，经国务院保险监督管理机构批准后解散。

经营有人寿保险业务的保险公司，除因分立、合并或者被依法撤销外，不得解散。

保险公司解散，应当依法成立清算组进行清算。

第九十条 【重整、和解和破产清算】保险公司有《中华人民共和国企业破产法》第二条规定情形的，经国务院保险监督管理机构同意，保险公司或者其债权人可以依法向人民法院申请重整、和解或者破产清算；国务院保险监督管理机构也可以依法向人民法院申请对该保险公司进行重整或者破产清算。

第九十一条 【破产财产清偿顺序】破产财产在优先清偿破产费用和共益债务后，按照下列顺序清偿：

（一）所欠职工工资和医疗、伤残补助、抚恤费用，所欠应当划入职工个人账户的基本养老保险、基本医疗保险费用，以及法律、行政法规规定应当支付给职工的补偿金；

（二）赔偿或者给付保险金；

（三）保险公司欠缴的除第（一）项规定以外的社会保险费

用和所欠税款；

（四）普通破产债权。

破产财产不足以清偿同一顺序的清偿要求的，按照比例分配。

破产保险公司的董事、监事和高级管理人员的工资，按照该公司职工的平均工资计算。

注 解

破产财产优先支付破产费用和共益债务后，尚有剩余的，才能依照法定的顺序进行清偿。依本条的规定，受破产财产清偿的请求权分为四个顺位：第一顺位请求权为保险公司所欠职工工资和劳动保险费用请求权；第二顺位请求权为被保险人或受益人对保险公司享有的赔偿或者给付保险金请求权；第三顺位为保险公司所欠税款请求权；第四顺位为对保险公司享有的一般债权。如果破产财产不足以清偿同一顺位的保险公司债务的，则按照比例清偿。

第九十二条　【人寿保险合同及责任准备金转让】经营有人寿保险业务的保险公司被依法撤销或者被依法宣告破产的，其持有的人寿保险合同及责任准备金，必须转让给其他经营有人寿保险业务的保险公司；不能同其他保险公司达成转让协议的，由国务院保险监督管理机构指定经营有人寿保险业务的保险公司接受转让。

转让或者由国务院保险监督管理机构指定接受转让前款规定的人寿保险合同及责任准备金的，应当维护被保险人、受益人的合法权益。

第九十三条　【经营保险业务许可证的注销】保险公司依法终止其业务活动，应当注销其经营保险业务许可证。

第九十四条　【适用公司法的规定】保险公司，除本法另有规定外，适用《中华人民共和国公司法》的规定。

第四章　保险经营规则

第九十五条　【业务范围】保险公司的业务范围：

（一）人身保险业务，包括人寿保险、健康保险、意外伤害保险等保险业务；

（二）财产保险业务，包括财产损失保险、责任保险、信用保险、保证保险等保险业务；

（三）国务院保险监督管理机构批准的与保险有关的其他业务。

保险人不得兼营人身保险业务和财产保险业务。但是，经营财产保险业务的保险公司经国务院保险监督管理机构批准，可以经营短期健康保险业务和意外伤害保险业务。

保险公司应当在国务院保险监督管理机构依法批准的业务范围内从事保险经营活动。

注解

财产保险业务，是指保险公司以财产及其有关利益为保险对象的业务。这里的财产既包括有形的财产，也包括无形的财产，前者如房屋、汽车、商品等，后者如财产权利、财产责任、预期收益等。财产保险业务，以财产及其利益作为保险对象，由投保人交付保险费，形成保险基金，当保险财产及其利益在保险事故中遭受损失时，由保险公司赔偿保险金。

应用

52. 财产保险业务包括哪些类别？

财产保险业务作为保险业务的两大基本类别之一，还可以进行细分，如：

（1）财产损失保险业务。是指保险公司以有形财产为保险标的而从事的保险业务。财产损失保险业务的特点在于，投保人按照约定向保险公司支付保险费，在被保险财产发生保险事故而受到损失时，保险公司按照约定向被保险人给付保险赔偿金。

（2）责任保险业务。是指保险公司以被保险人依法应当对第三人承担的赔偿责任为保险标的而从事的保险业务。责任保险业务的特点在于，投保人按照约定向保险公司支付保险费，在被保险人应当向第三人承担赔偿责任时，由保险公司按照约定向被保险人给付保险赔偿金。

（3）信用保险业务。是指保险公司对被保险人的信用或者履约能力提供担保而从事的保险业务。信用保险业务的特点在于，投保人按照约定向保险公司支付保险费，在被保险人不能偿付其支付款项的义务时，由保险公司按照约定对被保险人承担赔偿责任。

53. 人身保险业务包括哪些类别？

人身保险业务，是以人的寿命和身体为保险对象的保险业务，在本条划分为人寿保险、健康保险以及意外伤害保险等人身保险业务。

（1）人寿保险业务。保险公司以被保险人在保险期限内死亡、残废或者在保险期限届满时仍生存作为给付保险金条件而从事的保险业务。人寿保险业务又可以具体划分为死亡保险、生存保险、生死两全保险、简易人身保险、年金保险业务等。人寿保险的保险标的为被保险人的寿命，或者为被保险人的死亡或残废，或者为被保险人的生存，或者为被保险人的死亡和生存二者。开展人寿保险业务的期间一般较长，保险公司承担的给付保险金的责任期间相应较长，保险公司应当留存足够的人寿保险准备金。

（2）健康保险业务。健康保险业务又称为疾病保险业务。保险公司对被保险人在保险期限内发生疾病、分娩或由此引起的残废、死亡承担给付保险金责任而开展的保险业务。健康保险业务为综合性保险业务，保险公司不仅承保被保险人的疾病和因疾病致残的风险，而且承保被保险人因病死亡风险。健康保险具有综合附加险和短期险的特征，国外有的将其称为"第三领域"的保险，允许财险公司开展这方面的业务。

（3）意外伤害保险业务。保险公司对被保险人遭受的意外伤害或者因意外伤害致残、死亡承担给付保险金责任而开展的保险业务。意外伤害保险业务，可以具体分为一般意外伤害保险、旅客意外伤害保险和职业伤害保险等三大类业务。意外伤害保险既可以作为财产综合险中的附加险，也有短期险的特征，也是所谓"第三领域"的保险。

第九十六条　【再保险业务】经国务院保险监督管理机构批准，保险公司可以经营本法第九十五条规定的保险业务的下列再保险业务：

（一）分出保险；

（二）分入保险。

《再保险业务管理规定》

第九十七条　【保证金】保险公司应当按照其注册资本总额的百分之二十提取保证金，存入国务院保险监督管理机构指定的银行，除公司清算时用于清偿债务外，不得动用。

注解

保证金，是指保险公司设立后，应当依法提取并向保险监督管理机构指定的金融机构缴存的、用于担保保险公司的偿付能力的资金。

第九十八条　【责任准备金】保险公司应当根据保障被保险人利益、保证偿付能力的原则，提取各项责任准备金。

保险公司提取和结转责任准备金的具体办法，由国务院保险监督管理机构制定。

注解

保险责任准备金，是指保险公司为保证其如约履行保险赔偿或给付义务而提取的、与其所承担的保险责任相对应的基金。保险责任准备金包括未决赔款准备金、已发生未报告赔款准备金、未到期责任准备金、长期责任准备金、寿险责任准备金、长期健康险责任准备金等。保险公司提存的各项保险责任准备金必须真实、充足。

第九十九条　【公积金】保险公司应当依法提取公积金。

第一百条　【保险保障基金】保险公司应当缴纳保险保障基金。

保险保障基金应当集中管理，并在下列情形下统筹使用：

（一）在保险公司被撤销或者被宣告破产时，向投保人、被保险人或者受益人提供救济；

（二）在保险公司被撤销或者被宣告破产时，向依法接受其人寿保险合同的保险公司提供救济；

（三）国务院规定的其他情形。

保险保障基金筹集、管理和使用的具体办法，由国务院制定。

注解

保险保障基金，即保险行业风险基金，是指根据法律规定，由保险公司缴纳形成，在保险公司被撤销、被宣告破产或在保险业遇到重大危机的特定情况下，用于向投保方或者保单受让公司等提供救济的法定基金。它与未到期责任准备金和未决赔款准备金不同。未到期责任准备金和未决赔款准备金是保险组织的负债，用于正常情况下的赔款，而保险保障基金则属于保险组织的资本，主要是应付巨大灾害事故的特大赔款，只有在当年业务收入和其他准备金不足以赔付时方能运用。

第一百零一条　【最低偿付能力】保险公司应当具有与其业务规模和风险程度相适应的最低偿付能力。保险公司的认可资产减去认可负债的差额不得低于国务院保险监督管理机构规定的数额；低于规定数额的，应当按照国务院保险监督管理机构的要求采取相应措施达到规定的数额。

注解

保险公司的偿付能力，是指保险公司对被保险人、受益人履行合同约定的赔偿或者给付保险金责任的能力。保险公司必须具备充足的偿付能力，才能及时、足额地赔偿或者给付保险金，保障投保人、被保险人、受益人的利益，维持自身的稳健经营，促进社会的安定团结。对保险公司偿付能力的监管涉及公司经营的方方面面，包括资本和盈余要求，定价和产品，准备金，再保险，投资方向和比例，关联交易和公司管理等。保险监管机构通过对保险公司偿付能力的有效监管，了解保险公司的财务状况，及时提醒偿付能力不足的保险公司采取积极有效的措施，以恢复偿付能力充足性，切实保障投保人、被保险人、受益人的合法权益。

第一百零二条　【财产保险公司自留保险费】经营财产保险业务的保险公司当年自留保险费，不得超过其实有资本金加公积金总和的四倍。

第一百零三条 【最大损失责任的赔付要求】保险公司对每一危险单位，即对一次保险事故可能造成的最大损失范围所承担的责任，不得超过其实有资本金加公积金总和的百分之十；超过的部分应当办理再保险。

保险公司对危险单位的划分应当符合国务院保险监督管理机构的规定。

应 用

54. 如何理解"危险单位"？

危险单位，是指一次保险事故可能造成的最大损失范围所承担的责任。危险单位确定或计算办法，既可按投保单位划定为一个危险单位，如一只船，包括船中货物和船体本身为投保单位，视作一个危险单位；亦可以将一个具体标的视为一个危险单位，如我们可以视船体本身为一个危险单位，可以视船中货物为另一个危险单位。

第一百零四条 【危险单位划分方法和巨灾风险安排方案】保险公司对危险单位的划分方法和巨灾风险安排方案，应当报国务院保险监督管理机构备案。

应 用

55. 如何理解"巨灾"？

所谓巨灾，是指人力难以抗拒的、无法有效控制的造成众多人员伤亡或大量财产损失的自然灾害或意外事故。巨灾按其发生的原因可以分为两大类：一是自然灾害风险。比如：气象气候灾害中的大风、暴雨、冰雹、寒潮、干旱、洪水等；地质灾害中的地震、地裂等；地貌灾害中的泥石流、雪崩、滑坡等；生物灾害中的植物病虫害、森林火灾、流行病等。自然灾害造成的损失通常会涉及某一地区的大量人群；灾害造成的损失程度不仅取决于该自然灾害的强度，也取决于受灾地区的抗灾能力、防灾措施等人为因素。二是人为灾难风险。例如，重大火灾、爆炸、航空航天灾难、航运灾难、公路灾难、铁路灾难、建筑物、桥梁倒塌，以及恐怖活动等。人为巨灾风险一般只是小范围内某一大型标的物受到影响，而这一标的物只为少数几张保险单所保障；此类风险一旦发生，将对承保的保险公司的偿付能力造成严重冲击。

第一百零五条　【再保险】保险公司应当按照国务院保险监督管理机构的规定办理再保险，并审慎选择再保险接受人。

第一百零六条　【资金运用的原则和形式】保险公司的资金运用必须稳健，遵循安全性原则。

保险公司的资金运用限于下列形式：

（一）银行存款；

（二）买卖债券、股票、证券投资基金份额等有价证券；

（三）投资不动产；

（四）国务院规定的其他资金运用形式。

保险公司资金运用的具体管理办法，由国务院保险监督管理机构依照前两款的规定制定。

注　解

保险公司的资金运用又称保险投资或保险资产运用，是保险公司将自有资金和保险准备金，通过法律允许的各种渠道进行投资或运用来获取投资收益的经营活动。保险公司资金运用的重要性体现在，一方面，保险公司的资金运用以取得盈利而使保险基金增值为目的，是保险公司的主要利润来源之一；另一方面，保险公司的资金主要由各种责任准备金组成，其运用成效直接影响保险公司的偿付能力，进而影响到投保人、被保险人、受益人的利益，甚至影响整个社会的安定。

应　用

56. 如何理解保险公司资金运用的三大原则？

保险公司的资金运用应当遵循三大原则：一是安全性原则，即保险资金在运用过程中不能发生贬损；二是效益性原则，即保险公司资金运用要在保值的基础上实现增值；三是流动性原则，即运用保险公司的资金所作的投资，应当能够及时、方便变现，以及时履行保险责任。其中，为了保证保险公司的偿付能力充足性，保险公司资金运用的安全性原则最为重要，本法特别予以强调。保险公司运用保险资金的主要目标是追求利润最大化，投资必有风险，为防止保险公司在追求利润最大化的同时而形成的投资风险，保险公司必须稳健经营，其资金运用首先应当保证资金的安全性，注意防范和分散风险，避免受到损失。

配 套

《保险资金境外投资管理暂行办法》；《保险资金间接投资基础设施项目管理办法》；《中国保监会关于保险资金股票投资有关问题的通知》；《保险机构投资者股票投资管理暂行办法》；《保险公司管理规定》

第一百零七条 **【保险资产管理公司】**经国务院保险监督管理机构会同国务院证券监督管理机构批准，保险公司可以设立保险资产管理公司。

保险资产管理公司从事证券投资活动，应当遵守《中华人民共和国证券法》等法律、行政法规的规定。

保险资产管理公司的管理办法，由国务院保险监督管理机构会同国务院有关部门制定。

第一百零八条 **【关联交易管理和信息披露制度】**保险公司应当按照国务院保险监督管理机构的规定，建立对关联交易的管理和信息披露制度。

第一百零九条 **【关联交易的禁止】**保险公司的控股股东、实际控制人、董事、监事、高级管理人员不得利用关联交易损害公司的利益。

第一百一十条 **【重大事项披露】**保险公司应当按照国务院保险监督管理机构的规定，真实、准确、完整地披露财务会计报告、风险管理状况、保险产品经营情况等重大事项。

第一百一十一条 **【保险销售人员任职资格】**保险公司从事保险销售的人员应当品行良好，具有保险销售所需的专业能力。保险销售人员的行为规范和管理办法，由国务院保险监督管理机构规定。

第一百一十二条 【保险代理人登记制度】保险公司应当建立保险代理人登记管理制度，加强对保险代理人的培训和管理，不得唆使、诱导保险代理人进行违背诚信义务的活动。

第一百一十三条 【依法使用经营保险业务许可证】保险公司及其分支机构应当依法使用经营保险业务许可证，不得转让、出租、出借经营保险业务许可证。

第一百一十四条 【公平合理拟订保险条款和保险费率并及时履行义务】保险公司应当按照国务院保险监督管理机构的规定，公平、合理拟订保险条款和保险费率，不得损害投保人、被保险人和受益人的合法权益。

保险公司应当按照合同约定和本法规定，及时履行赔偿或者给付保险金义务。

第一百一十五条 【公平竞争原则】保险公司开展业务，应当遵循公平竞争的原则，不得从事不正当竞争。

第一百一十六条 【保险业务行为禁止】保险公司及其工作人员在保险业务活动中不得有下列行为：

（一）欺骗投保人、被保险人或者受益人；

（二）对投保人隐瞒与保险合同有关的重要情况；

（三）阻碍投保人履行本法规定的如实告知义务，或者诱导其不履行本法规定的如实告知义务；

（四）给予或者承诺给予投保人、被保险人、受益人保险合同约定以外的保险费回扣或者其他利益；

（五）拒不依法履行保险合同约定的赔偿或者给付保险金义务；

（六）故意编造未曾发生的保险事故、虚构保险合同或者故意夸大已经发生的保险事故的损失程度进行虚假理赔，骗取保险金或者牟取其他不正当利益；

（七）挪用、截留、侵占保险费；

（八）委托未取得合法资格的机构从事保险销售活动；

（九）利用开展保险业务为其他机构或者个人牟取不正当利益；

（十）利用保险代理人、保险经纪人或者保险评估机构，从事以虚构保险中介业务或者编造退保等方式套取费用等违法活动；

（十一）以捏造、散布虚假事实等方式损害竞争对手的商业信誉，或者以其他不正当竞争行为扰乱保险市场秩序；

（十二）泄露在业务活动中知悉的投保人、被保险人的商业秘密；

（十三）违反法律、行政法规和国务院保险监督管理机构规定的其他行为。

第五章　保险代理人和保险经纪人

第一百一十七条　【保险代理人】保险代理人是根据保险人的委托，向保险人收取佣金，并在保险人授权的范围内代为办理保险业务的机构或者个人。

保险代理机构包括专门从事保险代理业务的保险专业代理机构和兼营保险代理业务的保险兼业代理机构。

注 解

保险代理人，是指根据保险人的委托，在保险人授权的范围内代为办理保险业务，并依法向保险人收取佣金的单位或个人。保险代理人可以是单位，也可以是个人。保险代理人主要分为三大类：第一类是专业保险代理机构，是指经保险监督管理机构批准设立并办理工商登记的，根据保险人的委托，在保险人授权的范围内专门办理保险业务的企业；第二类是兼营保险代理机构，是指经保险监督管理机构核准，接受保险人的委托，在从事自身业务的同时，为保险人代办保险业务的企业；第三类是个人保险代理人，是指接受保险人委托，代为办理保险业务的自然人。无论是保险代理机构，还是保险个人代理人，都应当具备保险监督管理机构规定的资格条件，并取得保险监督管理机构颁发的经营保险代理业务许可证，向工商行政管理机关办理登记，领取营业执照。

第一百一十八条　【保险经纪人】保险经纪人是基于投保人的利益，为投保人与保险人订立保险合同提供中介服务，并依法收取佣金的机构。

应 用

57. 如何区分保险经纪人与保险代理人？

（1）保险经纪人是基于投保人的利益，向保险人或其代理人洽定保险合同，而保险代理人则是根据保险人的委托而代为办理保险业务。

（2）保险经纪人虽然一般也像保险代理人一样，向保险人收取佣金，但有的时候他也可以向委托人收取佣金，如经纪人为其提供风险咨询、充当风险管理顾问等。

（3）保险经纪人收取佣金的行为，对保险人无约束力，即法律上不视为保险人已经收到，被保险人不能以此为由主张保险合同业已成立，但是在投保人或被保险人授权的情况下，其在授权范围内所为的行为则对投保人或被保险人有约束力；而保险代理人收取保险费后，即使实际尚未交付给保险人，在法律上则视为保险人已收到。

（4）保险经纪人的业务范围要比保险代理人广，如他也可受被保险人的委托，为被保险人提供防灾、防损或风险评估、风险管理咨询服务等，也可以代理被保险人进行损失的勘察和理赔。

第一百一十九条　【保险代理机构、保险经纪人的资格条件及从业许可】保险代理机构、保险经纪人应当具备国务院保险监督管理机构规定的条件，取得保险监督管理机构颁发的经营保险代理业务许可证、保险经纪业务许可证。

第一百二十条　【以公司形式设立的保险专业代理机构、保险经纪人的注册资本】以公司形式设立保险专业代理机构、保险经纪人，其注册资本最低限额适用《中华人民共和国公司法》的规定。

国务院保险监督管理机构根据保险专业代理机构、保险经纪人的业务范围和经营规模，可以调整其注册资本的最低限额，但不得低于《中华人民共和国公司法》规定的限额。

保险专业代理机构、保险经纪人的注册资本或者出资额必须为实缴货币资本。

第一百二十一条 【保险专业代理机构、保险经纪人的高级管理人员的经营管理能力与任职资格】保险专业代理机构、保险经纪人的高级管理人员，应当品行良好，熟悉保险法律、行政法规，具有履行职责所需的经营管理能力，并在任职前取得保险监督管理机构核准的任职资格。

第一百二十二条 【个人保险代理人、保险代理机构的代理从业人员、保险经纪人的经纪从业人员的任职资格】个人保险代理人、保险代理机构的代理从业人员、保险经纪人的经纪从业人员，应当品行良好，具有从事保险代理业务或者保险经纪业务所需的专业能力。

第一百二十三条 【经营场所与账簿记载】保险代理机构、保险经纪人应当有自己的经营场所，设立专门账簿记载保险代理业务、经纪业务的收支情况。

第一百二十四条 【保险代理机构、保险经纪人缴存保证金或者投保职业责任保险】保险代理机构、保险经纪人应当按照国务院保险监督管理机构的规定缴存保证金或者投保职业责任保险。

第一百二十五条 【个人保险代理人代为办理人寿保险业务接受委托的限制】个人保险代理人在代为办理人寿保险业务时，不得同时接受两个以上保险人的委托。

第一百二十六条 【保险业务委托代理协议】保险人委托保险代理人代为办理保险业务，应当与保险代理人签订委托代理协议，依法约定双方的权利和义务。

第一百二十七条 【保险代理责任承担】保险代理人根据保险人的授权代为办理保险业务的行为，由保险人承担责任。

保险代理人没有代理权、超越代理权或者代理权终止后以保险人名义订立合同，使投保人有理由相信其有代理权的，该代理行为有效。保险人可以依法追究越权的保险代理人的责任。

注解

这里所说的"有理由相信"，是指投保人不知道或者不应当知道保险代理人超越了代理权，而且投保人尽了必要的注意义务，即投保人不存在疏忽大意的过失。同时，根据合同法的有关规定，除超越代理权这种情形外，保险代理人没有代理权或者代理权终止后以保险人的名义订立保险合同，投保人有理由相信保险代理人有代理权的，该代理行为也有效，由此产生的保险责任由保险人承担。当然，保险代理人应当对自己超越代理权的行为承担相应的责任。如果保险代理人超越职权的行为，造成保险人多承担了责任，或者给保险人造成了其他损害，保险人可以就该损害要求保险代理人予以赔偿。此为表见代理制度在保险代理中的体现。

应用

58. 什么情况下不能免除保险公司对善意投保人应当承担的法律责任？

投保人通过保险公司设立的营销部购买机动车第三者责任险，营销部营销人员为侵吞保费，将自己伪造的、内容和形式与真保单一致的假保单填写后，加盖伪造的保险公司业务专用章，通过营销部的销售员在该营销部内销售并交付投保人。作为不知情的善意投保人有理由相信其购买的保险是真实的，保单的内容也并不违反有关法律的规定，营销部的行为在民法上应当视为保险公司的行为。因此，虽然投保人持有的保单是假的，但并不能据此免除保险公司根据保险合同依法应当承担的民事责任。（参见"刘某诉汪某某、朱某某、某保险盐城中心支公司交通事故人身损害赔偿纠纷案"，载《最高人民法院公报》2012年第3期）

第一百二十八条 【保险经纪人的赔偿责任】保险经纪人因过错给投保人、被保险人造成损失的，依法承担赔偿责任。

第一百二十九条 【保险事故的评估和鉴定】保险活动当事人可以委托保险公估机构等依法设立的独立评估机构或者具有相关专业知识的人员，对保险事故进行评估和鉴定。

接受委托对保险事故进行评估和鉴定的机构和人员，应当依法、独立、客观、公正地进行评估和鉴定，任何单位和个人不得干涉。

前款规定的机构和人员，因故意或者过失给保险人或者被保险人造成损失的，依法承担赔偿责任。

注解

接受保险人或者被保险人的委托，办理保险事故的勘验、鉴定、评估以及赔款理算的中介机构或者个人，通常被称为保险公估人。

保险公估人对其过错行为应当依法承担赔偿责任。保险公估人承担过错赔偿责任应当具备下列条件：（1）保险公估人必须具有主观上的过错。过错指的是保险公估人在从事保险事故评估、鉴定业务中的一种主观状态，包括故意和过失两个方面。故意指的是保险公估人知道或者应当知道其行为会给保险人或者被保险人造成损害，而希望或者放任这种损害后果的发生。过失指的是保险公估人对其行为会给保险人或者被保险人造成损害的后果应当预见而没有预见到，或者虽然已经预见但轻信该后果能够避免。（2）保险公估人的过错行为给保险人或者被保险人造成了损失。这种损失在保险评估、鉴定业务中一般是经济上的损失，包括直接损失和间接损失。直接损失是指保险人或者被保险人现有财产和利益的减少。间接损失是指保险人或者被保险人应当得到或者能够得到的利益而没有得到。（3）保险人或者被保险人的损失与保险公估人的过错行为之间存在因果关系。因果关系是一定的事实与一定的行为之间存在客观的、必然的联系。如果保险人、被保险人的损失不是由于保险公估人的过错行为造成的，保险公估人就不存在承担赔偿责任的问题。

第一百三十条 【保险佣金的支付】保险佣金只限于向保险代理人、保险经纪人支付，不得向其他人支付。

第一百三十一条 【保险代理人、保险经纪人及其从业人员

的禁止行为】保险代理人、保险经纪人及其从业人员在办理保险业务活动中不得有下列行为：

（一）欺骗保险人、投保人、被保险人或者受益人；

（二）隐瞒与保险合同有关的重要情况；

（三）阻碍投保人履行本法规定的如实告知义务，或者诱导其不履行本法规定的如实告知义务；

（四）给予或者承诺给予投保人、被保险人或者受益人保险合同约定以外的利益；

（五）利用行政权力、职务或者职业便利以及其他不正当手段强迫、引诱或者限制投保人订立保险合同；

（六）伪造、擅自变更保险合同，或者为保险合同当事人提供虚假证明材料；

（七）挪用、截留、侵占保险费或者保险金；

（八）利用业务便利为其他机构或者个人牟取不正当利益；

（九）串通投保人、被保险人或者受益人，骗取保险金；

（十）泄露在业务活动中知悉的保险人、投保人、被保险人的商业秘密。

应 用

59. 保险代理人阻碍投保人履行如实告知义务的，应该承担什么责任？[①]

在认定保险代理人是否存在阻碍投保人履行如实告知义务、诱导其不履行如实告知义务的行为时，应注意的是，投保人应对其向保险代理人的询问所作出的回答承担相应法律责任，亦应对"阻碍""诱导"行为承担举证责任。"阻碍""诱导"行为一般包括以下情形：其一，保险代理人在投保人如实回答后代为填写相反内容，或者保险代理人未对单证所涉问题逐一询问即自行填写，后投保人因善意信赖保险代理人未予检查即签字确认。本案

---

① 内容来源于《中国法院 2023 年度案例·保险纠纷》一书，国家法官学院、最高人民法院司法案例研究院编，中国法制出版社 2023 年 5 月出版。

中，王某称韩某未对家族病史、吸毒史、吸烟史进行询问，且韩某明知其家族病史、吸毒史、吸烟史却未如实代为填写，属于阻碍其履行如实告知义务，但其提交的证据不足以证明韩某存在上述行为，应承担举证不能的法律后果。其二，保险代理人诱导投保人陈述不实内容，如以投保人如实陈述将无法承保或相应问题并不重要、无须如实回答等理由诱导投保人作出错误回答。此种情形下，投保人可能存在与保险代理人串通隐瞒事实的主观故意。本案中，王某称韩某要求其在电话回访时简单回答"是、对"，属于诱导其不履行如实告知义务，但未能提交证据予以证明，故相应主张亦无法得到支持。

在上述情形下，即便投保人举证证明保险代理人确有《保险法》第一百三十一第三项规定的"阻碍""诱导"行为的，并不能直接产生合同无效的法律后果。根据我国保险法规定，如保险代理人阻碍投保人履行如实告知义务或诱导投保人不履行如实告知义务，其法律后果应为保险人丧失保险合同解除权，并对相应保险事故继续承担保险责任。若是因保险代理人的过错导致，保险人可向保险代理人另行主张相应责任。（参见"王某诉韩某、某保险北京分公司人身保险合同案"，北京市海淀区人民法院〔2020〕京 0108 民初 5404 号民事判决书）

第一百三十二条　【准用条款】本法第八十六条第一款、第一百一十三条的规定，适用于保险代理机构和保险经纪人。

第六章　保险业监督管理

第一百三十三条　【保险监督管理机构职责】保险监督管理机构依照本法和国务院规定的职责，遵循依法、公开、公正的原则，对保险业实施监督管理，维护保险市场秩序，保护投保人、被保险人和受益人的合法权益。

第一百三十四条　【国务院保险监督管理机构立法权限】国务院保险监督管理机构依照法律、行政法规制定并发布有关保险业监督管理的规章。

第一百三十五条　【保险条款与保险费率的审批与备案】关

系社会公众利益的保险险种、依法实行强制保险的险种和新开发的人寿保险险种等的保险条款和保险费率，应当报国务院保险监督管理机构批准。国务院保险监督管理机构审批时，应当遵循保护社会公众利益和防止不正当竞争的原则。其他保险险种的保险条款和保险费率，应当报保险监督管理机构备案。

保险条款和保险费率审批、备案的具体办法，由国务院保险监督管理机构依照前款规定制定。

第一百三十六条　【对违法、违规保险条款和费率采取的措施】 保险公司使用的保险条款和保险费率违反法律、行政法规或者国务院保险监督管理机构的有关规定的，由保险监督管理机构责令停止使用，限期修改；情节严重的，可以在一定期限内禁止申报新的保险条款和保险费率。

注解

强制保险险种，又称法定保险，是指保险标的或者保险对象的范围直接由法律、法规规定，对于规定范围内的保险标的或者对象必须向保险人投保的保险。

配套

《财产保险公司保险条款和保险费率管理办法》

第一百三十七条　【对保险公司偿付能力的监控】 国务院保险监督管理机构应当建立健全保险公司偿付能力监管体系，对保险公司的偿付能力实施监控。

配套

《保险公司管理规定》第60条

第一百三十八条　【对偿付能力不足的保险公司采取的措施】 对偿付能力不足的保险公司，国务院保险监督管理机构应当将其列为重点监管对象，并可以根据具体情况采取下列措施：

（一）责令增加资本金、办理再保险；

（二）限制业务范围；

（三）限制向股东分红；

（四）限制固定资产购置或者经营费用规模；

（五）限制资金运用的形式、比例；

（六）限制增设分支机构；

（七）责令拍卖不良资产、转让保险业务；

（八）限制董事、监事、高级管理人员的薪酬水平；

（九）限制商业性广告；

（十）责令停止接受新业务。

第一百三十九条　【责令保险公司改正违法行为】保险公司未依照本法规定提取或者结转各项责任准备金，或者未依照本法规定办理再保险，或者严重违反本法关于资金运用的规定的，由保险监督管理机构责令限期改正，并可以责令调整负责人及有关管理人员。

第一百四十条　【保险公司整顿】保险监督管理机构依照本法第一百三十九条的规定作出限期改正的决定后，保险公司逾期未改正的，国务院保险监督管理机构可以决定选派保险专业人员和指定该保险公司的有关人员组成整顿组，对公司进行整顿。

整顿决定应当载明被整顿公司的名称、整顿理由、整顿组成员和整顿期限，并予以公告。

第一百四十一条　【整顿组职权】整顿组有权监督被整顿保险公司的日常业务。被整顿公司的负责人及有关管理人员应当在整顿组的监督下行使职权。

第一百四十二条　【被整顿保险公司的业务运作】整顿过程中，被整顿保险公司的原有业务继续进行。但是，国务院保险监督管理机构可以责令被整顿公司停止部分原有业务、停止接受新业务，调整资金运用。

第一百四十三条 【保险公司结束整顿】被整顿保险公司经整顿已纠正其违反本法规定的行为，恢复正常经营状况的，由整顿组提出报告，经国务院保险监督管理机构批准，结束整顿，并由国务院保险监督管理机构予以公告。

第一百四十四条 【保险公司接管】保险公司有下列情形之一的，国务院保险监督管理机构可以对其实行接管：

（一）公司的偿付能力严重不足的；

（二）违反本法规定，损害社会公共利益，可能严重危及或者已经严重危及公司的偿付能力的。

被接管的保险公司的债权债务关系不因接管而变化。

注 解

保险公司的接管，是指由保险监督管理机构指派接管组织直接介入保险公司的日常经营管理，并由接管组织负责保险公司的全部经营活动的监管活动。对保险公司实施接管是一种比较严厉的行政监管措施。

第一百四十五条 【国务院保险监督管理机构决定并公告接管组的组成和接管的实施办法】接管组的组成和接管的实施办法，由国务院保险监督管理机构决定，并予以公告。

第一百四十六条 【接管保险公司期限】接管期限届满，国务院保险监督管理机构可以决定延长接管期限，但接管期限最长不得超过二年。

第一百四十七条 【终止接管】接管期限届满，被接管的保险公司已恢复正常经营能力的，由国务院保险监督管理机构决定终止接管，并予以公告。

第一百四十八条 【被整顿、被接管的保险公司的重整及破产清算】被整顿、被接管的保险公司有《中华人民共和国企业破产法》第二条规定情形的，国务院保险监督管理机构可以依法向人民法院申请对该保险公司进行重整或者破产清算。

第一百四十九条 【保险公司的撤销及清算】保险公司因违法经营被依法吊销经营保险业务许可证的，或者偿付能力低于国务院保险监督管理机构规定标准，不予撤销将严重危害保险市场秩序、损害公共利益的，由国务院保险监督管理机构予以撤销并公告，依法及时组织清算组进行清算。

第一百五十条 【提供信息资料】国务院保险监督管理机构有权要求保险公司股东、实际控制人在指定的期限内提供有关信息和资料。

第一百五十一条 【股东利用关联交易严重损害公司利益，危及公司偿付能力的处理措施】保险公司的股东利用关联交易严重损害公司利益，危及公司偿付能力的，由国务院保险监督管理机构责令改正。在按照要求改正前，国务院保险监督管理机构可以限制其股东权利；拒不改正的，可以责令其转让所持的保险公司股权。

第一百五十二条 【保险公司业务活动和风险管理重大事项说明】保险监督管理机构根据履行监督管理职责的需要，可以与保险公司董事、监事和高级管理人员进行监督管理谈话，要求其就公司的业务活动和风险管理的重大事项作出说明。

第一百五十三条 【保险公司被整顿、接管、撤销清算期间及出现重大风险时对董事、监事、高级管理人员和其他责任人员采取的措施】保险公司在整顿、接管、撤销清算期间，或者出现重大风险时，国务院保险监督管理机构可以对该公司直接负责的董事、监事、高级管理人员和其他直接责任人员采取以下措施：

（一）通知出境管理机关依法阻止其出境；

（二）申请司法机关禁止其转移、转让或者以其他方式处分财产，或者在财产上设定其他权利。

第一百五十四条 【保险监督管理机构的履职措施及程序】保险监督管理机构依法履行职责，可以采取下列措施：

（一）对保险公司、保险代理人、保险经纪人、保险资产管理公司、外国保险机构的代表机构进行现场检查；

（二）进入涉嫌违法行为发生场所调查取证；

（三）询问当事人及与被调查事件有关的单位和个人，要求其对与被调查事件有关的事项作出说明；

（四）查阅、复制与被调查事件有关的财产权登记等资料；

（五）查阅、复制保险公司、保险代理人、保险经纪人、保险资产管理公司、外国保险机构的代表机构以及与被调查事件有关的单位和个人的财务会计资料及其他相关文件和资料；对可能被转移、隐匿或者毁损的文件和资料予以封存；

（六）查询涉嫌违法经营的保险公司、保险代理人、保险经纪人、保险资产管理公司、外国保险机构的代表机构以及与涉嫌违法事项有关的单位和个人的银行账户；

（七）对有证据证明已经或者可能转移、隐匿违法资金等涉案财产或者隐匿、伪造、毁损重要证据的，经保险监督管理机构主要负责人批准，申请人民法院予以冻结或者查封。

保险监督管理机构采取前款第（一）项、第（二）项、第（五）项措施的，应当经保险监督管理机构负责人批准；采取第（六）项措施的，应当经国务院保险监督管理机构负责人批准。

保险监督管理机构依法进行监督检查或者调查，其监督检查、调查的人员不得少于二人，并应当出示合法证件和监督检查、调查通知书；监督检查、调查的人员少于二人或者未出示合法证件和监督检查、调查通知书的，被检查、调查的单位和个人有权拒绝。

注解

现场检查包括常规检查、临时检查和稽核调查等。常规检查是纳入年度现场检查计划的检查。按检查范围可以分为风险管理及内控有效性等综合性检查，对某些业务领域或区域进行的专项检查，对被查机构以往现场检查中发现的重大问题整改落实情况进行的后续检查。临时检查是在年度现场检查计划之外，根据重大工作部署或临时工作任务开展的检查。稽核调查是适用简化现场检查流程对特定事项进行专门调查的活动。

检查过程中，检查人员有权查阅与检查事项有关的文件资料和信息系统、查看经营管理场所、采集数据信息、测试有关系统设备设施、访谈或询问相关人员，并可以根据需要，收集原件、原物，进行复制、记录、录音、录像、照相等。对可能被转移、隐匿或者毁损的文件、资料，可以按照有关法律法规进行封存。根据工作需要，可以采取线上检查、函询稽核等新型检查方法。线上检查是运用信息技术和网络技术分析筛查疑点业务和机构并实施的穿透式检查。函询稽核是对重大风险或问题通过下发质询函等方式检查核实的活动。

应用

60. 如何进行现场检查？

银保监会及其派出机构组织实施现场检查可以采取以下方式：（1）由立项单位组织实施；（2）由上级部门部署下级部门实施；（3）对专业性强的领域，可以要求银行业和保险业机构选聘符合条件的第三方机构进行检查，并将检查结果报告监管部门；（4）必要时可以按照相关程序，聘请资信良好、符合条件的会计师事务所等第三方机构参与检查工作，具体办法由银保监会另行制定；（5）采用符合法律法规及规章规定的其他方式实施。

配套

《中国银保监会现场检查办法（试行）》

第一百五十五条 【配合检查、调查】保险监督管理机构依法履行职责，被检查、调查的单位和个人应当配合。

第一百五十六条 【保险监督管理机构工作人员行为准则】保险监督管理机构工作人员应当忠于职守，依法办事，公正廉洁，不得利用职务便利牟取不正当利益，不得泄露所知悉的有关单位和个人的商业秘密。

第一百五十七条 【金融监督管理机构监督管理信息共享机制】国务院保险监督管理机构应当与中国人民银行、国务院其他金融监督管理机构建立监督管理信息共享机制。

保险监督管理机构依法履行职责，进行监督检查、调查时，有关部门应当予以配合。

第七章　法律责任

第一百五十八条　【**擅自设立保险公司、保险资产管理公司或非法经营商业保险业务的法律责任**】违反本法规定，擅自设立保险公司、保险资产管理公司或者非法经营商业保险业务的，由保险监督管理机构予以取缔，没收违法所得，并处违法所得一倍以上五倍以下的罚款；没有违法所得或者违法所得不足二十万元的，处二十万元以上一百万元以下的罚款。

第一百五十九条　【**擅自设立保险代理机构、保险经纪人或者未取得许可从事保险业务的法律责任**】违反本法规定，擅自设立保险专业代理机构、保险经纪人，或者未取得经营保险代理业务许可证、保险经纪业务许可证从事保险代理业务、保险经纪业务的，由保险监督管理机构予以取缔，没收违法所得，并处违法所得一倍以上五倍以下的罚款；没有违法所得或者违法所得不足五万元的，处五万元以上三十万元以下的罚款。

第一百六十条　【**保险公司超出业务范围经营的法律责任**】保险公司违反本法规定，超出批准的业务范围经营的，由保险监督管理机构责令限期改正，没收违法所得，并处违法所得一倍以上五倍以下的罚款；没有违法所得或者违法所得不足十万元的，处十万元以上五十万元以下的罚款。逾期不改正或者造成严重后果的，责令停业整顿或者吊销业务许可证。

第一百六十一条　【**保险公司在保险业务活动中从事禁止性行为的法律责任**】保险公司有本法第一百一十六条规定行为之一的，由保险监督管理机构责令改正，处五万元以上三十万元以下的罚款；情节严重的，限制其业务范围、责令停止接受新业务或者吊销业务许可证。

第一百六十二条　【保险公司未经批准变更公司登记事项的法律责任】保险公司违反本法第八十四条规定的，由保险监督管理机构责令改正，处一万元以上十万元以下的罚款。

第一百六十三条　【超额承保及为无民事行为能力人承保以死亡为给付保险金条件的保险的法律责任】保险公司违反本法规定，有下列行为之一的，由保险监督管理机构责令改正，处五万元以上三十万元以下的罚款：

（一）超额承保，情节严重的；

（二）为无民事行为能力人承保以死亡为给付保险金条件的保险的。

第一百六十四条　【违反保险业务规则和保险组织机构管理规定的法律责任】违反本法规定，有下列行为之一的，由保险监督管理机构责令改正，处五万元以上三十万元以下的罚款；情节严重的，可以限制其业务范围、责令停止接受新业务或者吊销业务许可证：

（一）未按照规定提存保证金或者违反规定动用保证金的；

（二）未按照规定提取或者结转各项责任准备金的；

（三）未按照规定缴纳保险保障基金或者提取公积金的；

（四）未按照规定办理再保险的；

（五）未按照规定运用保险公司资金的；

（六）未经批准设立分支机构的；

（七）未按照规定申请批准保险条款、保险费率的。

第一百六十五条　【保险代理机构、保险经纪人违反诚信原则办理保险业务的法律责任】保险代理机构、保险经纪人有本法第一百三十一条规定行为之一的，由保险监督管理机构责令改正，处五万元以上三十万元以下的罚款；情节严重的，吊销业务许可证。

第一百六十六条 【不按规定缴存保证金或者投保职业责任保险、设立收支账簿的法律责任】保险代理机构、保险经纪人违反本法规定，有下列行为之一的，由保险监督管理机构责令改正，处二万元以上十万元以下的罚款；情节严重的，责令停业整顿或者吊销业务许可证：

（一）未按照规定缴存保证金或者投保职业责任保险的；

（二）未按照规定设立专门账簿记载业务收支情况的。

第一百六十七条 【违法聘任不具有任职资格的人员的法律责任】违反本法规定，聘任不具有任职资格的人员的，由保险监督管理机构责令改正，处二万元以上十万元以下的罚款。

第一百六十八条 【违法转让、出租、出借业务许可证的法律责任】违反本法规定，转让、出租、出借业务许可证的，由保险监督管理机构处一万元以上十万元以下的罚款；情节严重的，责令停业整顿或者吊销业务许可证。

第一百六十九条 【不按规定披露保险业务相关信息的法律责任】违反本法规定，有下列行为之一的，由保险监督管理机构责令限期改正；逾期不改正的，处一万元以上十万元以下的罚款：

（一）未按照规定报送或者保管报告、报表、文件、资料的，或者未按照规定提供有关信息、资料的；

（二）未按照规定报送保险条款、保险费率备案的；

（三）未按照规定披露信息的。

第一百七十条 【提供保险业务相关信息不实、拒绝或者妨碍监督检查、不按规定使用保险条款、保险费率的法律责任】违反本法规定，有下列行为之一的，由保险监督管理机构责令改正，处十万元以上五十万元以下的罚款；情节严重的，可以限制其业务范围、责令停止接受新业务或者吊销业务许可证：

（一）编制或者提供虚假的报告、报表、文件、资料的；

（二）拒绝或者妨碍依法监督检查的；

（三）未按照规定使用经批准或者备案的保险条款、保险费率的。

第一百七十一条　【董事、监事、高级管理人员的法律责任】保险公司、保险资产管理公司、保险专业代理机构、保险经纪人违反本法规定的，保险监督管理机构除分别依照本法第一百六十条至第一百七十条的规定对该单位给予处罚外，对其直接负责的主管人员和其他直接责任人员给予警告，并处一万元以上十万元以下的罚款；情节严重的，撤销任职资格。

第一百七十二条　【个人保险代理人的法律责任】个人保险代理人违反本法规定的，由保险监督管理机构给予警告，可以并处二万元以下的罚款；情节严重的，处二万元以上十万元以下的罚款。

第一百七十三条　【外国保险机构违法从事保险活动的法律责任】外国保险机构未经国务院保险监督管理机构批准，擅自在中华人民共和国境内设立代表机构的，由国务院保险监督管理机构予以取缔，处五万元以上三十万元以下的罚款。

外国保险机构在中华人民共和国境内设立的代表机构从事保险经营活动的，由保险监督管理机构责令改正，没收违法所得，并处违法所得一倍以上五倍以下的罚款；没有违法所得或者违法所得不足二十万元的，处二十万元以上一百万元以下的罚款；对其首席代表可以责令撤换；情节严重的，撤销其代表机构。

第一百七十四条　【投保人、被保险人或受益人进行保险诈骗活动的法律责任】投保人、被保险人或者受益人有下列行为之一，进行保险诈骗活动，尚不构成犯罪的，依法给予行政处罚：

（一）投保人故意虚构保险标的，骗取保险金的；

（二）编造未曾发生的保险事故，或者编造虚假的事故原因或者夸大损失程度，骗取保险金的；

（三）故意造成保险事故，骗取保险金的。

保险事故的鉴定人、评估人、证明人故意提供虚假的证明文件，为投保人、被保险人或者受益人进行保险诈骗提供条件的，依照前款规定给予处罚。

第一百七十五条　【侵权民事责任的规定】违反本法规定，给他人造成损害的，依法承担民事责任。

注 解

　　由于违反保险法规定，给他人造成损害的情况比较复杂，法律不可能将所有的违法行为一一列举出来，因此，本条只是原则规定，违反保险法，"给他人造成损害的，依法承担民事责任"。这样规定有三个好处：一是可以避免法律条文过于烦琐；二是可以防止挂一漏万；三是可以给受到损害的当事人提供全面保护。

第一百七十六条　【拒绝、阻碍监督检查、调查的行政责任】拒绝、阻碍保险监督管理机构及其工作人员依法行使监督检查、调查职权，未使用暴力、威胁方法的，依法给予治安管理处罚。

第一百七十七条　【禁止从业的规定】违反法律、行政法规的规定，情节严重的，国务院保险监督管理机构可以禁止有关责任人员一定期限直至终身进入保险业。

第一百七十八条　【保险监督人员的法律责任】保险监督管理机构从事监督管理工作的人员有下列情形之一的，依法给予处分：

（一）违反规定批准机构的设立的；

（二）违反规定进行保险条款、保险费率审批的；

（三）违反规定进行现场检查的；

（四）违反规定查询账户或者冻结资金的；

（五）泄露其知悉的有关单位和个人的商业秘密的；

（六）违反规定实施行政处罚的；

（七）滥用职权、玩忽职守的其他行为。

第一百七十九条 【刑事责任的规定】违反本法规定，构成犯罪的，依法追究刑事责任。

第八章 附 则

第一百八十条 【保险行业协会的规定】保险公司应当加入保险行业协会。保险代理人、保险经纪人、保险公估机构可以加入保险行业协会。

保险行业协会是保险业的自律性组织，是社会团体法人。

第一百八十一条 【其他保险组织的商业保险业务适用本法】保险公司以外的其他依法设立的保险组织经营的商业保险业务，适用本法。

第一百八十二条 【海上保险的法律适用】海上保险适用《中华人民共和国海商法》的有关规定；《中华人民共和国海商法》未规定的，适用本法的有关规定。

注 解

海上保险，是指保险人依照保险合同约定，对海上保险事故造成的保险标的损失及产生的责任负赔偿责任的保险。

《海商法》设专章对海上保险予以规范。主要内容包括：海上保险责任范围，海上保险合同的主要条款，保险标的及其保险价值的计算，海上保险合同的订立、解除和转让，被保险人的义务与保险人的责任，保险标的的损失和委付，保险赔偿的支付等。海商法的上述规范相对于保险法来讲属于对海上保险的特别规定，应当适用。但是海商法并没有也不可能解决海上保险的所有问题，海上保险依然属于商业保险范畴，因此，保险法作为商业保险的基本法，其有关从事商业保险活动应遵循的基本原则和规范应当适用于海上保险。此外，海商法未作规定的有关事项，依照本条规定，应当适用保险法的有关规定，如有关对保险业的监督管理及法律责任等。

第一百八十三条　【合资保险公司、外资公司法律适用规定】中外合资保险公司、外资独资保险公司、外国保险公司分公司适用本法规定；法律、行政法规另有规定的，适用其规定。

第一百八十四条　【农业保险和强制保险的规定】国家支持发展为农业生产服务的保险事业。农业保险由法律、行政法规另行规定。

强制保险，法律、行政法规另有规定的，适用其规定。

注 解

1. 农业保险是以生长期和收获期的农作物、经济作物、畜禽和水产养殖动物为保险标的，在保险标的遭受自然灾害或意外事故损害时，由保险人承担赔偿责任的保险。农业保险的业务分散，承保的危险复杂，多数危险属于巨灾，经营成本和赔付率都很高，难以按照商业保险的一般规则从事经营。目前，世界上许多国家和地区解决农业保险问题主要采取政策倾斜和财政补贴的办法。

我国幅员辽阔，又是农业大国，每年受各种自然灾害影响，农业损失巨大。虽然农民有参加农业保险的客观需求，但是普遍承受不起按照商业保险原则确定的高额保费。因此，保险法确立的商业保险活动的规范难以完全适用于农业保险，仅靠国家有限的财力也难以解决农业赈灾扶困的根本问题。如何解决我国农业保险问题，还需要结合国家扶持农业发展的方针由法律、行政法规另行规定。但是国家支持发展为农业生产服务的保险事业的政策不会改变。本条的规定为发展我国农业保险提供了法律依据。

2. 商业保险的基本原则是自愿原则。对于危险范围广，对社会公众利益影响较大的个别险种，法律也规定实行强制保险。强制保险，一般应适用保险法的规定。如我国保险法规定的诚实信用原则、损失补偿原则，以及依法实行强制保险险种的保险条款和费率应当报国务院保险监督管理机构批准的规定等。同时，由于强制保险的险种具有特殊性，为了维护公共利益，也需要由法律、行政法规在保险法之外另行规定有关规则。如国务院根据道路交通安全法和保险法制定的《机动车交通事故责任强制保险条例》，从有利于道路交通事故受害人获得及时有效的经济保障和医疗救治，减轻交通事故肇事的经济负担，促进道路交通安全出发，做出了具有经营机动车交通事故责任强制保险资格的保险公司不得拒绝承保、保险公司办理强制保险以不盈利或微利为原则、保险合同不得随意解除原则、多部门联合监管的规定，并实行责任限额法定的原则。根据我国强制保险的实践和国际上的通行做法，本条规定，强制保险，法律、行政法规另有规定的，适用其规定。

配套

《农业保险条例》；《机动车交通事故责任强制保险条例》

第一百八十五条 【施行日期】本法自 2009 年 10 月 1 日起施行。

配 套 法 规

最高人民法院关于适用
《中华人民共和国保险法》
若干问题的解释（一）

(2009 年 9 月 14 日最高人民法院审判委员会第 1473 次
会议通过 2009 年 9 月 21 日最高人民法院公告公布 自
2009 年 10 月 1 日起施行 法释〔2009〕12 号)

为正确审理保险合同纠纷案件，切实维护当事人的合法权益，
现就人民法院适用 2009 年 2 月 28 日第十一届全国人大常委会第七次
会议修订的《中华人民共和国保险法》（以下简称保险法）的有关
问题规定如下：

第一条 【新旧法适用的原则】保险法施行后成立的保险合同
发生的纠纷，适用保险法的规定。保险法施行前成立的保险合同发
生的纠纷，除本解释另有规定外，适用当时的法律规定；当时的法
律没有规定的，参照适用保险法的有关规定。

认定保险合同是否成立，适用合同订立时的法律。

> **注 解**

本条确定的是新旧法适用的基本原则，将合同成立作为保险法新旧法适
用的原则区分时点。本条规定新法施行前成立的保险合同原则上适用旧法。
同时根据保险合同的特殊性，本解释第二条至第五条规定了可以适用新法的
情形，这些规定多数属于不溯及既往的情形。溯及既往的两种情形包括：第

97

二条关于合同效力的规定；第四条关于保险人以投保人未履行如实告知义务或申报被保险人年龄不真实为由主张解除合同适用新法的规定。

第二条 　【认定合同效力的法律适用原则】对于保险法施行前成立的保险合同，适用当时的法律认定无效而适用保险法认定有效的，适用保险法的规定。

第三条 　【现行保险法的适用规则一】保险合同成立于保险法施行前而保险标的转让、保险事故、理赔、代位求偿等行为或事件，发生于保险法施行后的，适用保险法的规定。

第四条 　【现行保险法的适用规则二】保险合同成立于保险法施行前，保险法施行后，保险人以投保人未履行如实告知义务或者申报被保险人年龄不真实为由，主张解除合同的，适用保险法的规定。

第五条 　【期间起算的特别规定】保险法施行前成立的保险合同，下列情形下的期间自 2009 年 10 月 1 日起计算：

（一）保险法施行前，保险人收到赔偿或者给付保险金的请求，保险法施行后，适用保险法第二十三条规定的三十日的；

（二）保险法施行前，保险人知道解除事由，保险法施行后，按照保险法第十六条、第三十二条的规定行使解除权，适用保险法第十六条规定的三十日的；

（三）保险法施行后，保险人按照保险法第十六条第二款的规定请求解除合同，适用保险法第十六条规定的二年的；

（四）保险法施行前，保险人收到保险标的转让通知，保险法施行后，以保险标的转让导致危险程度显著增加为由请求按照合同约定增加保险费或者解除合同，适用保险法第四十九条规定的三十日的。

第六条 　【排除适用的情形】保险法施行前已经终审的案件，当事人申请再审或者按照审判监督程序提起再审的案件，不适用保险法的规定。

最高人民法院关于适用
《中华人民共和国保险法》
若干问题的解释（二）

（2013 年 5 月 6 日最高人民法院审判委员会第 1577 次会议通过 根据 2020 年 12 月 23 日最高人民法院审判委员会第 1823 次会议通过的《最高人民法院关于修改〈最高人民法院关于破产企业国有划拨土地使用权应否列入破产财产等问题的批复〉等二十九件商事类司法解释的决定》修正 2020 年 12 月 29 日最高人民法院公告公布 自 2021 年 1 月 1 日起施行 法释〔2020〕18 号）

为正确审理保险合同纠纷案件，切实维护当事人的合法权益，根据《中华人民共和国民法典》《中华人民共和国保险法》《中华人民共和国民事诉讼法》等法律规定，结合审判实践，就保险法中关于保险合同一般规定部分有关法律适用问题解释如下：

第一条 【被保险人在其保险利益范围内主张赔偿】财产保险中，不同投保人就同一保险标的分别投保，保险事故发生后，被保险人在其保险利益范围内依据保险合同主张保险赔偿的，人民法院应予支持。

> 注 解

保险利益是保险合同法特有的制度，财产保险合同的被保险人对保险标的是否具有保险利益直接决定被保险人是否能够请求赔偿保险金。实践中，财产的使用人、租赁人、承运人等非财产所有权人有转移风险的需求，可能向保险公司投保，有些保险公司虽给予承保，却在保险事故发生时以被保险人不是财产所有权人、不具有保险利益为由拒赔，有违诚实信用，不符合保险消费者的合理期待。为此，本条规定，不同投保人可以就同一保险标的分别投保，承认财产的使用人、租赁人、承运人等主体对保险标的也具有保险利益，防止保险人滥用保险利益原则拒绝承担保险责任。当然，任何人都不得通过保险合同获得超过损失的赔偿，故被保险人只能在其保险利益范围内依据保险合同主张保险赔偿。

第二条　【无保险利益导致人身保险合同无效可退还部分保险费】 人身保险中，因投保人对被保险人不具有保险利益导致保险合同无效，投保人主张保险人退还扣减相应手续费后的保险费的，人民法院应予支持。

第三条　【代签名和代填保险单证的处理】 投保人或者投保人的代理人订立保险合同时没有亲自签字或者盖章，而由保险人或者保险人的代理人代为签字或者盖章的，对投保人不生效。但投保人已经交纳保险费的，视为其对代签字或者盖章行为的追认。

保险人或者保险人的代理人代为填写保险单证后经投保人签字或者盖章确认的，代为填写的内容视为投保人的真实意思表示。但有证据证明保险人或者保险人的代理人存在保险法第一百一十六条、第一百三十一条相关规定情形的除外。

注解

在一些保险合同的订立过程中，投保人可能没有亲自在投保单上签字，而是由保险业务员代为签名，由此引发了很多纠纷。为维护保险市场秩序，规范市场主体行为，本条第一款明确规定，投保人或者投保人的代理人订立保险合同时没有亲自签字或者盖章，而由保险人或者保险人的代理人代为签字或者盖章的，对投保人不生效。但投保人已经交纳保险费的，视为其对代签字或者盖章行为的追认。该规定旨在倡导投保人亲自签章，并对自己的行为负责，以此保护投保人利益。

本条第二款对于保险人或其代理人代投保人填写保险单证的行为后果作出规定，保险人或其代理人代为填写保险单证比如投保单所附风险询问表，并经投保人签字或盖章确认的，代为填写的内容视为投保人的真实意思表示。

100

但如果保险人或其代理人存在保险法规定的保险误导行为的，则不予认可，防止误导及欺诈行为的产生。

第四条　【收取保费后作出承保意思表示前发生保险事故的处理】保险人接受了投保人提交的投保单并收取了保险费，尚未作出是否承保的意思表示，发生保险事故，被保险人或者受益人请求保险人按照保险合同承担赔偿或者给付保险金责任，符合承保条件的，人民法院应予支持；不符合承保条件的，保险人不承担保险责任，但应当退还已经收取的保险费。

保险人主张不符合承保条件的，应承担举证责任。

第五条　【"应当如实告知"的内容】保险合同订立时，投保人明知的与保险标的或者被保险人有关的情况，属于保险法第十六条第一款规定的投保人"应当如实告知"的内容。

注 解

本条将投保人告知范围限于其明知内容，防止无限扩大投保人告知内容的范围。

第六条　【投保人告知义务的履行】投保人的告知义务限于保险人询问的范围和内容。当事人对询问范围及内容有争议的，保险人负举证责任。

保险人以投保人违反了对投保单询问表中所列概括性条款的如实告知义务为由请求解除合同的，人民法院不予支持。但该概括性条款有具体内容的除外。

第七条　【弃权规则】保险人在保险合同成立后知道或者应当知道投保人未履行如实告知义务，仍然收取保险费，又依照保险法第十六条第二款的规定主张解除合同的，人民法院不予支持。

第八条　【解除保险合同与拒绝赔偿的关系】保险人未行使合同解除权，直接以存在保险法第十六条第四款、第五款规定的情形为由拒绝赔偿的，人民法院不予支持。但当事人就拒绝赔偿事宜及保险合同存续另行达成一致的情况除外。

第九条 【免除保险人责任的条款的认定】保险人提供的格式合同文本中的责任免除条款、免赔额、免赔率、比例赔付或者给付等免除或者减轻保险人责任的条款，可以认定为保险法第十七条第二款规定的"免除保险人责任的条款"。

保险人因投保人、被保险人违反法定或者约定义务，享有解除合同权利的条款，不属于保险法第十七条第二款规定的"免除保险人责任的条款"。

第十条 【禁止性规定作为免责事由的适用】保险人将法律、行政法规中的禁止性规定情形作为保险合同免责条款的免责事由，保险人对该条款作出提示后，投保人、被保险人或者受益人以保险人未履行明确说明义务为由主张该条款不成为合同内容的，人民法院不予支持。

第十一条 【提示与明确说明义务】保险合同订立时，保险人在投保单或者保险单等其他保险凭证上，对保险合同中免除保险人责任的条款，以足以引起投保人注意的文字、字体、符号或者其他明显标志作出提示的，人民法院应当认定其履行了保险法第十七条第二款规定的提示义务。

保险人对保险合同中有关免除保险人责任条款的概念、内容及其法律后果以书面或者口头形式向投保人作出常人能够理解的解释说明的，人民法院应当认定保险人履行了保险法第十七条第二款规定的明确说明义务。

第十二条 【提示与明确说明义务的形式】通过网络、电话等方式订立的保险合同，保险人以网页、音频、视频等形式对免除保险人责任条款予以提示和明确说明的，人民法院可以认定其履行了提示和明确说明义务。

注 解

本条虽允许保险人以网页、音频、视频等形式对免除保险人责任条款进行提示和明确说明，但其提示和明确说明必须达到第十一条规定的标准，否则相关免除保险人责任条款不生效。实践中，有些保险公司所设计的网络投保程序并没有主动出示格式条款，或者虽出示格式条款，但该格式条款并没有对免除保险人责任的内容采取特别标识，不能认为其履行了提示和明确说明义务。

第十三条 【明确说明义务的履行】保险人对其履行了明确说明义务负举证责任。

投保人对保险人履行了符合本解释第十一条第二款要求的明确说明义务在相关文书上签字、盖章或者以其他形式予以确认的，应当认定保险人履行了该项义务。但另有证据证明保险人未履行明确说明义务的除外。

第十四条 【保险合同记载内容不一致的处理】保险合同中记载的内容不一致的，按照下列规则认定：

（一）投保单与保险单或者其他保险凭证不一致的，以投保单为准。但不一致的情形系经保险人说明并经投保人同意的，以投保人签收的保险单或者其他保险凭证载明的内容为准；

（二）非格式条款与格式条款不一致的，以非格式条款为准；

（三）保险凭证记载的时间不同的，以形成时间在后的为准；

（四）保险凭证存在手写和打印两种方式的，以双方签字、盖章的手写部分的内容为准。

第十五条 【核定期间的起算与确定】保险法第二十三条规定的三十日核定期间，应自保险人初次收到索赔请求及投保人、被保险人或者受益人提供的有关证明和资料之日起算。

保险人主张扣除投保人、被保险人或者受益人补充提供有关证明和资料期间的，人民法院应予支持。扣除期间自保险人根据保险法第二十二条规定作出的通知到达投保人、被保险人或者受益人之日起，至投保人、被保险人或者受益人按照通知要求补充提供的有关证明和资料到达保险人之日止。

第十六条 【代位求偿权的行使与诉讼时效期间的起算】保险

人应以自己的名义行使保险代位求偿权。

根据保险法第六十条第一款的规定，保险人代位求偿权的诉讼时效期间应自其取得代位求偿权之日起算。

第十七条 【非保险术语的解释】保险人在其提供的保险合同格式条款中对非保险术语所作的解释符合专业意义，或者虽不符合专业意义，但有利于投保人、被保险人或者受益人的，人民法院应予认可。

第十八条 【事故认定书的证明力】行政管理部门依据法律规定制作的交通事故认定书、火灾事故认定书等，人民法院应当依法审查并确认其相应的证明力，但有相反证据能够推翻的除外。

第十九条 【被保险人、受益人对第三人、保险人请求权的行使】保险事故发生后，被保险人或者受益人起诉保险人，保险人以被保险人或者受益人未要求第三者承担责任为由抗辩不承担保险责任的，人民法院不予支持。

财产保险事故发生后，被保险人就其所受损失从第三者取得赔偿后的不足部分提起诉讼，请求保险人赔偿的，人民法院应予依法受理。

第二十条 【保险分支机构】保险公司依法设立并取得营业执照的分支机构属于《中华人民共和国民事诉讼法》第四十八条规定的其他组织，可以作为保险合同纠纷案件的当事人参加诉讼。

第二十一条 【新旧法适用】本解释施行后尚未终审的保险合同纠纷案件，适用本解释；本解释施行前已经终审，当事人申请再审或者按照审判监督程序决定再审的案件，不适用本解释。

最高人民法院关于适用
《中华人民共和国保险法》
若干问题的解释（三）

（2015 年 9 月 21 日最高人民法院审判委员会第 1661 次会议通过 根据 2020 年 12 月 23 日最高人民法院审判委员会第 1823 次会议通过的《最高人民法院关于修改〈最高人民法院关于破产企业国有划拨土地使用权应否列入破产财产等问题的批复〉等二十九件商事类司法解释的决定》修正 2020 年 12 月 29 日最高人民法院公告公布 自 2021 年 1 月 1 日起施行 法释〔2020〕18 号）

为正确审理保险合同纠纷案件，切实维护当事人的合法权益，根据《中华人民共和国民法典》《中华人民共和国保险法》《中华人民共和国民事诉讼法》等法律规定，结合审判实践，就保险法中关于保险合同章人身保险部分有关法律适用问题解释如下：

第一条 【"被保险人同意并认可保险金额"的形式与认定】 当事人订立以死亡为给付保险金条件的合同，根据保险法第三十四条的规定，"被保险人同意并认可保险金额"可以采取书面形式、口头形式或者其他形式；可以在合同订立时作出，也可以在合同订立后追认。

有下列情形之一的，应认定为被保险人同意投保人为其订立保险合同并认可保险金额：

（一）被保险人明知他人代其签名同意而未表示异议的；

（二）被保险人同意投保人指定的受益人的；

（三）有证据足以认定被保险人同意投保人为其投保的其他情形。

对于以死亡为给付保险金条件的合同，保险法第三十四条规定，未经被保险人同意并认可保险金额，合同无效。实践中，有保险人为展业需要，在订立合同时不主动审查死亡险是否经过被保险人同意，甚至明知死亡险未经被保险人同意仍然承保，收取保险费，但在保险事故发生后，却以该合同未经被保险人同意为由主张合同无效，拒绝给付保险金。该规定成为个别保险人规避责任的工具之一，引发了不少纠纷。针对该问题，本条规定，被保险人的同意可以采取书面、口头或者其他形式作出，并对可以认定被保险人同意的几种情形进行列举，引导审理案件的法官正确认定被保险人是否同意，一方面防范可能存在的道德风险，另一方面规制保险人的不诚信拒赔行为。

第二条 【被保险人可撤销同意他人为其订立死亡险的意思表示】被保险人以书面形式通知保险人和投保人撤销其依据保险法第三十四条第一款规定所作出的同意意思表示的，可认定为保险合同解除。

第三条 【人身保险合同纠纷中法院主动审查事项】人民法院审理人身保险合同纠纷案件时，应主动审查投保人订立保险合同时是否具有保险利益，以及以死亡为给付保险金条件的合同是否经过被保险人同意并认可保险金额。

注解

为防范道德风险，保险法第三十一条要求，投保人为他人订立人身保险合同必须具有保险利益；第三十四条规定，投保人为他人订立死亡险，需要经过被保险人同意并认可保险金额。以上规定目的在于防止他人图谋保险金伤害甚至杀害被保险人，关系社会公共利益，直接影响合同效力。根据民事诉讼的基本原理，对于此类影响合同效力、关系社会公共利益的事项，法院在审理案件时应主动审查。为此，本条要求各级人民法院审理人身保险合同纠纷案件时，主动审查投保人订立保险合同时是否具有保险利益，以及以死亡为给付保险金条件的合同是否经过被保险人同意并认可保险金额，目的在于强化各级人民法院防范道德风险的意识，以更好地保护被保险人。

第四条 【合同不因投保人丧失保险利益而无效】保险合同订立后，因投保人丧失对被保险人的保险利益，当事人主张保险合同无效的，人民法院不予支持。

注解

人身保险合同期限较长，投保人与被保险人的关系可能在合同存续期间发生变化，从而使在保险合同订立时对被保险人有保险利益的投保人丧失了保险利益，此时保险合同效力是否受到影响，实务中存在不同认识。最为典型的情况是，夫妻一方在婚姻关系存续期间为另一方投保人身险，后双方离婚，此时保险合同效力是否受到影响，存在有效与无效两种观点。针对该问题，本解释规定，保险合同的效力不因投保人在合同存续期间丧失保险利益受到影响，理由在于：一是保险法第三十一条第三款仅要求投保人在订立保险合同时需对被保险人具有保险利益，并没有要求整个合同存续期间都有保险利益；二是投保人在合同存续期间丧失保险利益，不会增加被保险人的道德风险，不应影响保险合同的效力；三是维护保险合同的效力更符合投保人的真实意愿，有利于鼓励交易；四是被保险人保护问题可通过其他制度来解决。

第五条 【如实告知义务】保险合同订立时，被保险人根据保险人的要求在指定医疗服务机构进行体检，当事人主张投保人如实告知义务免除的，人民法院不予支持。

保险人知道被保险人的体检结果，仍以投保人未就相关情况履行如实告知义务为由要求解除合同的，人民法院不予支持。

第六条 【以未成年人为被保险人订立死亡险的合同效力】未成年人父母之外的其他履行监护职责的人为未成年人订立以死亡为给付保险金条件的合同，当事人主张参照保险法第三十三条第二款、第三十四条第三款的规定认定该合同有效的，人民法院不予支持，但经未成年人父母同意的除外。

第七条 【第三人代交保险费】当事人以被保险人、受益人或者他人已经代为支付保险费为由，主张投保人对应的交费义务已经履行的，人民法院应予支持。

第八条 【保险合同复效制度】保险合同效力依照保险法第三十六条规定中止，投保人提出恢复效力申请并同意补交保险费的，除被保险人的危险程度在中止期间显著增加外，保险人拒绝恢复效力的，人民法院不予支持。

保险人在收到恢复效力申请后，三十日内未明确拒绝的，应认定为同意恢复效力。

保险合同自投保人补交保险费之日恢复效力。保险人要求投保人补交相应利息的，人民法院应予支持。

注 解

人身保险合同存续期间较长。实践中，投保人可能因各方面原因未及时支付某期保险费，违反合同义务，此时有保险人可能会要求解除合同，这对已经交纳长时间保险费的投保人而言并非有利，因此，保险法确立了保险合同的复效制度，允许投保人在逾期支付保险费之后的一定期限内补交保险费，恢复合同效力。但保险法第三十七条关于复效条件的表述为"经保险人与投保人协商并达成协议"，这意味着投保人的申请恢复效力必须征得保险人同意，否则不能复效，实际上剥夺了投保人申请复效的权利，不符合保险法设置复效制度的目的。针对该问题，本条规定，投保人提出恢复效力申请并同意补交保险费的，保险人原则上不得拒绝恢复效力，除非被保险人的危险程度在中止期间显著增加。

第九条 【受益人的指定】投保人指定受益人未经被保险人同意的，人民法院应认定指定行为无效。

当事人对保险合同约定的受益人存在争议，除投保人、被保险人在保险合同之外另有约定外，按以下情形分别处理：

（一）受益人约定为"法定"或者"法定继承人"的，以民法典规定的法定继承人为受益人；

（二）受益人仅约定为身份关系的，投保人与被保险人为同一主体时，根据保险事故发生时与被保险人的身份关系确定受益人；投保人与被保险人为不同主体时，根据保险合同成立时与被保险人的身份关系确定受益人；

（三）约定的受益人包括姓名和身份关系，保险事故发生时身份关系发生变化的，认定为未指定受益人。

注解

对于受益人的指定，实践中一般都是由保险格式条款提前拟定，由投保人或者受益人进行选择。由于保险格式条款不够规范以及被保险人身份关系的变化，导致审判实践中受益人如何确定存在争议，本条针对实践中容易产生争议的几种情形进行规定。

1. 受益人约定为"法定"或者"法定继承人"的，实务中存在未指定受益人以及以法定继承人为受益人两种观点，鉴于这两种情形均可根据继承法关于法定继承人的规定予以确定，一般认为应以继承法规定的法定继承人为受益人。

2. 受益人仅约定为身份关系，但保险事故发生时身份关系发生变化，应以保险合同成立时的身份关系还是保险事故发生时的身份关系来判断受益人？例如，保险合同约定的受益人为"配偶"的，被保险人如在保险合同存续期间离婚并再婚，导致保险合同成立时的配偶与保险事故发生时的配偶不一致，此时应以成立时的配偶为受益人还是以事故发生时的配偶为受益人，容易产生争议。此时应根据投保人与被保险人是否为同一主体区别对待，以尽可能地符合当事人的真实意思：投保人与被保险人为同一主体时，根据保险事故发生时与被保险人的身份关系确定受益人；投保人与被保险人为不同主体时，根据保险合同成立时与被保险人的身份关系确定受益人。

3. 受益人的约定包括姓名和身份关系，保险事故发生时身份关系发生变化的，应以保险合同约定的姓名还是以保险事故发生时符合身份关系的人作为受益人？例如，张三以自己为被保险人投保，约定受益人为配偶李四，后张三与李四离婚后再婚，配偶为王五，此时应以李四还是王五为受益人？保险合同所约定的身份与姓名一致是确定受益人的条件，但保险事故发生时，保险合同所约定的身份关系与约定的姓名已不一致，故应认为保险合同约定的受益人不明确，未指定受益人。

第十条 【受益人的变更】投保人或者被保险人变更受益人，当事人主张变更行为自变更意思表示发出时生效的，人民法院应予支持。

投保人或者被保险人变更受益人未通知保险人，保险人主张变更对其不发生效力的，人民法院应予支持。

投保人变更受益人未经被保险人同意的，人民法院应认定变更行为无效。

第十一条 【保险事故发生后变更受益人的限制】投保人或者被保险人在保险事故发生后变更受益人，变更后的受益人请求保险人给付保险金的，人民法院不予支持。

第十二条 【共同受益人的受益权分配】投保人或者被保险人指定数人为受益人，部分受益人在保险事故发生前死亡、放弃受益权或者依法丧失受益权的，该受益人应得的受益份额按照保险合同的约定处理；保险合同没有约定或者约定不明的，该受益人应得的受益份额按照以下情形分别处理：

（一）未约定受益顺序和受益份额的，由其他受益人平均享有；

（二）未约定受益顺序但约定受益份额的，由其他受益人按照相应比例享有；

（三）约定受益顺序但未约定受益份额的，由同顺序的其他受益人平均享有；同一顺序没有其他受益人的，由后一顺序的受益人平均享有；

（四）约定受益顺序和受益份额的，由同顺序的其他受益人按照相应比例享有；同一顺序没有其他受益人的，由后一顺序的受益人按照相应比例享有。

第十三条 【保险金请求权的转让】保险事故发生后，受益人将与本次保险事故相对应的全部或者部分保险金请求权转让给第三人，当事人主张该转让行为有效的，人民法院应予支持，但根据合同性质、当事人约定或者法律规定不得转让的除外。

第十四条 【保险金作为遗产的给付】保险金根据保险法第四

十二条规定作为被保险人的遗产，被保险人的继承人要求保险人给付保险金，保险人以其已向持有保险单的被保险人的其他继承人给付保险金为由抗辩的，人民法院应予支持。

《保险法》第四十二条规定，被保险人死亡时没有受益人或者受益人放弃、丧失受益权的，保险金作为被保险人的遗产，由被保险人的继承人享有。现实生活中，被保险人的继承人可能是多人，如仅其中一个继承人持有保险单向保险人申请理赔，保险人可否直接向该继承人给付保险金？保险人在实践中通常担心给付错误而造成损失，故在无法确认被保险人究竟有多少继承人时，拒绝给付保险金，导致被保险人的继承人只能通过诉讼主张权利。鉴于此，本条规定，保险人向持有保单的被保险人的继承人给付保险金即可，提高保险金给付效率。理由在于：被保险人继承人之间的关系属于继承法上的问题，不属于保险合同法律关系的内容，其他继承人与取得保险金继承人的争议应根据继承法相关规定处理。

第十五条　【受益人与被保险人死亡先后顺序的推定】受益人与被保险人存在继承关系，在同一事件中死亡且不能确定死亡先后顺序的，人民法院应根据保险法第四十二条第二款的规定推定受益人死亡在先，并按照保险法及本解释的相关规定确定保险金归属。

第十六条　【保险现金价值的归属】保险合同解除时，投保人与被保险人、受益人为不同主体，被保险人或者受益人要求退还保险单的现金价值的，人民法院不予支持，但保险合同另有约定的除外。

投保人故意造成被保险人死亡、伤残或者疾病，保险人依照保险法第四十三条规定退还保险单的现金价值的，其他权利人按照被保险人、被保险人继承人的顺序确定。

保单现金价值，是指带有储蓄性质的人身保险单所具有的价值。从保险原理来看，保单现金价值是投保人在保险期间早期支付的超过自然保险费部分的金额的积累。实践中，投保人与被保险人不一致时，保单现金价值归谁所有存在较大争议，理论界与实务界均有观点认为被保险人有权领取保单的现金价值，甚至有观点认为受益人也有权领取保单现金价值。我们认为，该观点也不符合保单现金价值产生原理，也与保险合同的基本原理相悖。第一，保单现金价值是投保人交付的保险费形成的，但该保险费因超过与被保险人可能遭受的风险相对应的自然保险费，故实际上是投保人的储蓄和投资，不是保险金。第二，人身保险合同中，与保险人订立保险合同的投保人承担交付保险费的义务，是保险合同的当事人，享有基于保险合同产生的各项权利，例如解除合同权利、请求保单现金价值权利、保险费返还请求权等。被保险人是保险合同的保障对象，并不是保险合同的当事人，其权利来源于投保人与保险人之间的约定，在保险合同没有赋予被保险人取得保险合同权利的情况下，被保险人不享有保险合同的各项权利，不享有保单现金价值请求权。第三，受益人是投保人或者被保险人指定的享有保险金请求权的主体。受益人不是保险合同的当事人，而是受益第三人。受益人在保险事故发生后才取得保险金请求权，在保险事故发生前享有期待性质的受益权，但不享有保单现金价值请求权。基于以上原因，本条规定，保单现金价值属于投保人，投保人丧失权利的，由被保险人及其继承人享有。

第十七条　【投保人的任意解除权】投保人解除保险合同，当事人以其解除合同未经被保险人或者受益人同意为由主张解除行为无效的，人民法院不予支持，但被保险人或者受益人已向投保人支付相当于保险单现金价值的款项并通知保险人的除外。

第十八条　【医疗费用保险】保险人给付费用补偿型的医疗费用保险金时，主张扣减被保险人从公费医疗或者社会医疗保险取得的赔偿金额的，应当证明该保险产品在厘定医疗费用保险费率时已经将公费医疗或者社会医疗保险部分相应扣除，并按照扣减后的标准收取保险费。

第十九条　【医保标准条款的效力】保险合同约定按照基本医疗保险的标准核定医疗费用，保险人以被保险人的医疗支出超出基本医疗保险范围为由拒绝给付保险金的，人民法院不予支持；保险人有证据证明被保险人支出的费用超过基本医疗保险同类医疗费用标准，要求对超出部分拒绝给付保险金的，人民法院应予支持。

第二十条　【约定医院条款的效力】保险人以被保险人未在保险合同约定的医疗服务机构接受治疗为由拒绝给付保险金的，人民法院应予支持，但被保险人因情况紧急必须立即就医的除外。

注 解

医疗保险格式条款中通常会有定点医院条款和医保标准条款，要求被保险人在定点医院就医，且所支出医疗费用不得超出基本医疗保险范围，否则保险人可以拒赔。本解释第十九条、第二十条基于对价平衡原理，认可以上条款的效力，但同时规定：被保险人因情况紧急必须在非定点医院就医的，保险人不得拒赔；被保险人支出的医疗费用超过基本医疗保险范围的，保险人仍应参照基本医疗保险同类医疗费用标准给付保险金。

第二十一条　【保险人以被保险人自杀为由拒付保险金时的举证责任】保险人以被保险人自杀为由拒绝给付保险金的，由保险人承担举证责任。

受益人或者被保险人的继承人以被保险人自杀时无民事行为能力为由抗辩的，由其承担举证责任。

第二十二条　【被保险人故意犯罪的认定】保险法第四十五条规定的"被保险人故意犯罪"的认定，应当以刑事侦查机关、检察机关和审判机关的生效法律文书或者其他结论性意见为依据。

第二十三条　【保险人以被保险人故意犯罪为由拒付保险金时的举证责任】保险人主张根据保险法第四十五条的规定不承担给付保险金责任的，应当证明被保险人的死亡、伤残结果与其实施的故意犯罪或者抗拒依法采取的刑事强制措施的行为之间存在因果关系。

被保险人在羁押、服刑期间因意外或者疾病造成伤残或者死亡，保险人主张根据保险法第四十五条的规定不承担给付保险金责任的，人民法院不予支持。

第二十四条 【宣告死亡适用死亡保险】投保人为被保险人订立以死亡为给付保险金条件的保险合同，被保险人被宣告死亡后，当事人要求保险人按照保险合同约定给付保险金的，人民法院应予支持。

被保险人被宣告死亡之日在保险责任期间之外，但有证据证明下落不明之日在保险责任期间之内，当事人要求保险人按照保险合同约定给付保险金的，人民法院应予支持。

注 解

本条明确宣告死亡属于死亡险保险事故，解决了死亡险的理赔争议。死亡险以被保险人死亡为保险事故。针对实践中宣告死亡是否属于死亡险的保险事故的争议，本条第一款规定，被保险人宣告死亡的时间在保险责任期间内的，则保险事故发生，保险公司应当按照保险合同约定给付保险金。针对被保险人下落不明之日与宣告死亡之日不一致时，应以哪个时间点作为死亡险保险事故发生时点的问题，本条第二款规定，被保险人宣告死亡时间虽不在保险责任期间之内，但如有证据证明其下落不明之日在保险责任期间之内的，保险人应当按照保险合同约定给付保险金。

第二十五条 【损失无法确定时保险金的给付】被保险人的损失系由承保事故或者非承保事故、免责事由造成难以确定，当事人请求保险人给付保险金的，人民法院可以按照相应比例予以支持。

第二十六条 【生效日期及新旧法适用】本解释自 2015 年 12 月 1 日起施行。本解释施行后尚未终审的保险合同纠纷案件，适用本解释；本解释施行前已经终审，当事人申请再审或者按照审判监督程序决定再审的案件，不适用本解释。

最高人民法院关于适用
《中华人民共和国保险法》
若干问题的解释（四）

（2018 年 5 月 14 日最高人民法院审判委员会第 1738 次会议通过 根据 2020 年 12 月 23 日最高人民法院审判委员会第 1823 次会议通过的《最高人民法院关于修改〈最高人民法院关于破产企业国有划拨土地使用权应否列入破产财产等问题的批复〉等二十九件商事类司法解释的决定》修正 2020 年 12 月 29 日最高人民法院公告公布 自 2021 年 1 月 1 日起施行 法释〔2020〕18 号）

为正确审理保险合同纠纷案件，切实维护当事人的合法权益，根据《中华人民共和国民法典》《中华人民共和国保险法》《中华人民共和国民事诉讼法》等法律规定，结合审判实践，就保险法中财产保险合同部分有关法律适用问题解释如下：

第一条 【保险标的已交付未登记时的权利行使】保险标的已交付受让人，但尚未依法办理所有权变更登记，承担保险标的毁损灭失风险的受让人，依照保险法第四十八条、第四十九条的规定主张行使被保险人权利的，人民法院应予支持。

注解

本条根据保险利益原则，规定保险标的已交付受让人，但尚未依法办理变更登记时，发生保险事故的，承担标的物毁损、灭失风险的受让人，有权主张保险金。需要注意的是，如果依照法律规定或者合同约定，标的物毁损、灭失的风险仍然由转让人承担的，则转让人有权主张保险金。

第二条 【保险标的转让时免责条款的适用】保险人已向投保

人履行了保险法规定的提示和明确说明义务，保险标的受让人以保险标的转让后保险人未向其提示或者明确说明为由，主张免除保险人责任的条款不成为合同内容的，人民法院不予支持。

第三条 【被保险人死亡时其权利义务的承继】被保险人死亡，继承保险标的的当事人主张承继被保险人的权利和义务的，人民法院应予支持。

第四条 【危险程度显著增加的认定】人民法院认定保险标的是否构成保险法第四十九条、第五十二条规定的"危险程度显著增加"时，应当综合考虑以下因素：

（一）保险标的用途的改变；

（二）保险标的使用范围的改变；

（三）保险标的所处环境的变化；

（四）保险标的因改装等原因引起的变化；

（五）保险标的使用人或者管理人的改变；

（六）危险程度增加持续的时间；

（七）其他可能导致危险程度显著增加的因素。

保险标的危险程度虽然增加，但增加的危险属于保险合同订立时保险人预见或者应当预见的保险合同承保范围的，不构成危险程度显著增加。

注解

《保险法》第四十九条和第五十二条，均涉及对危险程度显著增加的认定。实务中，由于险种多样，情况复杂，对危险程度显著增加的认定，成为审判实践中的难点问题。第一款列举与危险程度增加相关的常见因素，为法官提供裁判指引，由法官根据案件具体情况，综合判断是否构成危险程度显著增加。同时第二款规定，增加的危险属于保险合同订立时保险人预见或者应当预见的保险合同承保范围的，不构成危险程度显著增加。

第五条 【保险标的转让空档期的保险责任承担】被保险人、受让人依法及时向保险人发出保险标的的转让通知后，保险人作出答

116

复前，发生保险事故，被保险人或者受让人主张保险人按照保险合同承担赔偿保险金的责任的，人民法院应予支持。

第六条　【防止或减少损失费用的给付】 保险事故发生后，被保险人依照保险法第五十七条的规定，请求保险人承担为防止或者减少保险标的的损失所支付的必要、合理费用，保险人以被保险人采取的措施未产生实际效果为由抗辩的，人民法院不予支持。

注 解

《保险法》第五十七条规定了保险事故发生时，被保险人应当采取措施防止或者减少损失的义务，但司法实践中，保险人往往以施救措施未产生实际效果为由予以抗辩。针对这一问题，本条规定，保险人以该措施未产生实际效果为由抗辩的，不予支持，旨在引导、鼓励被保险人在保险事故发生后及时采取施救、减损措施，最大限度减少损失的扩大，以实现彼此利益的最大化。

第七条　【代位求偿权的行使基础】 保险人依照保险法第六十条的规定，主张代位行使被保险人因第三者侵权或者违约等享有的请求赔偿的权利的，人民法院应予支持。

第八条　【保险人对投保人行使求偿权情形】 投保人和被保险人为不同主体，因投保人对保险标的的损害而造成保险事故，保险人依法主张代位行使被保险人对投保人请求赔偿的权利的，人民法院应予支持，但法律另有规定或者保险合同另有约定的除外。

第九条　【被保险人预先放弃赔偿权利的情形】 在保险人以第三者为被告提起的代位求偿权之诉中，第三者以被保险人在保险合同订立前已放弃对其请求赔偿的权利为由进行抗辩，人民法院认定上述放弃行为合法有效，保险人就相应部分主张行使代位求偿权的，人民法院不予支持。

保险合同订立时，保险人就是否存在上述放弃情形提出询问，投保人未如实告知，导致保险人不能代位行使请求赔偿的权利，保险人请求返还相应保险金的，人民法院应予支持，但保险人知道或者应当知道上述情形仍同意承保的除外。

注解

保险法对于保险事故发生后，被保险人放弃对第三者请求赔偿权利的法律后果作了规定，但对保险合同订立前被保险人预先放弃赔偿权利的问题未予明确。为弥补法律漏洞，统一司法尺度，本条遵循保险人依据代位制度取得的权利不能大于被保险人权利的原则，规定如果被保险人的预先放弃行为有效，则保险人不得再向第三者行使代位求偿权。法院在审理此类案件时，要注意审查被保险人放弃行为的效力。如果无效，第三者则不得以此为由对抗保险人的代位求偿权。

本条同时对被保险人预先放弃赔偿请求权，造成保险人不能行使代位求偿权的法律后果作出规定。预先放弃赔偿请求权，属于对合同订立具有重大影响的事实，保险合同订立时，保险人就此提出询问的，投保人应当如实告知，投保人未如实告知，导致保险人不能行使代位求偿权的，保险人有权请求被保险人返还相应保险金，但保险人知道或应当知道存在该情形仍同意承保的除外。解释秉持最大诚信原则和公平原则，通过设计合理的规则，力求达到各方主体之间的利益平衡。

第十条　【重复赔偿时保险人权利的救济】因第三者对保险标的的损害而造成保险事故，保险人获得代位请求赔偿的权利的情况未通知第三者或者通知到达第三者前，第三者在被保险人已经从保险人处获赔的范围内又向被保险人作出赔偿，保险人主张代位行使被保险人对第三者请求赔偿的权利的，人民法院不予支持。保险人就相应保险金主张被保险人返还的，人民法院应予支持。

保险人获得代位请求赔偿的权利的情况已经通知到第三者，第三者又向被保险人作出赔偿，保险人主张代位行使请求赔偿的权利，第三者以其已经向被保险人赔偿为由抗辩的，人民法院不予支持。

第十一条　【保险人无法行使代位求偿权时权利的救济】被保险人因故意或者重大过失未履行保险法第六十三条规定的义务，致使保险人未能行使或者未能全部行使代位请求赔偿的权利，保险人主张在其损失范围内扣减或者返还相应保险金的，人民法院应予支持。

第十二条 【以第三者为被告的代位求偿权之诉的管辖】保险人以造成保险事故的第三者为被告提起代位求偿权之诉的，以被保险人与第三者之间的法律关系确定管辖法院。

第十三条 【代位求偿权的诉讼程序规定】保险人提起代位求偿权之诉时，被保险人已经向第三者提起诉讼的，人民法院可以依法合并审理。

保险人行使代位求偿权时，被保险人已经向第三者提起诉讼，保险人向受理该案的人民法院申请变更当事人，代位行使被保险人对第三者请求赔偿的权利，被保险人同意的，人民法院应予准许；被保险人不同意的，保险人可以作为共同原告参加诉讼。

第十四条 【被保险人请求保险人直接向第三者赔偿保险金的情形】具有下列情形之一的，被保险人可以依照保险法第六十五条第二款的规定请求保险人直接向第三者赔偿保险金：

（一）被保险人对第三者所负的赔偿责任经人民法院生效裁判、仲裁裁决确认；

（二）被保险人对第三者所负的赔偿责任经被保险人与第三者协商一致；

（三）被保险人对第三者应负的赔偿责任能够确定的其他情形。

前款规定的情形下，保险人主张按照保险合同确定保险赔偿责任的，人民法院应予支持。

第十五条 【被保险人怠于请求的认定】被保险人对第三者应负的赔偿责任确定后，被保险人不履行赔偿责任，且第三者以保险人为被告或者以保险人与被保险人为共同被告提起诉讼时，被保险人尚未向保险人提出直接向第三者赔偿保险金的请求的，可以认定为属于保险法第六十五条第二款规定的"被保险人怠于请求"的情形。

第十六条 【责任保险的被保险人因共同侵权承担连带责任的情形】责任保险的被保险人因共同侵权依法承担连带责任，保险人以该连带责任超出被保险人应承担的责任份额为由，拒绝赔付保险金的，人民法院不予支持。保险人承担保险责任后，主张就超出被保险人责任份额的部分向其他连带责任人追偿的，人民法院应予支持。

实践中，存在被保险人与他人构成共同侵权，依法应当承担连带责任的情况，本解释综合考量立法目的及法律规定原旨，规定保险人先承担连带责任再向其他责任人追偿。这里需要注意的是，保险人就连带责任承担的赔偿数额，不应超出保险合同约定的赔偿限额。这一规定能够分散被保险人的责任风险，填补被保险人的损失，也有利于第三者获得及时、充分的救济。

第十七条　【被保险人对第三者的赔偿责任已经确认并进入执行后保险人的保险责任】 责任保险的被保险人对第三者所负的赔偿责任已经生效判决确认并已进入执行程序，但未获得清偿或者未获得全部清偿，第三者依法请求保险人赔偿保险金，保险人以前述生效判决已进入执行程序为由抗辩的，人民法院不予支持。

第十八条　【商业责任险诉讼时效期间的起算】 商业责任险的被保险人向保险人请求赔偿保险金的诉讼时效期间，自被保险人对第三者应负的赔偿责任确定之日起计算。

第十九条　【责任保险的保险人和解参与权】 责任保险的被保险人与第三者就被保险人的赔偿责任达成和解协议且经保险人认可，被保险人主张保险人在保险合同范围内依据和解协议承担保险责任的，人民法院应予支持。

被保险人与第三者就被保险人的赔偿责任达成和解协议，未经保险人认可，保险人主张对保险责任范围以及赔偿数额重新予以核定的，人民法院应予支持。

第二十条　【责任保险的保险人不得以向被保险人赔偿保险金对抗第三者的赔偿要求】 责任保险的保险人在被保险人向第三者赔偿之前向被保险人赔偿保险金，第三者依照保险法第六十五条第二款的规定行使保险金请求权时,保险人以其已向被保险人赔偿为由拒绝赔偿保险金的,人民法院不予支持。保险人向第三者赔偿后,请求被保险人返还相应保险金的,人民法院应予支持。

第二十一条 【**生效日期及新旧法适用**】本解释自 2018 年 9 月 1 日起施行。

本解释施行后人民法院正在审理的一审、二审案件,适用本解释;本解释施行前已经终审,当事人申请再审或者按照审判监督程序决定再审的案件,不适用本解释。

最高人民法院关于如何理解
《中华人民共和国保险法》第六十五条
"自杀"含义的请示的答复

(2002 年 3 月 6 日 〔2001〕民二他字第 18 号)

江西省高级人民法院:

你院〔2001〕赣经请字第 3 号关于如何理解《中华人民共和国保险法》第六十五条①"自杀"含义的请示收悉。经研究,答复如下:

本案被保险人在投保后两年内因患精神病,在不能控制自己行为的情况下溺水身亡,不属于主动剥夺自己生命的行为,亦不具有骗取保险金的目的,故保险人应按合同约定承担保险责任。

此复

---

① 《中华人民共和国保险法》已经多次修正,答复中的第六十五条已调整为第四十四条。——编者注

最高人民法院研究室关于对《保险法》第十七条规定的"明确说明"应如何理解的问题的答复

（2000 年 1 月 24 日　法研〔2000〕5 号）

甘肃省高级人民法院：

你院甘高法研〔1999〕8 号《关于金昌市旅游局诉中保财产保险公司金川区支公司保险赔偿一案的请示报告》收悉。经研究，答复如下：

《中华人民共和国保险法》第十七条规定："保险合同中规定有保险责任免除条款的，保险人应当向投保人明确说明，未明确说明的，该条款不发生法律效力。"这里所规定的"明确说明"，是指保险人在与投保人签订保险合同之前或者签订保险合同之时，对于保险合同中所约定的免责条款，除了在保险单上提示投保人注意外，还应当对有关免责条款的概念、内容及其法律后果等，以书面或者口头形式向投保人或其代理人作出解释，以使投保人明了该条款的真实含义和法律后果。

全国法院民商事审判工作会议纪要（节录）

（2019 年 11 月 8 日　法〔2019〕254 号）

……

八、关于财产保险合同纠纷案件的审理

会议认为，妥善审理财产保险合同纠纷案件，对于充分发挥保险的风险管理和保障功能，依法保护各方当事人合法权益，实现保险业持续健康发展和服务实体经济，具有重大意义。

97.【未依约支付保险费的合同效力】当事人在财产保险合同中约定以投保人支付保险费作为合同生效条件，但对该生效条件是否为全额支付保险费约定不明，已经支付了部分保险费的投保人主张保险合同已经生效的，人民法院依法予以支持。

98.【仲裁协议对保险人的效力】被保险人和第三者在保险事故发生前达成的仲裁协议，对行使保险代位求偿权的保险人是否具有约束力，实务中存在争议。保险代位求偿权是一种法定债权转让，保险人在向被保险人赔偿保险金后，有权行使被保险人对第三者请求赔偿的权利。被保险人和第三者在保险事故发生前达成的仲裁协议，对保险人具有约束力。考虑到涉外民商事案件的处理常常涉及国际条约、国际惯例的适用，相关问题具有特殊性，故具有涉外因素的民商事纠纷案件中该问题的处理，不纳入本条规范的范围。

99.【直接索赔的诉讼时效】商业责任保险的被保险人给第三者造成损害，被保险人对第三者应当承担的赔偿责任确定后，保险人应当根据被保险人的请求，直接向第三者赔偿保险金。被保险人怠于提出请求的，第三者有权依据《保险法》第65条第2款的规定，就其应获赔偿部分直接向保险人请求赔偿保险金。保险人拒绝赔偿的，第三者请求保险人直接赔偿保险金的诉讼时效期间的起算时间如何认定，实务中存在争议。根据诉讼时效制度的基本原理，第三者请求保险人直接赔偿保险金的诉讼时效期间，自其知道或者应当知道向保险人的保险金赔偿请求权行使条件成就之日起计算。

......

中华人民共和国民法典（节录）

（2020 年 5 月 28 日第十三届全国人民代表大会第三次
会议通过　2020 年 5 月 28 日中华人民共和国主席令第 45
号公布　自 2021 年 1 月 1 日起施行）

第一编　总　　则

......

第二章　自　然　人

第一节　民事权利能力和民事行为能力

第十三条　【自然人民事权利能力的起止时间】自然人从出生
时起到死亡时止，具有民事权利能力，依法享有民事权利，承担民
事义务。

......

第十七条　【成年时间】十八周岁以上的自然人为成年人。不
满十八周岁的自然人为未成年人。

第十八条　【完全民事行为能力人】成年人为完全民事行为能
力人，可以独立实施民事法律行为。

十六周岁以上的未成年人，以自己的劳动收入为主要生活来源
的，视为完全民事行为能力人。

第十九条　【限制民事行为能力的未成年人】八周岁以上的未
成年人为限制民事行为能力人，实施民事法律行为由其法定代理
人代理或者经其法定代理人同意、追认；但是，可以独立实施纯

获利益的民事法律行为或者与其年龄、智力相适应的民事法律行为。

第二十条　【无民事行为能力的未成年人】不满八周岁的未成年人为无民事行为能力人，由其法定代理人代理实施民事法律行为。

第二十一条　【无民事行为能力的成年人】不能辨认自己行为的成年人为无民事行为能力人，由其法定代理人代理实施民事法律行为。

八周岁以上的未成年人不能辨认自己行为的，适用前款规定。

第二十二条　【限制民事行为能力的成年人】不能完全辨认自己行为的成年人为限制民事行为能力人，实施民事法律行为由其法定代理人代理或者经其法定代理人同意、追认；但是，可以独立实施纯获利益的民事法律行为或者与其智力、精神健康状况相适应的民事法律行为。

第二十三条　【非完全民事行为能力人的法定代理人】无民事行为能力人、限制民事行为能力人的监护人是其法定代理人。

……

第六章　民事法律行为

第一节　一般规定

第一百三十三条　【民事法律行为的定义】民事法律行为是民事主体通过意思表示设立、变更、终止民事法律关系的行为。

第一百三十四条　【民事法律行为的成立】民事法律行为可以基于双方或者多方的意思表示一致成立，也可以基于单方的意思表示成立。

法人、非法人组织依照法律或者章程规定的议事方式和表决程序作出决议的，该决议行为成立。

第一百三十五条 **【民事法律行为的形式】**民事法律行为可以采用书面形式、口头形式或者其他形式；法律、行政法规规定或者当事人约定采用特定形式的，应当采用特定形式。

第一百三十六条 **【民事法律行为的生效】**民事法律行为自成立时生效，但是法律另有规定或者当事人另有约定的除外。

行为人非依法律规定或者未经对方同意，不得擅自变更或者解除民事法律行为。

……

第三节 民事法律行为的效力

第一百四十三条 **【民事法律行为的有效条件】**具备下列条件的民事法律行为有效：

（一）行为人具有相应的民事行为能力；

（二）意思表示真实；

（三）不违反法律、行政法规的强制性规定，不违背公序良俗。

第一百四十四条 **【无民事行为能力人实施的民事法律行为】**无民事行为能力人实施的民事法律行为无效。

第一百四十五条 **【限制民事行为能力人实施的民事法律行为】**限制民事行为能力人实施的纯获利益的民事法律行为或者与其年龄、智力、精神健康状况相适应的民事法律行为有效；实施的其他民事法律行为经法定代理人同意或者追认后有效。

相对人可以催告法定代理人自收到通知之日起三十日内予以追认。法定代理人未作表示的，视为拒绝追认。民事法律行为被追认前，善意相对人有撤销的权利。撤销应当以通知的方式作出。

第一百四十六条 **【虚假表示与隐藏行为效力】**行为人与相对人以虚假的意思表示实施的民事法律行为无效。

以虚假的意思表示隐藏的民事法律行为的效力，依照有关法律规定处理。

第一百四十七条 【重大误解】基于重大误解实施的民事法律行为，行为人有权请求人民法院或者仲裁机构予以撤销。

……

第一百五十五条 【无效或者被撤销民事法律行为自始无效】无效的或者被撤销的民事法律行为自始没有法律约束力。

第一百五十六条 【民事法律行为部分无效】民事法律行为部分无效，不影响其他部分效力的，其他部分仍然有效。

第一百五十七条 【民事法律行为无效、被撤销、不生效力的法律后果】民事法律行为无效、被撤销或者确定不发生效力后，行为人因该行为取得的财产，应当予以返还；不能返还或者没有必要返还的，应当折价补偿。有过错的一方应当赔偿对方由此所受到的损失；各方都有过错的，应当各自承担相应的责任。法律另有规定的，依照其规定。

第四节 民事法律行为的附条件和附期限

第一百五十八条 【附条件的民事法律行为】民事法律行为可以附条件，但是根据其性质不得附条件的除外。附生效条件的民事法律行为，自条件成就时生效。附解除条件的民事法律行为，自条件成就时失效。

第一百五十九条 【条件成就或不成就的拟制】附条件的民事法律行为，当事人为自己的利益不正当地阻止条件成就的，视为条件已经成就；不正当地促成条件成就的，视为条件不成就。

第一百六十条 【附期限的民事法律行为】民事法律行为可以附期限，但是根据其性质不得附期限的除外。附生效期限的民事法律行为，自期限届至时生效。附终止期限的民事法律行为，自期限届满时失效。

……

第三编 合 同

第一分编 通 则

......

第二章 合同的订立

第四百六十九条 【合同形式】当事人订立合同，可以采用书面形式、口头形式或者其他形式。

书面形式是合同书、信件、电报、电传、传真等可以有形地表现所载内容的形式。

以电子数据交换、电子邮件等方式能够有形地表现所载内容，并可以随时调取查用的数据电文，视为书面形式。

第四百七十条 【合同主要条款及示范文本】合同的内容由当事人约定，一般包括下列条款：

（一）当事人的姓名或者名称和住所；

（二）标的；

（三）数量；

（四）质量；

（五）价款或者报酬；

（六）履行期限、地点和方式；

（七）违约责任；

（八）解决争议的方法。

当事人可以参照各类合同的示范文本订立合同。

第四百七十一条 【订立合同的方式】当事人订立合同，可以采取要约、承诺方式或者其他方式。

......

第四百九十条 【采用书面形式订立合同的成立时间】当事人采用合同书形式订立合同的，自当事人均签名、盖章或者按指印时合同成立。在签名、盖章或按指印之前，当事人一方已经履行主要义务，对方接受时，该合同成立。

法律、行政法规规定或者当事人约定合同应当采用书面形式订立，当事人未采用书面形式但是一方已经履行主要义务，对方接受时，该合同成立。

第四百九十一条 【签订确认书的合同及电子合同成立时间】当事人采用信件、数据电文等形式订立合同要求签订确认书的，签订确认书时合同成立。

当事人一方通过互联网等信息网络发布的商品或者服务信息符合要约条件的，对方选择该商品或者服务并提交订单成功时合同成立，但是当事人另有约定的除外。

第四百九十二条 【合同成立的地点】承诺生效的地点为合同成立的地点。

采用数据电文形式订立合同的，收件人的主营业地为合同成立的地点；没有主营业地的，其住所地为合同成立的地点。当事人另有约定的，按照其约定。

第四百九十三条 【采用合同书订立合同的成立地点】当事人采用合同书形式订立合同的，最后签名、盖章或者按指印的地点为合同成立的地点，但是当事人另有约定的除外。

第四百九十四条 【强制缔约义务】国家根据抢险救灾、疫情防控或者其他需要下达国家订货任务、指令性任务的，有关民事主体之间应当依照有关法律、行政法规规定的权利和义务订立合同。

依照法律、行政法规的规定负有发出要约义务的当事人，应当及时发出合理的要约。

依照法律、行政法规的规定负有作出承诺义务的当事人，不得拒绝对方合理的订立合同要求。

第四百九十五条 【预约合同】当事人约定在将来一定期限内订立合同的认购书、订购书、预订书等，构成预约合同。

当事人一方不履行预约合同约定的订立合同义务的，对方可以请求其承担预约合同的违约责任。

第四百九十六条 【格式条款】格式条款是当事人为了重复使用而预先拟定，并在订立合同时未与对方协商的条款。

采用格式条款订立合同的，提供格式条款的一方应当遵循公平原则确定当事人之间的权利和义务，并采取合理的方式提示对方注意免除或者减轻其责任等与对方有重大利害关系的条款，按照对方的要求，对该条款予以说明。提供格式条款的一方未履行提示或者说明义务，致使对方没有注意或者理解与其有重大利害关系的条款的，对方可以主张该条款不成为合同的内容。

第四百九十七条 【格式条款无效的情形】有下列情形之一的，该格式条款无效：

（一）具有本法第一编第六章第三节和本法第五百零六条规定的无效情形；

（二）提供格式条款一方不合理地免除或者减轻其责任、加重对方责任、限制对方主要权利；

（三）提供格式条款一方排除对方主要权利。

第四百九十八条 【格式条款的解释方法】对格式条款的理解发生争议的，应当按照通常理解予以解释。对格式条款有两种以上解释的，应当作出不利于提供格式条款一方的解释。格式条款和非格式条款不一致的，应当采用非格式条款。

第四百九十九条 【悬赏广告】悬赏人以公开方式声明对完成特定行为的人支付报酬的，完成该行为的人可以请求其支付。

第五百条 【缔约过失责任】当事人在订立合同过程中有下列情形之一，造成对方损失的，应当承担赔偿责任：

（一）假借订立合同，恶意进行磋商；

（二）故意隐瞒与订立合同有关的重要事实或者提供虚假情况；

130

（三）有其他违背诚信原则的行为。

第五百零一条 【合同缔结人的保密义务】当事人在订立合同过程中知悉的商业秘密或者其他应当保密的信息，无论合同是否成立，不得泄露或者不正当地使用；泄露、不正当地使用该商业秘密或者信息，造成对方损失的，应当承担赔偿责任。

第三章　合同的效力

第五百零二条 【合同生效时间及未办理批准手续的处理规则】依法成立的合同，自成立时生效，但是法律另有规定或者当事人另有约定的除外。

依照法律、行政法规的规定，合同应当办理批准等手续的，依照其规定。未办理批准等手续影响合同生效的，不影响合同中履行报批等义务条款以及相关条款的效力。应当办理申请批准等手续的当事人未履行义务的，对方可以请求其承担违反该义务的责任。

依照法律、行政法规的规定，合同的变更、转让、解除等情形应当办理批准等手续的，适用前款规定。

……

第五百零七条 【争议解决条款的独立性】合同不生效、无效、被撤销或者终止的，不影响合同中有关解决争议方法的条款的效力。

……

第四章　合同的履行

第五百零九条 【合同履行的原则】当事人应当按照约定全面履行自己的义务。

当事人应当遵循诚信原则，根据合同的性质、目的和交易习惯履行通知、协助、保密等义务。

当事人在履行合同过程中，应当避免浪费资源、污染环境和破坏生态。

……

第五百三十二条 【当事人变化不影响合同效力】合同生效后，当事人不得因姓名、名称的变更或者法定代表人、负责人、承办人的变动而不履行合同义务。

第五百三十三条 【情势变更】合同成立后，合同的基础条件发生了当事人在订立合同时无法预见的、不属于商业风险的重大变化，继续履行合同对于当事人一方明显不公平的，受不利影响的当事人可以与对方重新协商；在合理期限内协商不成的，当事人可以请求人民法院或者仲裁机构变更或者解除合同。

人民法院或者仲裁机构应当结合案件的实际情况，根据公平原则变更或者解除合同。

第五百三十四条 【合同监督】对当事人利用合同实施危害国家利益、社会公共利益行为的，市场监督管理和其他有关行政主管部门依照法律、行政法规的规定负责监督处理。

……

第六章　合同的变更和转让

第五百四十三条 【协议变更合同】当事人协商一致，可以变更合同。

第五百四十四条 【合同变更不明确推定为未变更】当事人对合同变更的内容约定不明确的，推定为未变更。

……

第五百五十五条 【合同权利义务的一并转让】当事人一方经对方同意，可以将自己在合同中的权利和义务一并转让给第三人。

第五百五十六条 【一并转让的法律适用】合同的权利和义务一并转让的，适用债权转让、债务转移的有关规定。

第七章 合同的权利义务终止

第五百五十七条 【债权债务终止的法定情形】有下列情形之一的，债权债务终止：

（一）债务已经履行；

（二）债务相互抵销；

（三）债务人依法将标的物提存；

（四）债权人免除债务；

（五）债权债务同归于一人；

（六）法律规定或者当事人约定终止的其他情形。

合同解除的，该合同的权利义务关系终止。

第五百五十八条 【后合同义务】债权债务终止后，当事人应当遵循诚信等原则，根据交易习惯履行通知、协助、保密、旧物回收等义务。

第五百五十九条 【从权利消灭】债权债务终止时，债权的从权利同时消灭，但是法律另有规定或者当事人另有约定的除外。

……

第五百六十二条 【合同的约定解除】当事人协商一致，可以解除合同。

当事人可以约定一方解除合同的事由。解除合同的事由发生时，解除权人可以解除合同。

第五百六十三条 【合同的法定解除】有下列情形之一的，当事人可以解除合同：

（一）因不可抗力致使不能实现合同目的；

（二）在履行期限届满前，当事人一方明确表示或者以自己的行为表明不履行主要债务；

（三）当事人一方迟延履行主要债务，经催告后在合理期限内仍未履行；

（四）当事人一方迟延履行债务或者有其他违约行为致使不能实现合同目的；

（五）法律规定的其他情形。

以持续履行的债务为内容的不定期合同，当事人可以随时解除合同，但是应当在合理期限之前通知对方。

第五百六十四条 **【解除权行使期限】**法律规定或者当事人约定解除权行使期限，期限届满当事人不行使的，该权利消灭。

法律没有规定或者当事人没有约定解除权行使期限，自解除权人知道或者应当知道解除事由之日起一年内不行使，或者经对方催告后在合理期限内不行使的，该权利消灭。

第五百六十五条 **【合同解除权的行使规则】**当事人一方依法主张解除合同的，应当通知对方。合同自通知到达对方时解除；通知载明债务人在一定期限内不履行债务则合同自动解除，债务人在该期限内未履行债务的，合同自通知载明的期限届满时解除。对方对解除合同有异议的，任何一方当事人均可以请求人民法院或者仲裁机构确认解除行为的效力。

当事人一方未通知对方，直接以提起诉讼或者申请仲裁的方式依法主张解除合同，人民法院或者仲裁机构确认该主张的，合同自起诉状副本或者仲裁申请书副本送达对方时解除。

第五百六十六条 **【合同解除的法律后果】**合同解除后，尚未履行的，终止履行；已经履行的，根据履行情况和合同性质，当事人可以请求恢复原状或者采取其他补救措施，并有权请求赔偿损失。

合同因违约解除的，解除权人可以请求违约方承担违约责任，但是当事人另有约定的除外。

主合同解除后，担保人对债务人应当承担的民事责任仍应当承担担保责任，但是担保合同另有约定的除外。

第五百六十七条 【结算、清理条款效力的独立性】合同的权利义务关系终止，不影响合同中结算和清理条款的效力。

……

第八章 违约责任

第五百七十七条 【违约责任的种类】当事人一方不履行合同义务或者履行合同义务不符合约定的，应当承担继续履行、采取补救措施或者赔偿损失等违约责任。

第五百七十八条 【预期违约责任】当事人一方明确表示或者以自己的行为表明不履行合同义务的，对方可以在履行期限届满前请求其承担违约责任。

第五百七十九条 【金钱债务的继续履行】当事人一方未支付价款、报酬、租金、利息，或者不履行其他金钱债务的，对方可以请求其支付。

第五百八十条 【非金钱债务的继续履行】当事人一方不履行非金钱债务或者履行非金钱债务不符合约定的，对方可以请求履行，但是有下列情形之一的除外：

（一）法律上或者事实上不能履行；

（二）债务的标的不适于强制履行或者履行费用过高；

（三）债权人在合理期限内未请求履行。

有前款规定的除外情形之一，致使不能实现合同目的的，人民法院或者仲裁机构可以根据当事人的请求终止合同权利义务关系，但是不影响违约责任的承担。

第五百八十一条 【替代履行】当事人一方不履行债务或者履行债务不符合约定，根据债务的性质不得强制履行的，对方可以请求其负担由第三人替代履行的费用。

第五百八十二条 【瑕疵履行违约责任】履行不符合约定的，

应当按照当事人的约定承担违约责任。对违约责任没有约定或者约定不明确，依据本法第五百一十条的规定仍不能确定的，受损害方根据标的的性质以及损失的大小，可以合理选择请求对方承担修理、重作、更换、退货、减少价款或者报酬等违约责任。

第五百八十三条 【违约损害赔偿责任】当事人一方不履行合同义务或者履行合同义务不符合约定的，在履行义务或者采取补救措施后，对方还有其他损失的，应当赔偿损失。

第五百八十四条 【法定的违约赔偿损失】当事人一方不履行合同义务或者履行合同义务不符合约定，造成对方损失的，损失赔偿额应当相当于因违约所造成的损失，包括合同履行后可以获得的利益；但是，不得超过违约一方订立合同时预见到或者应当预见到的因违约可能造成的损失。

第五百八十五条 【违约金的约定】当事人可以约定一方违约时应当根据违约情况向对方支付一定数额的违约金，也可以约定因违约产生的损失赔偿额的计算方法。

约定的违约金低于造成的损失的，人民法院或者仲裁机构可以根据当事人的请求予以增加；约定的违约金过分高于造成的损失的，人民法院或者仲裁机构可以根据当事人的请求予以适当减少。

当事人就迟延履行约定违约金的，违约方支付违约金后，还应当履行债务。

第五百八十六条 【定金】当事人可以约定一方向对方给付定金作为债权的担保。定金合同自实际交付定金时成立。

定金的数额由当事人约定；但是，不得超过主合同标的额的百分之二十，超过部分不产生定金的效力。实际交付的定金数额多于或者少于约定数额的，视为变更约定的定金数额。

第五百八十七条 【定金罚则】债务人履行债务的，定金应当抵作价款或者收回。给付定金的一方不履行债务或者履行债务不符合约定，致使不能实现合同目的的，无权请求返还定金；收受定金的一方不履行债务或者履行债务不符合约定，致使不能实现合同目的的，应当双倍返还定金。

第五百八十八条 【违约金与定金竞合选择权】当事人既约定违约金，又约定定金的，一方违约时，对方可以选择适用违约金或者定金条款。

定金不足以弥补一方违约造成的损失的，对方可以请求赔偿超过定金数额的损失。

第五百八十九条 【债权人受领迟延】债务人按照约定履行债务，债权人无正当理由拒绝受领的，债务人可以请求债权人赔偿增加的费用。

在债权人受领迟延期间，债务人无须支付利息。

第五百九十条 【因不可抗力不能履行合同】当事人一方因不可抗力不能履行合同的，根据不可抗力的影响，部分或者全部免除责任，但是法律另有规定的除外。因不可抗力不能履行合同的，应当及时通知对方，以减轻可能给对方造成的损失，并应当在合理期限内提供证明。

当事人迟延履行后发生不可抗力的，不免除其违约责任。

第五百九十一条 【非违约方防止损失扩大义务】当事人一方违约后，对方应当采取适当措施防止损失的扩大；没有采取适当措施致使损失扩大的，不得就扩大的损失请求赔偿。

当事人因防止损失扩大而支出的合理费用，由违约方负担。

第五百九十二条 【双方违约和与有过错规则】当事人都违反合同的，应当各自承担相应的责任。

当事人一方违约造成对方损失，对方对损失的发生有过错的，可以减少相应的损失赔偿额。

第五百九十三条 【因第三人原因造成违约情况下的责任承担】当事人一方因第三人的原因造成违约的，应当依法向对方承担违约责任。当事人一方和第三人之间的纠纷，依照法律规定或者按照约定处理。

......

中华人民共和国海商法（节录）

（1992 年 11 月 7 日第七届全国人民代表大会常务委员会第二十八次会议通过　1992 年 11 月 7 日中华人民共和国主席令第 64 号公布　1993 年 7 月 1 日起施行）

……

第十二章　海上保险合同

第一节　一般规定

第二百一十六条　海上保险合同，是指保险人按照约定，对被保险人遭受保险事故造成保险标的的损失和产生的责任负责赔偿，而由被保险人支付保险费的合同。

前款所称保险事故，是指保险人与被保险人约定的任何海上事故，包括与海上航行有关的发生于内河或者陆上的事故。

第二百一十七条　海上保险合同的内容，主要包括下列各项：

（一）保险人名称；

（二）被保险人名称；

（三）保险标的；

（四）保险价值；

（五）保险金额；

（六）保险责任和除外责任；

（七）保险期间；

（八）保险费。

第二百一十八条　下列各项可以作为保险标的：

（一）船舶；

（二）货物；

（三）船舶营运收入，包括运费、租金、旅客票款；

（四）货物预期利润；

（五）船员工资和其他报酬；

（六）对第三人的责任；

（七）由于发生保险事故可能受到损失的其他财产和产生的责任、费用。

保险人可以将对前款保险标的的保险进行再保险。除合同另有约定外，原被保险人不得享有再保险的利益。

第二百一十九条　保险标的的保险价值由保险人与被保险人约定。

保险人与被保险人未约定保险价值的，保险价值依照下列规定计算：

（一）船舶的保险价值，是保险责任开始时船舶的价值，包括船壳、机器、设备的价值，以及船上燃料、物料、索具、给养、淡水的价值和保险费的总和；

（二）货物的保险价值，是保险责任开始时货物在起运地的发票价格或者非贸易商品在起运地的实际价值以及运费和保险费的总和；

（三）运费的保险价值，是保险责任开始时承运人应收运费总额和保险费的总和；

（四）其他保险标的的保险价值，是保险责任开始时保险标的的实际价值和保险费的总和。

第二百二十条　保险金额由保险人与被保险人约定。保险金额不得超过保险价值；超过保险价值的，超过部分无效。

第二节　合同的订立、解除和转让

第二百二十一条　被保险人提出保险要求，经保险人同意承保，并就海上保险合同的条款达成协议后，合同成立。保险人应当及时向被保险人签发保险单或者其他保险单证，并在保险单或者其他保险单证中载明当事人双方约定的合同内容。

第二百二十二条　合同订立前，被保险人应当将其知道的或者在通常业务中应当知道的有关影响保险人据以确定保险费率或者确定是否同意承保的重要情况，如实告知保险人。

保险人知道或者在通常业务中应当知道的情况，保险人没有询问的，被保险人无需告知。

第二百二十三条　由于被保险人的故意，未将本法第二百二十二条第一款规定的重要情况如实告知保险人的，保险人有权解除合同，并不退还保险费。合同解除前发生保险事故造成损失的，保险人不负赔偿责任。

不是由于被保险人的故意，未将本法第二百二十二条第一款规定的重要情况如实告知保险人的，保险人有权解除合同或者要求相应增加保险费。保险人解除合同的，对于合同解除前发生保险事故造成的损失，保险人应当负赔偿责任；但是，未告知或者错误告知的重要情况对保险事故的发生有影响的除外。

第二百二十四条　订立合同时，被保险人已经知道或者应当知道保险标的已经因发生保险事故而遭受损失的，保险人不负赔偿责任，但是有权收取保险费；保险人已经知道或者应当知道保险标的已经不可能因发生保险事故而遭受损失的，被保险人有权收回已经支付的保险费。

第二百二十五条　被保险人对同一保险标的就同一保险事故向几个保险人重复订立合同，而使该保险标的的保险金额总和超过保险标的的价值的，除合同另有约定外，被保险人可以向任何保险人提出赔偿请求。被保险人获得的赔偿金额总和不得超过保险标的的受损价值。各保险人按照其承保的保险金额同保险金额总和的比例承担赔偿责任。任何一个保险人支付的赔偿金额超过其应当承担的赔偿责任的，有权向未按照其应当承担的赔偿责任支付赔偿金额的保险人追偿。

第二百二十六条 保险责任开始前，被保险人可以要求解除合同，但是应当向保险人支付手续费，保险人应当退还保险费。

第二百二十七条 除合同另有约定外，保险责任开始后，被保险人和保险人均不得解除合同。

根据合同约定在保险责任开始后可以解除合同的，被保险人要求解除合同，保险人有权收取自保险责任开始之日起至合同解除之日止的保险费，剩余部分予以退还；保险人要求解除合同，应当将自合同解除之日起至保险期间届满之日止的保险费退还被保险人。

第二百二十八条 虽有本法第二百二十七条规定，货物运输和船舶的航次保险，保险责任开始后，被保险人不得要求解除合同。

第二百二十九条 海上货物运输保险合同可以由被保险人背书或者以其他方式转让，合同的权利、义务随之转移。合同转让时尚未支付保险费的，被保险人和合同受让人负连带支付责任。

第二百三十条 因船舶转让而转让船舶保险合同的，应当取得保险人同意。未经保险人同意，船舶保险合同从船舶转让时起解除；船舶转让发生在航次之中的，船舶保险合同至航次终了时解除。

合同解除后，保险人应当将自合同解除之日起至保险期间届满之日止的保险费退还被保险人。

第二百三十一条 被保险人在一定期间分批装运或者接受货物的，可以与保险人订立预约保险合同。预约保险合同应当由保险人签发预约保险单证加以确认。

第二百三十二条 应被保险人要求，保险人应当对依据预约保险合同分批装运的货物分别签发保险单证。

保险人分别签发的保险单证的内容与预约保险单证的内容不一致的，以分别签发的保险单证为准。

第二百三十三条 被保险人知道经预约保险合同保险的货物已经装运或者到达的情况时，应当立即通知保险人。通知的内容包括装运货物的船名、航线、货物价值和保险金额。

第三节　被保险人的义务

第二百三十四条　除合同另有约定外，被保险人应当在合同订立后立即支付保险费；被保险人支付保险费前，保险人可以拒绝签发保险单证。

第二百三十五条　被保险人违反合同约定的保证条款时，应当立即书面通知保险人。保险人收到通知后，可以解除合同，也可以要求修改承保条件、增加保险费。

第二百三十六条　一旦保险事故发生，被保险人应当立即通知保险人，并采取必要的合理措施，防止或者减少损失。被保险人收到保险人发出的有关采取防止或者减少损失的合理措施的特别通知的，应当按照保险人通知的要求处理。

对于被保险人违反前款规定所造成的扩大的损失，保险人不负赔偿责任。

第四节　保险人的责任

第二百三十七条　发生保险事故造成损失后，保险人应当及时向被保险人支付保险赔偿。

第二百三十八条　保险人赔偿保险事故造成的损失，以保险金额为限。保险金额低于保险价值的，在保险标的发生部分损失时，保险人按照保险金额与保险价值的比例负赔偿责任。

第二百三十九条　保险标的在保险期间发生几次保险事故所造成的损失，即使损失金额的总和超过保险金额，保险人也应当赔偿。但是，对发生部分损失后未经修复又发生全部损失的，保险人按照全部损失赔偿。

第二百四十条　被保险人为防止或者减少根据合同可以得到赔偿的损失而支出的必要的合理费用，为确定保险事故的性质、程度而支出的检验、估价的合理费用，以及为执行保险人的特别通知而支出的费用，应当由保险人在保险标的损失赔偿之外另行支付。

保险人对前款规定的费用的支付，以相当于保险金额的数额为限。

保险金额低于保险价值的，除合同另有约定外，保险人应当按照保险金额与保险价值的比例，支付本条规定的费用。

第二百四十一条 保险金额低于共同海损分摊价值的，保险人按照保险金额同分摊价值的比例赔偿共同海损分摊。

第二百四十二条 对于被保险人故意造成的损失，保险人不负赔偿责任。

第二百四十三条 除合同另有约定外，因下列原因之一造成货物损失的，保险人不负赔偿责任：

（一）航行迟延、交货迟延或者行市变化；

（二）货物的自然损耗、本身的缺陷和自然特性；

（三）包装不当。

第二百四十四条 除合同另有约定外，因下列原因之一造成保险船舶损失的，保险人不负赔偿责任：

（一）船舶开航时不适航，但是在船舶定期保险中被保险人不知道的除外；

（二）船舶自然磨损或者锈蚀。

运费保险比照适用本条的规定。

第五节　保险标的的损失和委付

第二百四十五条 保险标的发生保险事故后灭失，或者受到严重损坏完全失去原有形体、效用，或者不能再归被保险人所拥有的，为实际全损。

第二百四十六条 船舶发生保险事故后，认为实际全损已经不可避免，或者为避免发生实际全损所需支付的费用超过保险价值的，为推定全损。

货物发生保险事故后，认为实际全损已经不可避免，或者为避免发生实际全损所需支付的费用与继续将货物运抵目的地的费用之和超过保险价值的，为推定全损。

第二百四十七条 不属于实际全损和推定全损的损失，为部分损失。

第二百四十八条 船舶在合理时间内未从被获知最后消息的地点抵达目的地，除合同另有约定外，满两个月后仍没有获知其消息的，为船舶失踪。船舶失踪视为实际全损。

第二百四十九条 保险标的发生推定全损，被保险人要求保险人按照全部损失赔偿的，应当向保险人委付保险标的。保险人可以接受委付，也可以不接受委付，但是应当在合理的时间内将接受委付或者不接受委付的决定通知被保险人。

委付不得附带任何条件。委付一经保险人接受，不得撤回。

第二百五十条 保险人接受委付的，被保险人对委付财产的全部权利和义务转移给保险人。

第六节　保险赔偿的支付

第二百五十一条 保险事故发生后，保险人向被保险人支付保险赔偿前，可以要求被保险人提供与确认保险事故性质和损失程度有关的证明和资料。

第二百五十二条 保险标的发生保险责任范围内的损失是由第三人造成的，被保险人向第三人要求赔偿的权利，自保险人支付赔偿之日起，相应转移给保险人。

被保险人应当向保险人提供必要的文件和其所需要知道的情况，并尽力协助保险人向第三人追偿。

第二百五十三条 被保险人未经保险人同意放弃向第三人要求赔偿的权利，或者由于过失致使保险人不能行使追偿权利的，保险人可以相应扣减保险赔偿。

第二百五十四条 保险人支付保险赔偿时，可以从应支付的赔偿额中相应扣减被保险人已经从第三人取得的赔偿。

保险人从第三人取得的赔偿，超过其支付的保险赔偿的，超过部分应当退还给被保险人。

第二百五十五条 发生保险事故后，保险人有权放弃对保险标的的权利，全额支付合同约定的保险赔偿，以解除对保险标的的义务。

保险人行使前款规定的权利，应当自收到被保险人有关赔偿损失的通知之日起的 7 日内通知被保险人；被保险人在收到通知前，为避免或者减少损失而支付的必要的合理费用，仍然应当由保险人偿还。

第二百五十六条 除本法第二百五十五条的规定外，保险标的发生全损，保险人支付全部保险金额的，取得对保险标的的全部权利；但是，在不足额保险的情况下，保险人按照保险金额与保险价值的比例取得对保险标的的部分权利。

……

中华人民共和国外资保险公司管理条例

（2001 年 12 月 12 日中华人民共和国国务院令第 336 号公布 根据 2013 年 5 月 30 日《国务院关于修改〈中华人民共和国外资保险公司管理条例〉的决定》第一次修订 根据 2016 年 2 月 6 日《国务院关于修改部分行政法规的决定》第二次修订 根据 2019 年 9 月 30 日《国务院关于修改〈中华人民共和国外资保险公司管理条例〉和〈中华人民共和国外资银行管理条例〉的决定》第三次修订）

第一章 总 则

第一条 为了适应对外开放和经济发展的需要，加强和完善对外资保险公司的监督管理，促进保险业的健康发展，制定本条例。

第二条 本条例所称外资保险公司，是指依照中华人民共和国有关法律、行政法规的规定，经批准在中国境内设立和营业的下列保险公司：

（一）外国保险公司同中国的公司、企业在中国境内合资经营的保险公司（以下简称合资保险公司）；

（二）外国保险公司在中国境内投资经营的外国资本保险公司（以下简称独资保险公司）；

（三）外国保险公司在中国境内的分公司（以下简称外国保险公司分公司）。

第三条 外资保险公司必须遵守中国法律、法规，不得损害中国的社会公共利益。

外资保险公司的正当业务活动和合法权益受中国法律保护。

第四条 国务院保险监督管理机构负责对外资保险公司实施监督管理。国务院保险监督管理机构的派出机构根据国务院保险监督管理机构的授权，对本辖区的外资保险公司进行日常监督管理。

第二章　设立与登记

第五条 设立外资保险公司，应当经国务院保险监督管理机构批准。

设立外资保险公司的地区，由国务院保险监督管理机构按照有关规定确定。

第六条 设立经营人身保险业务的外资保险公司和经营财产保险业务的外资保险公司，其设立形式、外资比例由国务院保险监督管理机构按照有关规定确定。

第七条 合资保险公司、独资保险公司的注册资本最低限额为2亿元人民币或者等值的自由兑换货币；其注册资本最低限额必须为实缴货币资本。

外国保险公司分公司应当由其总公司无偿拨给不少于 2 亿元人民币或者等值的自由兑换货币的营运资金。

国务院保险监督管理机构根据外资保险公司业务范围、经营规模，可以提高前两款规定的外资保险公司注册资本或者营运资金的最低限额。

第八条 申请设立外资保险公司的外国保险公司，应当具备下列条件：

（一）提出设立申请前 1 年年末总资产不少于 50 亿美元；

（二）所在国家或者地区有完善的保险监管制度，并且该外国保险公司已经受到所在国家或者地区有关主管当局的有效监管；

（三）符合所在国家或者地区偿付能力标准；

（四）所在国家或者地区有关主管当局同意其申请；

（五）国务院保险监督管理机构规定的其他审慎性条件。

第九条 设立外资保险公司，申请人应当向国务院保险监督管理机构提出书面申请，并提交下列资料：

（一）申请人法定代表人签署的申请书，其中设立合资保险公司的，申请书由合资各方法定代表人共同签署；

（二）外国申请人所在国家或者地区有关主管当局核发的营业执照（副本）、对其符合偿付能力标准的证明及对其申请的意见书；

（三）外国申请人的公司章程、最近 3 年的年报；

（四）设立合资保险公司的，中国申请人的有关资料；

（五）拟设公司的可行性研究报告及筹建方案；

（六）拟设公司的筹建负责人员名单、简历和任职资格证明；

（七）国务院保险监督管理机构规定提供的其他资料。

第十条 国务院保险监督管理机构应当对设立外资保险公司的申请进行初步审查，自收到完整的申请文件之日起 6 个月内作出受理或者不受理的决定。决定受理的，发给正式申请表；决定不受理的，应当书面通知申请人并说明理由。

第十一条 申请人应当自接到正式申请表之日起 1 年内完成筹

建工作；在规定的期限内未完成筹建工作，有正当理由的，经国务院保险监督管理机构批准，可以延长 3 个月。在延长期内仍未完成筹建工作的，国务院保险监督管理机构作出的受理决定自动失效。筹建工作完成后，申请人应当将填写好的申请表连同下列文件报国务院保险监督管理机构审批：

（一）筹建报告；

（二）拟设公司的章程；

（三）拟设公司的出资人及其出资额；

（四）法定验资机构出具的验资证明；

（五）对拟任该公司主要负责人的授权书；

（六）拟设公司的高级管理人员名单、简历和任职资格证明；

（七）拟设公司未来 3 年的经营规划和分保方案；

（八）拟在中国境内开办保险险种的保险条款、保险费率及责任准备金的计算说明书；

（九）拟设公司的营业场所和与业务有关的其他设施的资料；

（十）设立外国保险公司分公司的，其总公司对该分公司承担税务、债务的责任担保书；

（十一）设立合资保险公司的，其合资经营合同；

（十二）国务院保险监督管理机构规定提供的其他文件。

第十二条 国务院保险监督管理机构应当自收到设立外资保险公司完整的正式申请文件之日起 60 日内，作出批准或者不批准的决定。决定批准的，颁发经营保险业务许可证；决定不批准的，应当书面通知申请人并说明理由。

经批准设立外资保险公司的，申请人凭经营保险业务许可证向市场监督管理部门办理登记，领取营业执照。

第十三条 外资保险公司成立后，应当按照其注册资本或者营运资金总额的 20% 提取保证金，存入国务院保险监督管理机构指定的银行；保证金除外资保险公司清算时用于清偿债务外，不得动用。

第十四条 外资保险公司在中国境内设立分支机构,由国务院保险监督管理机构按照有关规定审核批准。

第三章 业务范围

第十五条 外资保险公司按照国务院保险监督管理机构核定的业务范围,可以全部或者部分依法经营下列种类的保险业务:

(一)财产保险业务,包括财产损失保险、责任保险、信用保险等保险业务;

(二)人身保险业务,包括人寿保险、健康保险、意外伤害保险等保险业务。

外资保险公司经国务院保险监督管理机构按照有关规定核定,可以在核定的范围内经营大型商业风险保险业务、统括保单保险业务。

第十六条 同一外资保险公司不得同时兼营财产保险业务和人身保险业务。

第十七条 外资保险公司可以依法经营本条例第十五条规定的保险业务的下列再保险业务:

(一)分出保险;

(二)分入保险。

第十八条 外资保险公司的具体业务范围、业务地域范围和服务对象范围,由国务院保险监督管理机构按照有关规定核定。外资保险公司只能在核定的范围内从事保险业务活动。

第四章 监督管理

第十九条 国务院保险监督管理机构有权检查外资保险公司的业务状况、财务状况及资金运用状况,有权要求外资保险公司在规定的期限内提供有关文件、资料和书面报告，有权对违法违规行为依法进行处罚、处理。

外资保险公司应当接受国务院保险监督管理机构依法进行的监督检查，如实提供有关文件、资料和书面报告，不得拒绝、阻碍、隐瞒。

第二十条 除经国务院保险监督管理机构批准外，外资保险公司不得与其关联企业进行资产买卖或者其他交易。

前款所称关联企业，是指与外资保险公司有下列关系之一的企业：

（一）在股份、出资方面存在控制关系；

（二）在股份、出资方面同为第三人所控制；

（三）在利益上具有其他相关联的关系。

第二十一条 外国保险公司分公司应当于每一会计年度终了后3个月内，将该分公司及其总公司上一年度的财务会计报告报送国务院保险监督管理机构，并予公布。

第二十二条 外国保险公司分公司的总公司有下列情形之一的，该分公司应当自各该情形发生之日起10日内，将有关情况向国务院保险监督管理机构提交书面报告：

（一）变更名称、主要负责人或者注册地；

（二）变更资本金；

（三）变更持有资本总额或者股份总额10%以上的股东；

（四）调整业务范围；

（五）受到所在国家或者地区有关主管当局处罚；

（六）发生重大亏损；

（七）分立、合并、解散、依法被撤销或者被宣告破产；

（八）国务院保险监督管理机构规定的其他情形。

第二十三条 外国保险公司分公司的总公司解散、依法被撤销或者被宣告破产的，国务院保险监督管理机构应当停止该分公司开展新业务。

第二十四条　外资保险公司经营外汇保险业务的，应当遵守国家有关外汇管理的规定。

除经国家外汇管理机关批准外，外资保险公司在中国境内经营保险业务的，应当以人民币计价结算。

第二十五条　本条例规定向国务院保险监督管理机构提交、报送文件、资料和书面报告的，应当提供中文本。

第五章　终止与清算

第二十六条　外资保险公司因分立、合并或者公司章程规定的解散事由出现，经国务院保险监督管理机构批准后解散。外资保险公司解散的，应当依法成立清算组，进行清算。

经营人寿保险业务的外资保险公司，除分立、合并外，不得解散。

第二十七条　外资保险公司违反法律、行政法规，被国务院保险监督管理机构吊销经营保险业务许可证的，依法撤销，由国务院保险监督管理机构依法及时组织成立清算组进行清算。

第二十八条　外资保险公司因解散、依法被撤销而清算的，应当自清算组成立之日起 60 日内在报纸上至少公告 3 次。公告内容应当经国务院保险监督管理机构核准。

第二十九条　外资保险公司不能支付到期债务，经国务院保险监督管理机构同意，由人民法院依法宣告破产。外资保险公司被宣告破产的，由人民法院组织国务院保险监督管理机构等有关部门和有关人员成立清算组，进行清算。

第三十条　外资保险公司解散、依法被撤销或者被宣告破产的，未清偿债务前，不得将其财产转移至中国境外。

第六章 法 律 责 任

第三十一条 违反本条例规定，擅自设立外资保险公司或者非法从事保险业务活动的，由国务院保险监督管理机构予以取缔；依照刑法关于擅自设立金融机构罪、非法经营罪或者其他罪的规定，依法追究刑事责任；尚不够刑事处罚的，由国务院保险监督管理机构没收违法所得，并处违法所得 1 倍以上 5 倍以下的罚款，没有违法所得或者违法所得不足 20 万元的，处 20 万元以上 100 万元以下的罚款。

第三十二条 外资保险公司违反本条例规定，超出核定的业务范围、业务地域范围或者服务对象范围从事保险业务活动的，依照刑法关于非法经营罪或者其他罪的规定，依法追究刑事责任；尚不够刑事处罚的，由国务院保险监督管理机构责令改正，责令退还收取的保险费，没收违法所得，并处违法所得 1 倍以上 5 倍以下的罚款，没有违法所得或者违法所得不足 10 万元的，处 10 万元以上 50 万元以下的罚款；逾期不改正或者造成严重后果的，责令限期停业或者吊销经营保险业务许可证。

第三十三条 外资保险公司违反本条例规定，有下列行为之一的，由国务院保险监督管理机构责令改正，处 5 万元以上 30 万元以下的罚款；情节严重的，可以责令停止接受新业务或者吊销经营保险业务许可证：

（一）未按照规定提存保证金或者违反规定动用保证金的；

（二）违反规定与其关联企业从事交易活动的；

（三）未按照规定补足注册资本或者营运资金的。

第三十四条 外资保险公司违反本条例规定，有下列行为之一的，由国务院保险监督管理机构责令限期改正；逾期不改正的，处 1 万元以上 10 万元以下的罚款：

（一）未按照规定提交、报送有关文件、资料和书面报告的；

（二）未按照规定公告的。

第三十五条 外资保险公司违反本条例规定，有下列行为之一的，由国务院保险监督管理机构处 10 万元以上 50 万元以下的罚款：

（一）提供虚假的文件、资料和书面报告的；

（二）拒绝或者阻碍依法监督检查的。

第三十六条 外资保险公司违反本条例规定，将其财产转移至中国境外的，由国务院保险监督管理机构责令转回转移的财产，处转移财产金额 20%以上等值以下的罚款。

第三十七条 外资保险公司违反中国有关法律、行政法规和本条例规定的，国务院保险监督管理机构可以取消该外资保险公司高级管理人员一定期限直至终身在中国的任职资格。

第七章　附　　则

第三十八条 对外资保险公司的管理，本条例未作规定的，适用《中华人民共和国保险法》和其他有关法律、行政法规和国家其他有关规定。

第三十九条 香港特别行政区、澳门特别行政区和台湾地区的保险公司在内地（大陆）设立和营业的保险公司，比照适用本条例。

第四十条 外国保险集团公司可以在中国境内设立外资保险公司，具体管理办法由国务院保险监督管理机构依照本条例的原则制定。

第四十一条 境外金融机构可以入股外资保险公司，具体管理办法由国务院保险监督管理机构制定。

第四十二条 本条例自 2002 年 2 月 1 日起施行。

农业保险条例

（2012 年 11 月 12 日中华人民共和国国务院令第 629 号公布　根据 2016 年 2 月 6 日《国务院关于修改部分行政法规的决定》修订）

第一章　总　　则

第一条　为了规范农业保险活动，保护农业保险活动当事人的合法权益，提高农业生产抗风险能力，促进农业保险事业健康发展，根据《中华人民共和国保险法》、《中华人民共和国农业法》等法律，制定本条例。

第二条　本条例所称农业保险，是指保险机构根据农业保险合同，对被保险人在种植业、林业、畜牧业和渔业生产中因保险标的遭受约定的自然灾害、意外事故、疫病、疾病等保险事故所造成的财产损失，承担赔偿保险金责任的保险活动。

本条例所称保险机构，是指保险公司以及依法设立的农业互助保险等保险组织。

第三条　国家支持发展多种形式的农业保险，健全政策性农业保险制度。

农业保险实行政府引导、市场运作、自主自愿和协同推进的原则。

省、自治区、直辖市人民政府可以确定适合本地区实际的农业保险经营模式。

任何单位和个人不得利用行政权力、职务或者职业便利以及其他方式强迫、限制农民或者农业生产经营组织参加农业保险。

第四条　国务院保险监督管理机构对农业保险业务实施监督管

理。国务院财政、农业、林业、发展改革、税务、民政等有关部门按照各自的职责，负责农业保险推进、管理的相关工作。

财政、保险监督管理、国土资源、农业、林业、气象等有关部门、机构应当建立农业保险相关信息的共享机制。

第五条　县级以上地方人民政府统一领导、组织、协调本行政区域的农业保险工作，建立健全推进农业保险发展的工作机制。县级以上地方人民政府有关部门按照本级人民政府规定的职责，负责本行政区域农业保险推进、管理的相关工作。

第六条　国务院有关部门、机构和地方各级人民政府及其有关部门应当采取多种形式，加强对农业保险的宣传，提高农民和农业生产经营组织的保险意识，组织引导农民和农业生产经营组织积极参加农业保险。

第七条　农民或者农业生产经营组织投保的农业保险标的属于财政给予保险费补贴范围的，由财政部门按照规定给予保险费补贴，具体办法由国务院财政部门商国务院农业、林业主管部门和保险监督管理机构制定。

国家鼓励地方人民政府采取由地方财政给予保险费补贴等措施，支持发展农业保险。

第八条　国家建立财政支持的农业保险大灾风险分散机制，具体办法由国务院财政部门会同国务院有关部门制定。

国家鼓励地方人民政府建立地方财政支持的农业保险大灾风险分散机制。

第九条　保险机构经营农业保险业务依法享受税收优惠。

国家支持保险机构建立适应农业保险业务发展需要的基层服务体系。

国家鼓励金融机构对投保农业保险的农民和农业生产经营组织加大信贷支持力度。

第二章　农业保险合同

第十条　农业保险可以由农民、农业生产经营组织自行投保，也可以由农业生产经营组织、村民委员会等单位组织农民投保。

由农业生产经营组织、村民委员会等单位组织农民投保的，保险机构应当在订立农业保险合同时，制定投保清单，详细列明被保险人的投保信息，并由被保险人签字确认。保险机构应当将承保情况予以公示。

第十一条　在农业保险合同有效期内，合同当事人不得因保险标的的危险程度发生变化增加保险费或者解除农业保险合同。

第十二条　保险机构接到发生保险事故的通知后，应当及时进行现场查勘，会同被保险人核定保险标的的受损情况。由农业生产经营组织、村民委员会等单位组织农民投保的，保险机构应当将查勘定损结果予以公示。

保险机构按照农业保险合同约定，可以采取抽样方式或者其他方式核定保险标的的损失程度。采用抽样方式核定损失程度的，应当符合有关部门规定的抽样技术规范。

第十三条　法律、行政法规对受损的农业保险标的的处理有规定的，理赔时应当取得受损保险标的已依法处理的证据或者证明材料。

保险机构不得主张对受损的保险标的残余价值的权利，农业保险合同另有约定的除外。

第十四条　保险机构应当在与被保险人达成赔偿协议后 10 日内，将应赔偿的保险金支付给被保险人。农业保险合同对赔偿保险金的期限有约定的，保险机构应当按照约定履行赔偿保险金义务。

第十五条　保险机构应当按照农业保险合同约定，根据核定的保险标的的损失程度足额支付应赔偿的保险金。

任何单位和个人不得非法干预保险机构履行赔偿保险金的义务，

不得限制被保险人取得保险金的权利。

农业生产经营组织、村民委员会等单位组织农民投保的，理赔清单应当由被保险人签字确认，保险机构应当将理赔结果予以公示。

第十六条 本条例对农业保险合同未作规定的，参照适用《中华人民共和国保险法》中保险合同的有关规定。

第三章　经营规则

第十七条 保险机构经营农业保险业务，应当符合下列条件：

（一）有完善的基层服务网络；

（二）有专门的农业保险经营部门并配备相应的专业人员；

（三）有完善的农业保险内控制度；

（四）有稳健的农业再保险和大灾风险安排以及风险应对预案；

（五）偿付能力符合国务院保险监督管理机构的规定；

（六）国务院保险监督管理机构规定的其他条件。

除保险机构外，任何单位和个人不得经营农业保险业务。

第十八条 保险机构经营农业保险业务，实行自主经营、自负盈亏。

保险机构经营农业保险业务，应当与其他保险业务分开管理，单独核算损益。

第十九条 保险机构应当公平、合理地拟订农业保险条款和保险费率。属于财政给予保险费补贴的险种的保险条款和保险费率，保险机构应当在充分听取省、自治区、直辖市人民政府财政、农业、林业部门和农民代表意见的基础上拟订。

农业保险条款和保险费率应当依法报保险监督管理机构审批或者备案。

第二十条 保险机构经营农业保险业务的准备金评估和偿付能力报告的编制，应当符合国务院保险监督管理机构的规定。

农业保险业务的财务管理和会计核算需要采取特殊原则和方法的，由国务院财政部门制定具体办法。

第二十一条　保险机构可以委托基层农业技术推广等机构协助办理农业保险业务。保险机构应当与被委托协助办理农业保险业务的机构签订书面合同，明确双方权利义务，约定费用支付，并对协助办理农业保险业务的机构进行业务指导。

第二十二条　保险机构应当按照国务院保险监督管理机构的规定妥善保存农业保险查勘定损的原始资料。

禁止任何单位和个人涂改、伪造、隐匿或者违反规定销毁查勘定损的原始资料。

第二十三条　保险费补贴的取得和使用，应当遵守依照本条例第七条制定的具体办法的规定。

禁止以下列方式或者其他任何方式骗取农业保险的保险费补贴：

（一）虚构或者虚增保险标的或者以同一保险标的进行多次投保；

（二）以虚假理赔、虚列费用、虚假退保或者截留、挪用保险金、挪用经营费用等方式冲销投保人应缴的保险费或者财政给予的保险费补贴。

第二十四条　禁止任何单位和个人挪用、截留、侵占保险机构应当赔偿被保险人的保险金。

第二十五条　本条例对农业保险经营规则未作规定的，适用《中华人民共和国保险法》中保险经营规则及监督管理的有关规定。

第四章　法律责任

第二十六条　保险机构不符合本条例第十七条第一款规定条件经营农业保险业务的，由保险监督管理机构责令限期改正，停止接受新业务；逾期不改正或者造成严重后果的，处 10 万元以上 50 万元以下的罚款，可以责令停业整顿或者吊销经营保险业务许可证。

保险机构以外的其他组织或者个人非法经营农业保险业务的，由保险监督管理机构予以取缔，没收违法所得，并处违法所得1倍以上5倍以下的罚款；没有违法所得或者违法所得不足20万元的，处20万元以上100万元以下的罚款。

第二十七条　保险机构经营农业保险业务，有下列行为之一的，由保险监督管理机构责令改正，处10万元以上50万元以下的罚款；情节严重的，可以限制其业务范围、责令停止接受新业务：

（一）编制或者提供虚假的报告、报表、文件、资料；

（二）拒绝或者妨碍依法监督检查；

（三）未按照规定使用经批准或者备案的农业保险条款、保险费率。

第二十八条　保险机构经营农业保险业务，违反本条例规定，有下列行为之一的，由保险监督管理机构责令改正，处5万元以上30万元以下的罚款；情节严重的，可以限制其业务范围、责令停止接受新业务：

（一）未按照规定将农业保险业务与其他保险业务分开管理，单独核算损益；

（二）利用开展农业保险业务为其他机构或者个人牟取不正当利益；

（三）未按照规定申请批准农业保险条款、保险费率。

保险机构经营农业保险业务，未按照规定报送农业保险条款、保险费率备案的，由保险监督管理机构责令限期改正；逾期不改正的，处1万元以上10万元以下的罚款。

第二十九条　保险机构违反本条例规定，保险监督管理机构除依照本条例的规定给予处罚外，对其直接负责的主管人员和其他直接责任人员给予警告，并处1万元以上10万元以下的罚款；情节严重的，对取得任职资格或者从业资格的人员撤销其相应资格。

第三十条　违反本条例第二十三条规定，骗取保险费补贴的，由财政部门依照《财政违法行为处罚处分条例》的有关规定予以处理；构成犯罪的，依法追究刑事责任。

违反本条例第二十四条规定，挪用、截留、侵占保险金的，由有关部门依法处理；构成犯罪的，依法追究刑事责任。

第三十一条　保险机构违反本条例规定的法律责任，本条例未作规定的，适用《中华人民共和国保险法》的有关规定。

第五章　附　　则

第三十二条　保险机构经营有政策支持的涉农保险，参照适用本条例有关规定。

涉农保险是指农业保险以外、为农民在农业生产生活中提供保险保障的保险，包括农房、农机具、渔船等财产保险，涉及农民的生命和身体等方面的短期意外伤害保险。

第三十三条　本条例自 2013 年 3 月 1 日起施行。

机动车交通事故责任强制保险条例

（2006 年 3 月 21 日中华人民共和国国务院令第 462 号公布　根据 2012 年 3 月 30 日《国务院关于修改〈机动车交通事故责任强制保险条例〉的决定》第一次修订　根据 2012 年 12 月 17 日《国务院关于修改〈机动车交通事故责任强制保险条例〉的决定》第二次修订　根据 2016 年 2 月 6 日《国务院关于修改部分行政法规的决定》第三次修订　根据 2019 年 3 月 2 日《国务院关于修改部分行政法规的决定》第四次修订）

第一章　总　　则

第一条　为了保障机动车道路交通事故受害人依法得到赔偿，促进道路交通安全，根据《中华人民共和国道路交通安全法》、《中华人民共和国保险法》，制定本条例。

第二条　在中华人民共和国境内道路上行驶的机动车的所有人或者管理人，应当依照《中华人民共和国道路交通安全法》的规定投保机动车交通事故责任强制保险。

机动车交通事故责任强制保险的投保、赔偿和监督管理，适用本条例。

第三条　本条例所称机动车交通事故责任强制保险，是指由保险公司对被保险机动车发生道路交通事故造成本车人员、被保险人以外的受害人的人身伤亡、财产损失，在责任限额内予以赔偿的强制性责任保险。

第四条　国务院保险监督管理机构依法对保险公司的机动车交通事故责任强制保险业务实施监督管理。

公安机关交通管理部门、农业（农业机械）主管部门（以下统称机动车管理部门）应当依法对机动车参加机动车交通事故责任强制保险的情况实施监督检查。对未参加机动车交通事故责任强制保险的机动车，机动车管理部门不得予以登记，机动车安全技术检验机构不得予以检验。

公安机关交通管理部门及其交通警察在调查处理道路交通安全违法行为和道路交通事故时，应当依法检查机动车交通事故责任强制保险的保险标志。

第二章　投　　保

第五条　保险公司可以从事机动车交通事故责任强制保险业务。

为了保证机动车交通事故责任强制保险制度的实行，国务院保险监督管理机构有权要求保险公司从事机动车交通事故责任强制保险业务。

除保险公司外，任何单位或者个人不得从事机动车交通事故责任强制保险业务。

第六条 机动车交通事故责任强制保险实行统一的保险条款和基础保险费率。国务院保险监督管理机构按照机动车交通事故责任强制保险业务总体上不盈利不亏损的原则审批保险费率。

国务院保险监督管理机构在审批保险费率时，可以聘请有关专业机构进行评估，可以举行听证会听取公众意见。

第七条 保险公司的机动车交通事故责任强制保险业务，应当与其他保险业务分开管理，单独核算。

国务院保险监督管理机构应当每年对保险公司的机动车交通事故责任强制保险业务情况进行核查，并向社会公布；根据保险公司机动车交通事故责任强制保险业务的总体盈利或者亏损情况，可以要求或者允许保险公司相应调整保险费率。

调整保险费率的幅度较大的，国务院保险监督管理机构应当进行听证。

第八条 被保险机动车没有发生道路交通安全违法行为和道路交通事故的，保险公司应当在下一年度降低其保险费率。在此后的年度内，被保险机动车仍然没有发生道路交通安全违法行为和道路交通事故的，保险公司应当继续降低其保险费率，直至最低标准。被保险机动车发生道路交通安全违法行为或者道路交通事故的，保险公司应当在下一年度提高其保险费率。多次发生道路交通安全违法行为、道路交通事故，或者发生重大道路交通事故的，保险公司应当加大提高其保险费率的幅度。在道路交通事故中被保险人没有过错的，不提高其保险费率。降低或者提高保险费率的标准，由国务院保险监督管理机构会同国务院公安部门制定。

第九条 国务院保险监督管理机构、国务院公安部门、国务院农业主管部门以及其他有关部门应当逐步建立有关机动车交通事故责任强制保险、道路交通安全违法行为和道路交通事故的信息共享机制。

第十条 投保人在投保时应当选择从事机动车交通事故责任强

制保险业务的保险公司，被选择的保险公司不得拒绝或者拖延承保。

国务院保险监督管理机构应当将从事机动车交通事故责任强制保险业务的保险公司向社会公示。

第十一条 投保人投保时，应当向保险公司如实告知重要事项。

重要事项包括机动车的种类、厂牌型号、识别代码、牌照号码、使用性质和机动车所有人或者管理人的姓名（名称）、性别、年龄、住所、身份证或者驾驶证号码（组织机构代码）、续保前该机动车发生事故的情况以及国务院保险监督管理机构规定的其他事项。

第十二条 签订机动车交通事故责任强制保险合同时，投保人应当一次支付全部保险费；保险公司应当向投保人签发保险单、保险标志。保险单、保险标志应当注明保险单号码、车牌号码、保险期限、保险公司的名称、地址和理赔电话号码。

被保险人应当在被保险机动车上放置保险标志。

保险标志式样全国统一。保险单、保险标志由国务院保险监督管理机构监制。任何单位或者个人不得伪造、变造或者使用伪造、变造的保险单、保险标志。

第十三条 签订机动车交通事故责任强制保险合同时，投保人不得在保险条款和保险费率之外，向保险公司提出附加其他条件的要求。

签订机动车交通事故责任强制保险合同时，保险公司不得强制投保人订立商业保险合同以及提出附加其他条件的要求。

第十四条 保险公司不得解除机动车交通事故责任强制保险合同；但是，投保人对重要事项未履行如实告知义务的除外。

投保人对重要事项未履行如实告知义务，保险公司解除合同前，应当书面通知投保人，投保人应当自收到通知之日起 5 日内履行如实告知义务；投保人在上述期限内履行如实告知义务的，保险公司不得解除合同。

第十五条 保险公司解除机动车交通事故责任强制保险合同的，应当收回保险单和保险标志，并书面通知机动车管理部门。

第十六条　投保人不得解除机动车交通事故责任强制保险合同，但有下列情形之一的除外：

（一）被保险机动车被依法注销登记的；

（二）被保险机动车办理停驶的；

（三）被保险机动车经公安机关证实丢失的。

第十七条　机动车交通事故责任强制保险合同解除前，保险公司应当按照合同承担保险责任。

合同解除时，保险公司可以收取自保险责任开始之日起至合同解除之日止的保险费，剩余部分的保险费退还投保人。

第十八条　被保险机动车所有权转移的，应当办理机动车交通事故责任强制保险合同变更手续。

第十九条　机动车交通事故责任强制保险合同期满，投保人应当及时续保，并提供上一年度的保险单。

第二十条　机动车交通事故责任强制保险的保险期间为 1 年，但有下列情形之一的，投保人可以投保短期机动车交通事故责任强制保险：

（一）境外机动车临时入境的；

（二）机动车临时上道路行驶的；

（三）机动车距规定的报废期限不足 1 年的；

（四）国务院保险监督管理机构规定的其他情形。

第三章　赔　　偿

第二十一条　被保险机动车发生道路交通事故造成本车人员、被保险人以外的受害人人身伤亡、财产损失的，由保险公司依法在机动车交通事故责任强制保险责任限额范围内予以赔偿。

道路交通事故的损失是由受害人故意造成的，保险公司不予赔偿。

第二十二条　有下列情形之一的，保险公司在机动车交通事故责任强制保险责任限额范围内垫付抢救费用，并有权向致害人追偿：

（一）驾驶人未取得驾驶资格或者醉酒的；

（二）被保险机动车被盗抢期间肇事的；

（三）被保险人故意制造道路交通事故的。

有前款所列情形之一，发生道路交通事故的，造成受害人的财产损失，保险公司不承担赔偿责任。

第二十三条　机动车交通事故责任强制保险在全国范围内实行统一的责任限额。责任限额分为死亡伤残赔偿限额、医疗费用赔偿限额、财产损失赔偿限额以及被保险人在道路交通事故中无责任的赔偿限额。

机动车交通事故责任强制保险责任限额由国务院保险监督管理机构会同国务院公安部门、国务院卫生主管部门、国务院农业主管部门规定。

第二十四条　国家设立道路交通事故社会救助基金（以下简称救助基金）。有下列情形之一时，道路交通事故中受害人人身伤亡的丧葬费用、部分或者全部抢救费用，由救助基金先行垫付，救助基金管理机构有权向道路交通事故责任人追偿：

（一）抢救费用超过机动车交通事故责任强制保险责任限额的；

（二）肇事机动车未参加机动车交通事故责任强制保险的；

（三）机动车肇事后逃逸的。

第二十五条　救助基金的来源包括：

（一）按照机动车交通事故责任强制保险的保险费的一定比例提取的资金；

（二）对未按照规定投保机动车交通事故责任强制保险的机动车的所有人、管理人的罚款；

（三）救助基金管理机构依法向道路交通事故责任人追偿的资金；

（四）救助基金孳息；

（五）其他资金。

第二十六条　救助基金的具体管理办法，由国务院财政部门会同国务院保险监督管理机构、国务院公安部门、国务院卫生主管部门、国务院农业主管部门制定试行。

第二十七条　被保险机动车发生道路交通事故，被保险人或者受害人通知保险公司的，保险公司应当立即给予答复，告知被保险人或者受害人具体的赔偿程序等有关事项。

第二十八条　被保险机动车发生道路交通事故的，由被保险人向保险公司申请赔偿保险金。保险公司应当自收到赔偿申请之日起1日内，书面告知被保险人需要向保险公司提供的与赔偿有关的证明和资料。

第二十九条　保险公司应当自收到被保险人提供的证明和资料之日起5日内，对是否属于保险责任作出核定，并将结果通知被保险人；对不属于保险责任的，应当书面说明理由；对属于保险责任的，在与被保险人达成赔偿保险金的协议后10日内，赔偿保险金。

第三十条　被保险人与保险公司对赔偿有争议的，可以依法申请仲裁或者向人民法院提起诉讼。

第三十一条　保险公司可以向被保险人赔偿保险金，也可以直接向受害人赔偿保险金。但是，因抢救受伤人员需要保险公司支付或者垫付抢救费用的，保险公司在接到公安机关交通管理部门通知后，经核对应当及时向医疗机构支付或者垫付抢救费用。

因抢救受伤人员需要救助基金管理机构垫付抢救费用的，救助基金管理机构在接到公安机关交通管理部门通知后，经核对应当及时向医疗机构垫付抢救费用。

第三十二条　医疗机构应当参照国务院卫生主管部门组织制定的有关临床诊疗指南，抢救、治疗道路交通事故中的受伤人员。

第三十三条　保险公司赔偿保险金或者垫付抢救费用，救助基金管理机构垫付抢救费用，需要向有关部门、医疗机构核实有关情况的，有关部门、医疗机构应当予以配合。

第三十四条 保险公司、救助基金管理机构的工作人员对当事人的个人隐私应当保密。

第三十五条 道路交通事故损害赔偿项目和标准依照有关法律的规定执行。

第四章 罚 则

第三十六条 保险公司以外的单位或者个人，非法从事机动车交通事故责任强制保险业务的，由国务院保险监督管理机构予以取缔；构成犯罪的，依法追究刑事责任；尚不构成犯罪的，由国务院保险监督管理机构没收违法所得，违法所得 20 万元以上的，并处违法所得 1 倍以上 5 倍以下罚款；没有违法所得或者违法所得不足 20 万元的，处 20 万元以上 100 万元以下罚款。

第三十七条 保险公司违反本条例规定，有下列行为之一的，由国务院保险监督管理机构责令改正，处 5 万元以上 30 万元以下罚款；情节严重的，可以限制业务范围、责令停止接受新业务或者吊销经营保险业务许可证：

（一）拒绝或者拖延承保机动车交通事故责任强制保险的；

（二）未按照统一的保险条款和基础保险费率从事机动车交通事故责任强制保险业务的；

（三）未将机动车交通事故责任强制保险业务和其他保险业务分开管理，单独核算的；

（四）强制投保人订立商业保险合同的；

（五）违反规定解除机动车交通事故责任强制保险合同的；

（六）拒不履行约定的赔偿保险金义务的；

（七）未按照规定及时支付或者垫付抢救费用的。

第三十八条 机动车所有人、管理人未按照规定投保机动车交通事故责任强制保险的，由公安机关交通管理部门扣留机动车，通知机动车所有人、管理人依照规定投保，处依照规定投保最低责任限额应缴纳的保险费的 2 倍罚款。

机动车所有人、管理人依照规定补办机动车交通事故责任强制保险的，应当及时退还机动车。

第三十九条 上道路行驶的机动车未放置保险标志的，公安机关交通管理部门应当扣留机动车，通知当事人提供保险标志或者补办相应手续，可以处警告或者 20 元以上 200 元以下罚款。

当事人提供保险标志或者补办相应手续的，应当及时退还机动车。

第四十条 伪造、变造或者使用伪造、变造的保险标志，或者使用其他机动车的保险标志，由公安机关交通管理部门予以收缴，扣留该机动车，处 200 元以上 2000 元以下罚款；构成犯罪的，依法追究刑事责任。

当事人提供相应的合法证明或者补办相应手续的，应当及时退还机动车。

第五章　附　　则

第四十一条 本条例下列用语的含义：

（一）投保人，是指与保险公司订立机动车交通事故责任强制保险合同，并按照合同负有支付保险费义务的机动车的所有人、管理人。

（二）被保险人，是指投保人及其允许的合法驾驶人。

（三）抢救费用，是指机动车发生道路交通事故导致人员受伤时，医疗机构参照国务院卫生主管部门组织制定的有关临床诊疗指南，对生命体征不平稳和虽然生命体征平稳但如果不采取处理措施会产生生命危险，或者导致残疾、器官功能障碍，或者导致病程明显延长的受伤人员，采取必要的处理措施所发生的医疗费用。

第四十二条　挂车不投保机动车交通事故责任强制保险。发生道路交通事故造成人身伤亡、财产损失的，由牵引车投保的保险公司在机动车交通事故责任强制保险责任限额范围内予以赔偿；不足的部分，由牵引车方和挂车方依照法律规定承担赔偿责任。

第四十三条　机动车在道路以外的地方通行时发生事故，造成人身伤亡、财产损失的赔偿，比照适用本条例。

第四十四条　中国人民解放军和中国人民武装警察部队在编机动车参加机动车交通事故责任强制保险的办法，由中国人民解放军和中国人民武装警察部队另行规定。

第四十五条　机动车所有人、管理人自本条例施行之日起3个月内投保机动车交通事故责任强制保险；本条例施行前已经投保商业性机动车第三者责任保险的，保险期满，应当投保机动车交通事故责任强制保险。

第四十六条　本条例自2006年7月1日起施行。

人身保险业务基本服务规定

（2010年2月11日中国保险监督管理委员会令2010年第4号公布　自2010年5月1日起施行）

第一条　为了规范人身保险服务活动，保护投保人、被保险人和受益人的合法权益，依据《中华人民共和国保险法》等法律、行政法规，制定本规定。

第二条　保险公司、保险代理人及其从业人员从事人身保险产品的销售、承保、回访、保全、理赔、信息披露等业务活动，应当符合本规定的要求。

本规定所称保全，是指人身保险合同生效后，为了维持合同持续有效，保险公司根据合同约定或者投保人、被保险人、受益人的要求而提供的一系列服务，包括但不限于保险合同效力中止与恢复、保险合同内容变更等。

第三条　保险公司的营业场所应当设置醒目的服务标识牌，对服务的内容、流程及监督电话等进行公示，并设置投诉意见箱或者客户意见簿。

保险公司的柜台服务人员应当佩戴或者在柜台前放置标明身份的标识卡，行为举止应当符合基本的职业规范。

第四条　保险公司应当公布服务电话号码，电话服务至少应当包括咨询、接报案、投诉等内容。

保险代理人及其从业人员应当将相关保险公司的服务电话号码告知投保人。

第五条　保险公司应当提供每日 24 小时电话服务，并且工作日的人工接听服务不得少于 8 小时。

保险公司应当对服务电话建立来电事项的记录及处理制度。

第六条　保险销售人员通过面对面的方式销售保险产品的，应当出示工作证或者展业证等证件。保险销售人员通过电话销售保险产品的，应当将姓名及工号告知投保人。

保险销售人员是指从事保险销售的下列人员：

（一）保险公司的工作人员；

（二）保险代理机构的从业人员；

（三）保险营销员。

第七条　保险公司应当按照中国保监会的规定建立投保提示制度。保险销售人员在销售过程中应当向投保人提示保险产品的特点和风险，以便客户选择适合自身风险偏好和经济承受能力的保险产品。

第八条　通过电话渠道销售保险产品的，保险销售人员应当告知投保人查询保险合同条款的有效途径。

第九条　保险销售人员向投保人提供投保单时应当附保险合同条款。

保险销售人员应当提醒投保人在投保单上填写准确的通讯地址、联系电话等信息。

第十条　投保人提交的投保单填写错误或者所附资料不完整的，保险公司应当自收到投保资料之日起 5 个工作日内一次性告知投保人需要补正或者补充的内容。

第十一条　保险公司认为需要进行体检、生存调查等程序的，应当自收到符合要求的投保资料之日起 5 个工作日内通知投保人。

保险公司认为不需要进行体检、生存调查等程序并同意承保的，应当自收到符合要求的投保资料之日起 15 个工作日内完成保险合同制作并送达投保人。

第十二条　保险公司应当自收到被保险人体检报告或者生存调查报告之日起 15 个工作日内，告知投保人核保结果，同意承保的，还应当完成合同制作并送达投保人。

第十三条　保险公司通过银行扣划方式收取保险费的，应当就扣划的账户、金额、时间等内容与投保人达成协议。

第十四条　保险公司应当建立回访制度，指定专门部门负责回访工作，并配备必要的人员和设备。

第十五条　保险公司应当在犹豫期内对合同期限超过一年的人身保险新单业务进行回访，并及时记录回访情况。回访应当包括以下内容：

（一）确认受访人是否为投保人本人；

（二）确认投保人是否购买了该保险产品以及投保人和被保险人是否按照要求亲笔签名；

（三）确认投保人是否已经阅读并理解产品说明书和投保提示的内容；

（四）确认投保人是否知悉保险责任、责任免除和保险期间；

（五）确认投保人是否知悉退保可能受到的损失；

（六）确认投保人是否知悉犹豫期的起算时间、期间以及享有的权利；

（七）采用期缴方式的，确认投保人是否了解缴费期间和缴费频率。

人身保险新型产品的回访，中国保监会另有规定的，从其规定。

第十六条 保险公司与保险销售人员解除劳动合同或者委托合同，通过该保险销售人员签订的一年期以上的人身保险合同尚未履行完毕的，保险公司应当告知投保人保单状况以及获得后续服务的途径。

第十七条 投保人、被保险人或者受益人委托他人向保险公司领取金额超过人民币1000元的，保险公司应当将办理结果通知投保人、被保险人或者受益人。

第十八条 保险公司在回访中发现存在销售误导等问题的，应当自发现问题之日起15个工作日内由销售人员以外的人员予以解决。

第十九条 保险公司应当自收到资料齐全、符合合同约定条件的保全申请之日起2个工作日内完成受理。

保全申请资料不完整、填写不规范或者不符合合同约定条件的，应当自收到保全申请之日起5个工作日内一次性通知保全申请人，并协助其补正。

第二十条 保全不涉及保险费缴纳的，保险公司应当自同意保全之日起5个工作日内处理完毕；保全涉及保险费缴纳的，保险公司应当自投保人缴纳足额保险费之日起5个工作日内处理完毕。

保全涉及体检的，体检所需时间不计算在前款规定的期限内。

保险公司由于特殊情况无法在规定期限内完成的，应当及时向保全申请人说明原因并告知处理进度。

第二十一条 对于约定分期支付保险费的保险合同，保险公司应当向投保人确认是否需要缴费提示。投保人需要缴费提示的，保险公司应当在当期保费缴费日前向投保人发出缴费提示。

保险合同效力中止的，保险公司应当自中止之日起10个工作日内向投保人发出效力中止通知，并告知合同效力中止的后果以及合同效力恢复的方式。

第二十二条　保险公司在接到投保人、被保险人或者受益人的保险事故通知后，应当及时告知相关当事人索赔注意事项，指导相关当事人提供与确认保险事故的性质、原因、损失程度等有关的证明和资料。

第二十三条　保险公司在收到被保险人或者受益人的赔偿或者给付保险金的请求后，应当在5个工作日内作出核定；情形复杂的，应当在30日内作出核定，但合同另有约定的除外。

第二十四条　保险公司作出不属于保险责任的核定后，应当自作出核定之日起3日内向被保险人或者受益人发出拒绝赔偿或者拒绝给付保险金通知书，并说明理由。

第二十五条　对需要进行伤残鉴定的索赔或者给付请求，保险公司应当提醒投保人、被保险人或者受益人按照合同约定及时办理相关委托和鉴定手续。

第二十六条　保险公司应当在与被保险人或者受益人达成赔偿或者给付保险金的协议后10日内，履行赔偿或者给付保险金义务。保险合同对赔偿或者给付保险金的期限有约定的，保险公司应当按照约定履行赔偿或者给付保险金义务。

第二十七条　保险公司应当建立完善的应急预案，在发生特大交通事故、重大自然灾害等事故时，及时启动应急预案，通过建立快速理赔通道、预付赔款、上门服务等方式，提高理赔效率和质量。

第二十八条　保险公司应当建立保护投保人、被保险人和受益人个人隐私和商业秘密的制度。未经投保人、被保险人和受益人同意，保险公司不得泄露其个人隐私和商业秘密。

第二十九条　保险公司应当建立完善的投诉处理机制。

保险公司应当自受理投诉之日起10个工作日内向投诉人做出明确答复。由于特殊原因无法按时答复的，保险公司应当向投诉人反馈进展情况。

第三十条　保险公司应当根据本规定的要求制定服务标准与服

务质量监督机制，每年定期进行服务质量检查评估。

第三十一条 保险公司、保险代理人及其从业人员违反本规定的，由中国保监会及其派出机构责令其限期改正，逾期不改正的，给予警告，对有违法所得的处违法所得 1 倍以上 3 倍以下的罚款，但最高不得超过 3 万元，对没有违法所得的处 1 万元以下的罚款。对直接责任人员和直接负责的主管人员可以给予警告，并处 1 万元以下的罚款。

第三十二条 团体人身保险业务不适用本规定。

第三十三条 本规定自 2010 年 5 月 1 日起施行。

人身保险公司保险条款
和保险费率管理办法

（2011 年 12 月 30 日中国保险监督管理委员会令 2011 年第 3 号公布　根据 2015 年 10 月 19 日《中国保险监督管理委员会关于修改〈保险公司设立境外保险类机构管理办法〉等八部规章的决定》修订）

第一章　总　　则

第一条 为了加强人身保险公司（以下简称保险公司）保险条款和保险费率的监督管理，保护投保人、被保险人和受益人的合法权益，维护保险市场竞争秩序，鼓励保险公司创新，根据《中华人民共和国保险法》（以下简称《保险法》）等有关法律、行政法规，制定本办法。

第二条 中国保险监督管理委员会（以下简称中国保监会）依法对保险公司的保险条款和保险费率实施监督管理。中国保监会派出机构在中国保监会授权范围内行使职权。

第三条 保险公司应当按照《保险法》和中国保监会有关规定，公平、合理拟订保险条款和保险费率，不得损害投保人、被保险人和受益人的合法权益。保险公司对其拟订的保险条款和保险费率承担相应责任。

第四条 保险公司应当按照本办法规定将保险条款和保险费率报送中国保监会审批或者备案。

第五条 保险公司应当建立科学、高效、符合市场需求的人身保险开发管理机制，定期跟踪和分析经营情况，及时发现保险条款、保险费率经营管理中存在的问题并采取相应解决措施。

第六条 保险公司应当充分发挥核心竞争优势，合理配置公司资源，围绕宏观经济政策、市场需求、公司战略目标开发保险险种。

第二章 设计与分类

第七条 人身保险分为人寿保险、年金保险、健康保险、意外伤害保险。

第八条 人寿保险是指以人的寿命为保险标的的人身保险。人寿保险分为定期寿险、终身寿险、两全保险等。

定期寿险是指以被保险人死亡为给付保险金条件，且保险期间为固定年限的人寿保险。

终身寿险是指以被保险人死亡为给付保险金条件，且保险期间为终身的人寿保险。

两全保险是指既包含以被保险人死亡为给付保险金条件，又包含以被保险人生存为给付保险金条件的人寿保险。

第九条 年金保险是指以被保险人生存为给付保险金条件，并按约定的时间间隔分期给付生存保险金的人身保险。

第十条 养老年金保险是指以养老保障为目的的年金保险。养老年金保险应当符合下列条件：

（一）保险合同约定给付被保险人生存保险金的年龄不得小于国家规定的退休年龄；

（二）相邻两次给付的时间间隔不得超过一年。

第十一条 健康保险是指以因健康原因导致损失为给付保险金条件的人身保险。健康保险分为疾病保险、医疗保险、失能收入损失保险、护理保险等。

疾病保险是指以保险合同约定的疾病发生为给付保险金条件的健康保险。

医疗保险是指以保险合同约定的医疗行为发生为给付保险金条件，按约定对被保险人接受诊疗期间的医疗费用支出提供保障的健康保险。

失能收入损失保险是指以因保险合同约定的疾病或者意外伤害导致工作能力丧失为给付保险金条件，按约定对被保险人在一定时期内收入减少或者中断提供保障的健康保险。

护理保险是指以因保险合同约定的日常生活能力障碍引发护理需要为给付保险金条件，按约定对被保险人的护理支出提供保障的健康保险。

第十二条 意外伤害保险是指以被保险人因意外事故而导致身故、残疾或者发生保险合同约定的其他事故为给付保险金条件的人身保险。

第十三条 人寿保险和健康保险可以包含全残责任。

健康保险包含两种以上健康保障责任的，应当按照一般精算原理判断主要责任，并根据主要责任确定险种类别。长期健康保险中的疾病保险，可以包含死亡保险责任，但死亡给付金额不得高于疾病最高给付金额。其他健康保险不得包含死亡保险责任，但因疾病引发的死亡保险责任除外。

医疗保险和疾病保险不得包含生存保险责任。

意外伤害保险可以包含由意外伤害导致的医疗保险责任。仅包含由意外伤害导致的医疗保险责任的保险应当确定为医疗保险。

176

第十四条 保险公司应当严格遵循本办法所规定的人寿保险、年金保险、健康保险、意外伤害保险的分类标准，中国保监会另有规定的除外。

第十五条 人身保险的定名应当符合下列格式：

"保险公司名称"＋"吉庆、说明性文字"＋"险种类别"＋"（设计类型）"

前款规定的保险公司名称可用全称或者简称；吉庆、说明性文字的字数不得超过 10 个。

附加保险的定名应当在"保险公司名称"后标注"附加"字样。

团体保险应当在名称中标明"团体"字样。

第十六条 年金保险中的养老年金保险险种类别为"养老年金保险"，其他年金保险险种类别为"年金保险"；意外伤害保险险种类别为"意外伤害保险"。

第十七条 人身保险的设计类型分为普通型、分红型、投资连结型、万能型等。

第十八条 分红型、投资连结型和万能型人身保险应当在名称中注明设计类型，普通型人身保险无须在名称中注明设计类型。

第三章　审批与备案

第十九条 保险公司总公司负责将保险条款和保险费率报送中国保监会审批或者备案。

第二十条 保险公司下列险种的保险条款和保险费率，应当在使用前报送中国保监会审批：

（一）关系社会公众利益的保险险种；

（二）依法实行强制保险的险种；

（三）中国保监会规定的新开发人寿保险险种；

（四）中国保监会规定的其他险种。

前款规定以外的其他险种，应当报送中国保监会备案。

第二十一条　保险公司报送保险条款和保险费率备案的，应当提交下列材料：

（一）《人身保险公司保险条款和保险费率备案报送材料清单表》；

（二）保险条款；

（三）保险费率表；

（四）总精算师签署的相关精算报告；

（五）总精算师声明书；

（六）法律责任人声明书；

（七）中国保监会规定的其他材料。

第二十二条　保险公司报送分红保险、投资连结保险、万能保险保险条款和保险费率备案的，除提交第二十一条规定的材料以外，还应当提交下列材料：

（一）财务管理办法；

（二）业务管理办法；

（三）信息披露管理制度；

（四）业务规划及对偿付能力的影响；

（五）产品说明书。

分红保险，还应当提交红利计算和分配办法、收入分配和费用分摊原则；投资连结保险和万能保险，还应当提交包括销售渠道、销售区域等内容的销售管理办法。

保险公司提交的上述材料与本公司已经中国保监会审批或者备案的同类险种对应材料完全一致的，可以免于提交该材料，但应当在材料清单表中予以注明。

第二十三条　保险公司报送保险条款和保险费率审批的，除提交第二十一条第（二）项至第（七）项以及第二十二条规定的材料外，还应当提交下列材料：

（一）《人身保险公司保险条款和保险费率审批申请表》；

（二）《人身保险公司保险条款和保险费率审批报送材料清单表》；

（三）保险条款和保险费率的说明材料，包括保险条款和保险费率的主要特点、市场风险和经营风险分析、相应的管控措施等。

第二十四条 保险公司报送下列保险条款和保险费率审批或者备案的，除分别按照第二十一条、第二十二条、第二十三条规定报送材料以外，还应当按照下列规定提交材料：

（一）具有现金价值的，提交包含现金价值表示例的书面材料以及包含各年龄现金价值全表的电子文档；

（二）具有减额交清条款的，提交包含减额交清保额表示例的书面材料以及包含各年龄减额交清保额全表的电子文档；

（三）中国保监会允许费率浮动或者参数调整的，提交由总精算师签署的费率浮动管理办法或者产品参数调整办法；

（四）保险期间超过一年的，提交利润测试模型的电子文档。

第二十五条 保险公司报送保险条款和保险费率审批或者备案的，提交的精算报告至少应当包括下列内容：

（一）数据来源和定价基础；

（二）定价方法和定价假设，保险期间超过一年的，还应当包括利润测试参数、利润测试结果以及主要参数变化的敏感性分析；

（三）法定准备金计算方法；

（四）主要风险及相应管理意见；

（五）总精算师需要特别说明的内容；

（六）中国保监会规定的其他内容。

第二十六条 保险公司报送下列保险条款和保险费率审批或者备案的，提交的精算报告除符合第二十五条规定外，还应当符合下列规定：

（一）具有现金价值的，列明现金价值计算方法；

（二）具有减额交清条款的，列明减额交清保额的计算方法；

（三）具有利益演示的，列明利益演示的计算方法。

第二十七条　中国保监会收到保险公司报送的保险条款和保险费率审批申请后，应当根据下列情况分别作出处理：

（一）申请材料不齐全的，自收到材料之日起5日内一次告知保险公司需要补正的全部内容；

（二）申请材料齐全或者保险公司按照规定提交全部补正申请材料的，受理该申请，并向保险公司出具加盖受理专用印章的书面凭证。

第二十八条　中国保监会应当自受理保险条款和保险费率审批申请之日起20日内作出批准或者不予批准的决定。20日内不能作出决定的，经中国保监会负责人批准，审批期限可以延长10日。中国保监会应当将延长期限的理由告知保险公司。

决定批准的，中国保监会应当将批准决定在保监会文告或者网站上向社会公布；决定不予批准的，中国保监会应当书面通知保险公司，说明理由并告知其享有依法申请行政复议或者提起行政诉讼的权利。

第二十九条　中国保监会可以对审批的保险条款和保险费率进行专家评审，并将专家评审所需时间书面告知保险公司。

中国保监会对涉及社会公共利益的保险条款和保险费率可以组织听证，并根据《中华人民共和国行政许可法》有关规定予以实施。

专家评审时间和听证时间不在本办法第二十八条规定的审批期限内计算。

第三十条　保险公司在保险条款和保险费率审批申请受理后、审批决定作出前，撤回审批申请的，应当向中国保监会提交书面申请，中国保监会应当及时终止对保险条款和保险费率审批申请的审查，并将审批申请材料退回保险公司。

第三十一条　保险公司在保险条款和保险费率审批申请受理后、审批决定作出前，对申报的保险条款和保险费率进行修改的，应当向中国保监会申请撤回审批。

保险公司有前款规定情形的，审批期限自中国保监会收到修改后的完整申请材料之日起重新计算。

第三十二条 保险公司对于未获批准的保险条款和保险费率，可以在修改后重新报送中国保监会审批。

第三十三条 保险公司报送保险条款和保险费率备案，不得迟于使用后 10 日。

第三十四条 中国保监会收到备案材料后，应当根据下列情况分别作出处理：

（一）备案材料不齐全的，一次告知保险公司在 10 日内补正全部备案材料；

（二）备案材料齐全或者保险公司按照规定提交全部补正材料的，将备案材料存档，并向保险公司出具备案回执；

（三）发现备案的保险条款和保险费率有《保险法》第一百三十六条规定情形的，责令保险公司立即停止使用。

第四章 变更与停止使用

第三十五条 保险公司变更已经审批或者备案的保险条款和保险费率，改变其保险责任、险种类别或者定价方法的，应当将保险条款和保险费率重新报送审批或者备案。

第三十六条 保险公司变更已经审批或者备案的保险条款和保险费率，且不改变保险责任、险种类别和定价方法的，应当在发生变更之日起 10 日内向中国保监会备案，并提交下列材料：

（一）《变更备案报送材料清单表》；

（二）变更原因、主要变更内容的对比说明；

（三）已经审批或者备案的保险条款；

（四）变更后的相关材料；

（五）总精算师声明书；

（六）法律责任人声明书；

（七）中国保监会规定的其他材料。

保险公司名称变更导致人身保险定名发生变更，但其他内容未变更的，可以不提交前款第（三）、（四）、（五）项规定的材料。

第三十七条　保险公司决定在全国范围内停止使用保险条款和保险费率的，应当在停止使用后 10 日内向中国保监会提交报告，说明停止使用的原因、后续服务的相关措施等情况，并将报告抄送原使用区域的中国保监会派出机构。

保险公司决定在部分区域停止使用保险条款和保险费率的，不得以停止使用保险条款和保险费率进行宣传和销售误导。

保险公司省级分公司及以下分支机构，不得决定停止使用保险条款和保险费率。

第三十八条　保险公司决定重新销售已经停止使用的保险条款和保险费率的，应当在重新销售后 10 日内向中国保监会提交报告，说明重新使用的原因、管理计划等情况，并将报告抄送拟使用区域的中国保监会派出机构。

第五章　总精算师和法律责任人

第三十九条　保险公司总精算师应当对报送审批或者备案的保险条款和保险费率出具总精算师声明书，并签署相关的精算报告、费率浮动管理办法或者产品参数调整办法。

保险公司总精算师对报送审批或者备案的保险条款和保险费率承担下列责任：

（一）分类准确，定名符合本办法规定；

（二）精算报告内容完备；

（三）精算假设和精算方法符合一般精算原理和中国保监会的精算规定；

（四）具有利益演示的险种，利益演示方法符合一般精算原理和中国保监会的有关规定；

（五）保险费率厘定合理，满足充足性、适当性和公平性原则；

（六）中国保监会规定的其他责任。

第四十条 保险公司应当指定法律责任人，并向中国保监会备案。

第四十一条 保险公司指定的法律责任人应当符合下列条件：

（一）在中华人民共和国境内有住所；

（二）具有本科以上学历；

（三）具有中国律师资格证书或者法律职业资格证书；

（四）属于公司正式员工，且在公司内担任部门负责人及以上职务；

（五）具有5年以上国内保险或者法律从业经验，其中包括3年以上在保险行业内的法律从业经验；

（六）过去3年内未因违法执业行为受到行政处罚；

（七）未受过刑事处罚；

（八）中国保监会规定的其他条件。

第四十二条 保险公司法律责任人履行下列职责：

（一）参与制定人身保险开发策略；

（二）审核保险条款的相关材料；

（三）定期分析由保险条款引发的诉讼案件；

（四）及时向中国保监会报告保险条款的重大风险隐患；

（五）中国保监会或者保险公司章程规定的其他职责。

第四十三条 保险公司法律责任人应当对报送审批或者备案的保险条款出具法律责任人声明书，并承担下列责任：

（一）保险条款公平合理，不损害社会公共利益，不侵害投保人、被保险人和受益人的合法权益；

（二）保险条款文字准确，表述严谨；

（三）具有产品说明书的，产品说明书符合条款表述，内容全面、真实，符合中国保监会的有关规定；

（四）保险条款符合《保险法》等法律、行政法规和中国保监会有关规定；

（五）中国保监会规定的其他责任。

第四十四条 保险公司报送法律责任人备案的，应当向中国保监会提交下列材料一式两份：

（一）《法律责任人备案情况表》；

（二）拟任人身份证明和住所证明复印件；

（三）学历证明和专业资格证明复印件；

（四）从业经历证明；

（五）中国保监会规定的其他材料。

第四十五条 保险公司应当加强对法律责任人管理，建立法律责任人相关制度，向法律责任人提供其承担工作职责所必需的信息，并保证法律责任人能够独立地履行职责。

第四十六条 法律责任人因辞职、被免职或者被撤职等原因离职的，保险公司应当自作出批准辞职或者免职、撤职等决定之日起30日内，向中国保监会报告，并提交下列材料：

（一）法律责任人被免职或者被撤职的原因说明；

（二）免职、撤职或者批准辞职等有关决定的复印件；

（三）法律责任人作出的离职报告或者保险公司对未作离职报告的法律责任人作出的离职说明报告。

第六章 法律责任

第四十七条 保险公司未按照规定申请批准保险条款、保险费率的，由中国保监会依据《保险法》第一百六十四条进行处罚。

第四十八条 保险公司使用的保险条款和保险费率有下列情形之一的，由中国保监会责令停止使用，限期修改；情节严重的，可以在一定期限内禁止申报新的保险条款和保险费率：

（一）损害社会公共利益；

（二）内容显失公平或者形成价格垄断，侵害投保人、被保险人或者受益人的合法权益；

（三）条款设计或者费率厘定不当，可能危及保险公司偿付能力；

（四）违反法律、行政法规或者中国保监会的其他规定。

第四十九条　保险公司有下列行为之一的，由中国保监会依据《保险法》第一百六十九条进行处罚：

（一）未按照规定报送保险条款、保险费率备案的；

（二）未按照规定报送停止使用保险条款和保险费率相关报告的；

（三）未按照规定报送或者保管与保险条款、保险费率相关的其他报告、报表、文件、资料的，或者未按照规定提供有关信息、资料的。

第五十条　保险公司有下列行为之一的，由中国保监会依据《保险法》第一百七十条进行处罚：

（一）报送审批、备案保险条款和保险费率时，编制或者提供虚假的报告、报表、文件、资料的；

（二）报送法律责任人备案时，编制或者提供虚假的报告、报表、文件、资料的；

（三）未按照规定使用经批准或者备案的保险条款、保险费率的。

第五十一条　保险公司违反本办法第三十七条第三款的由中国保监会给予警告，处 3 万元以下罚款。

第五十二条　保险公司以停止使用保险条款和保险费率进行销售误导的，由中国保监会依据《保险法》第一百六十一条进行处罚。

第五十三条　保险公司违反本办法规定，聘任不符合规定条件的法律责任人的，由中国保监会责令限期改正；逾期不改正的，给予警告，处 1 万元以下罚款。

第七章 附　则

第五十四条　中国保监会对保险公司总精算师、法律责任人另有规定的，适用其规定。

团体保险的保险条款和保险费率的管理，中国保监会另有规定的，适用其规定。

第五十五条　本办法规定的期限以工作日计算。

第五十六条　本办法由中国保监会负责解释。

第五十七条　本办法自颁布之日起施行。中国保监会 2000 年 3 月 23 日发布的《人身保险产品定名暂行办法》（保监发〔2000〕42 号）、2000 年 5 月 16 日发布的《关于放开短期意外险费率及简化短期意外险备案手续的通知》（保监发〔2000〕78 号）、2004 年 6 月 30 日发布的《人身保险产品审批和备案管理办法》（保监会令〔2004〕6 号）以及 2004 年 7 月 1 日发布的《关于〈人身保险产品审批和备案管理办法〉若干问题的通知》（保监发〔2004〕76 号）同时废止。

附件：1. 人身保险公司保险条款和保险费率审批申请表（略）

2. 人身保险公司保险条款和保险费率审批报送材料清单表（略）

3. 人身保险公司保险条款和保险费率备案报送材料清单表（略）

4. 变更备案报送材料清单表（略）

5. 法律责任人备案情况表（略）

6. 总精算师声明书（略）

7. 法律责任人声明书（略）

人身保险产品信息披露管理办法

(2022 年 11 月 11 日中国银行保险监督管理委员会令 2022 年第 8 号公布　自 2023 年 6 月 30 日起施行)

第一章　总　　则

第一条　为规范人身保险产品信息披露行为，促进行业健康可持续发展，保护投保人、被保险人和受益人的合法权益，根据《中华人民共和国保险法》等法律、行政法规，制定本办法。

第二条　本办法所称人身保险，按险种类别划分，包括人寿保险、年金保险、健康保险、意外伤害保险等；按设计类型划分，包括普通型、分红型、万能型、投资连结型等。按保险期间划分，包括一年期以上的人身保险和一年期及以下的人身保险。

第三条　本办法所称产品信息披露，指保险公司及其保险销售人员、保险中介机构及其从业人员根据法律、行政法规等要求，通过线上或线下等形式，向投保人、被保险人、受益人及社会公众公开保险产品信息的行为。

第四条　产品信息披露应当遵循真实性、准确性、完整性、及时性原则。保险公司及其保险销售人员、保险中介机构及其从业人员应当准确说明并充分披露与产品相关的信息，无重大遗漏，不得对投保人、被保险人、受益人及社会公众进行隐瞒和欺骗。

第五条　中国银行保险监督管理委员会（以下简称银保监会）根据法律、行政法规和国务院授权，对保险公司及其保险销售人员、保险中介机构及其从业人员人身保险产品信息披露行为进行监督管理。

第二章　信息披露主体和披露方式

第六条　产品信息披露主体为保险公司。

保险公司保险销售人员、保险中介机构及其从业人员应当按照保险公司提供的产品信息披露材料，向社会公众介绍或提供产品相关信息。

第七条　产品信息披露对象包括投保人、被保险人、受益人及社会公众。保险公司应当向社会公众披露其产品信息，接受保险监管部门及社会公众的监督。保险公司及其保险销售人员、保险中介机构及其从业人员应当在售前、售中、售后及时向投保人、被保险人、受益人披露应知的产品信息，维护保险消费者的合法权益。

第八条　保险公司可以通过以下渠道披露产品信息材料：

（一）保险公司官方网站、官方公众服务号等自营平台；

（二）中国保险行业协会等行业公共信息披露渠道；

（三）保险公司授权或委托的合作机构和第三方媒体；

（四）保险公司产品说明会等业务经营活动；

（五）保险公司根据有关要求及公司经营管理需要，向保险消费者披露产品信息的其他渠道。

第九条　中国保险行业协会、中国银行保险信息技术管理有限公司等机构应当积极发挥行业保险产品信息披露的平台作用，为社会公众及保险消费者提供行业保险产品信息查询渠道。

保险公司在公司官方网站以外披露产品信息的，其内容不得与公司官方网站披露的内容相冲突。

第十条　保险公司的产品信息材料因涉及国家秘密、商业秘密和个人隐私不予披露的，应当有充分的认定依据和完善的保密措施。

第三章　信息披露内容和披露时间

第十一条　保险公司应当根据保险产品审批或备案材料报送内

容，披露下列保险产品信息：

（一）保险产品目录；

（二）保险产品条款；

（三）保险产品费率表；

（四）一年期以上的人身保险产品现金价值全表；

（五）一年期以上的人身保险产品说明书；

（六）银保监会规定的其他应当披露的产品材料信息。

第十二条 保险公司销售一年期以上的人身保险产品，应当在销售过程中以纸质或电子形式向投保人提供产品说明书。产品说明书应当结合产品特点，按照监管要求制定。

保险公司通过产品组合形式销售人身保险产品的，应当分别提供每个一年期以上的人身保险产品对应的产品说明书。

第十三条 订立保险合同，采用保险公司提供的格式条款的，保险公司向投保人提供的投保单应当附格式条款及条款查询方式，保险公司应当通过适当方式向投保人说明保险合同的内容，并重点提示格式条款中与投保人有重大利害关系的条款。

第十四条 保险公司在保单承保后，应当为投保人、被保险人、受益人提供电话、互联网等方式的保单查询服务，建立可以有效使用的保单查询通道。

保单查询内容包括但不限于：产品名称，产品条款，保单号，投保人、被保险人及受益人信息，保险销售人员、保险服务人员信息，保险费，交费方式，保险金额，保险期间，保险责任，责任免除，等待期，保单生效日，销售渠道，查询服务电话等。

第十五条 对购买一年期以上的人身保险产品且有转保需求的客户，经双方协商一致，保险公司同意进行转保的，保险公司应当向投保人披露相关转保信息，充分提示客户了解转保的潜在风险，禁止发生诱导转保等不利于客户利益的行为。披露信息包括但不限于以下内容：

（一）确认客户知悉对现有产品转保需承担因退保或保单失效而

产生的相关利益损失；

（二）确认客户知悉因转保后年龄、健康状况等变化可能导致新产品保障范围的调整；

（三）确认客户知悉因转保后的年龄、健康状况、职业等变化导致相关费用的调整；

（四）确认客户对转保后产品的保险责任、责任免除、保单利益等产品信息充分知情；

（五）确认客户知悉转保后新产品中的时间期限或需重新计算，例如医疗保险、重大疾病保险产品的等待期、自杀或不可抗辩条款的起算时间等。

第十六条 保险公司决定停止销售保险产品的，应当自决定停止之日起 10 个工作日内，披露停止销售产品的名称、停止销售的时间、停止销售的原因，以及后续服务措施等相关信息。

第十七条 保险公司应当通过公司官方网站、官方 APP、官方公众服务号、客户服务电话等方便客户查询的平台向客户提供理赔流程、理赔时效、理赔文件要求等相关信息。理赔披露内容包括但不限于：

（一）理赔服务的咨询电话等信息；

（二）理赔报案、申请办理渠道，办理理赔业务所需材料清单以及服务时效承诺；

（三）理赔进度、处理依据、处理结果以及理赔金额计算方法等信息。

保险公司应当在产品或服务合约中，提供投诉电话或其他投诉渠道信息。

第十八条 保险公司应当对 60 周岁以上人员以及残障人士等特殊人群，提供符合该人群特点的披露方式，积极提供便捷投保通道等客户服务，确保消费者充分知悉其所购买保险产品的内容和主要特点。

第十九条 保险公司应当在公司官方网站披露本办法第十一条、

第十六条规定的产品信息。产品信息发生变更的，保险公司应当自变更之日起 10 个工作日内更新。上述变更包括产品上市销售、产品变更或修订，以及银保监会规定的其他情形。

第四章　信息披露管理

第二十条　保险公司应当加强产品信息披露管理，建立产品信息披露内部管理办法，完善内部管理机制，加强公司网站披露页面建设，强化产品销售过程与售后信息披露监督管理。

第二十一条　保险产品信息披露材料应当由保险公司总公司统一负责管理。保险公司总公司可以授权省级分公司设计或修改保险产品信息披露材料，但应当报经总公司批准。除保险公司省级分公司以外，保险公司的其他各级分支机构不得设计和修改保险产品信息披露材料。

第二十二条　保险公司不得授权或委托保险销售人员、保险中介机构及其从业人员自行修改保险产品信息披露材料。保险销售人员、保险中介机构及其从业人员不得自行修改代理销售的保险产品信息披露材料。

保险公司保险销售人员、保险中介机构及其从业人员使用的产品信息披露材料应当与保险公司产品信息披露材料保持一致。保险中介机构及其从业人员所使用产品宣传材料中的产品信息应当与保险公司产品信息披露材料内容保持一致。

第二十三条　保险公司应当加强数据和信息的安全管理，防范假冒网站、假冒 APP 等的违法活动，并检查网页上外部链接的可靠性。

第二十四条　保险公司及其保险销售人员、保险中介机构及其从业人员不得违规收集、使用、加工、泄露客户信息。保险公司应当加强客户信息保护管理，建立客户信息保护机制。

第五章 监督管理

第二十五条 保险公司应当对产品信息披露的真实性、准确性、完整性、及时性承担主体责任。

保险公司应当指定公司高级管理人员负责管理产品信息披露事务。保险公司负责产品信息披露的高级管理人员、承办产品信息披露的部门负责人员对产品信息披露承担管理责任。保险公司保险销售人员、保险中介机构及其从业人员对产品信息披露材料的使用承担责任。

第二十六条 银保监会及其派出机构依法履行消费者权益保护监管职责，通过非现场监管、现场检查、举报调查等手段和采取监管谈话、责令限期整改、下发风险提示函等监管措施，督促保险公司、保险中介机构落实产品信息披露的各项要求，严厉打击侵害消费者权益行为，营造公平有序的市场环境。

第二十七条 保险公司、保险中介机构有下列行为之一的，由银保监会及其派出机构依据《中华人民共和国保险法》等法律、行政法规予以处罚：

（一）未按照本办法规定披露产品信息且限期未改正；

（二）编制或提供虚假信息；

（三）拒绝或妨碍依法监督检查；

（四）银保监会规定的其他情形。

第二十八条 保险公司、保险中介机构未按照本办法规定设计、修改、使用产品信息披露材料的，由银保监会及其派出机构责令限期改正；逾期不改正的，对保险机构处以一万元以上十万元以下的罚款，对其直接负责的主管人员和其他直接责任人员给予警告，并处一万元以上十万元以下的罚款。

192

第二十九条　本办法适用于个人人身保险产品信息披露要求。团体人身保险产品信息披露不适用本办法，另行规定。

第三十条　本办法由银保监会负责解释。

第三十一条　本办法自 2023 年 6 月 30 日起施行。《人身保险新型产品信息披露管理办法》（中国保险监督管理委员会令 2009 年第 3 号）、《关于执行〈人身保险新型产品信息披露管理办法〉有关事项的通知》（保监发〔2009〕104 号）和《关于〈人身保险新型产品信息披露管理办法〉有关条文解释的通知》（保监寿险〔2009〕1161 号）同时废止。

财产保险公司保险条款和保险费率管理办法

（2021 年 8 月 16 日中国银行保险监督管理委员会令〔2021〕10 号公布　自 2021 年 10 月 1 日起施行）

第一章　总　　则

第一条　为了加强和改进对财产保险公司保险条款和保险费率的监督管理，保护投保人、被保险人和受益人的合法权益，维护保险市场秩序，鼓励财产保险公司创新，根据《中华人民共和国保险法》，制定本办法。

第二条　中国银行保险监督管理委员会（以下简称银保监会）及其派出机构依法对财产保险公司及其分支机构的保险条款和保险

费率实施监督管理，遵循保护社会公众利益、防止不正当竞争、与市场行为监管协调配合原则。

　　第三条　财产保险公司保险条款和保险费率实施分类监管、属地监管，具体由银保监会另行规定。

　　第四条　财产保险公司应当依据法律、行政法规和银保监会的有关规定制订保险条款和保险费率，并对保险条款和保险费率承担相应的责任。

　　第五条　财产保险公司应当依据本办法的规定向银保监会或其省一级派出机构申报保险条款和保险费率审批或者备案。财产保险公司分支机构不得申报保险条款和保险费率审批或者备案。

　　第六条　中国保险行业协会应当切实履行保险条款和保险费率行业自律管理职责，推进保险条款和保险费率的通俗化、标准化、规范化工作，研究制订修订主要险种的行业示范条款，建立保险条款费率评估和创新保护机制。中国精算师协会应当研究制订修订主要险种的行业基准纯风险损失率。

第二章　条款开发和费率厘定

　　第七条　财产保险公司的保险条款和保险费率，应当依法合规，公平合理，不侵害投保人、被保险人和受益人的合法权益，不危及财产保险公司财务稳健和偿付能力；应当符合保险原理，尊重社会公德，不违背公序良俗，不损害社会公共利益，符合《中华人民共和国保险法》等法律、行政法规和银保监会的有关规定。

　　第八条　财产保险公司的保险条款应当要素完整、结构清晰、文字准确、表述严谨、通俗易懂，名称符合命名规则。

　　第九条　财产保险公司的保险费率应当按照合理、公平、充足原则科学厘定，不得妨碍市场公平竞争；保险费率可以上下浮动的，应当明确保险费率调整的条件和范围。

第十条 财产保险公司的合规负责人和总精算师分别负责保险条款审查和保险费率审查，并承担相应的责任。

第十一条 财产保险公司应当向合规负责人和总精算师提供其履行工作职责所必需的信息，并充分尊重其专业意见。

财产保险公司应当加强对合规负责人和总精算师的管理，按照银保监会的相关规定，建立健全相应的内部管控及问责机制。

第十二条 财产保险公司应当按照本办法规定提交由合规负责人出具的法律审查声明书。合规负责人应对以下内容进行审查：

（一）保险条款符合《中华人民共和国保险法》等法律、行政法规和银保监会的有关规定；

（二）保险条款公平合理，符合保险原理，不损害社会公共利益，不侵害投保人、被保险人和受益人的合法权益，并已通过消费者权益保护审查；

（三）命名符合规定，要素完备、文字准确、语言通俗、表述严谨。

第十三条 财产保险公司应当按照本办法规定提交由总精算师签署的精算报告和出具的精算审查声明书。总精算师应对以下内容进行审查：

（一）精算报告内容完备；

（二）精算假设和精算方法符合通用精算原理；

（三）保险费率厘定科学准确，满足合理性、公平性和充足性原则，并已通过消费者权益保护审查；

（四）保险费率符合《中华人民共和国保险法》等法律、行政法规和银保监会的有关规定。

第三章　审批和备案

第十四条 财产保险公司应当将关系社会公众利益的保险险种、

依法实行强制保险的险种的保险条款和保险费率报银保监会审批。

其他险种的保险条款和保险费率，财产保险公司应当报银保监会或其省一级派出机构备案。

具体应当报送审批或者备案的险种，由银保监会另行规定。

第十五条 对于应当审批的保险条款和保险费率，在银保监会批准前，财产保险公司不得经营使用。

对于应当备案的保险条款和保险费率，财产保险公司应当在经营使用后十个工作日内报银保监会或其省一级派出机构备案。

第十六条 财产保险公司报送审批或者备案保险条款和保险费率，应当提交下列材料：

（一）申请文件；

（二）保险条款和保险费率文本；

（三）可行性报告，包括可行性分析、保险条款和保险费率的主要特点、经营模式、风险分析以及风险控制措施等；

（四）总精算师签署的保险费率精算报告，包括费率结果、基础数据及数据来源、厘定方法和模型，以及费率厘定的主要假设、参数和精算职业判断等；

（五）法律审查声明书，精算审查声明书；

（六）银保监会规定的其他材料。

第十七条 财产保险公司使用中国保险行业协会示范条款的，无需提交可行性报告。

财产保险公司使用行业基准纯风险损失率的，应当在精算报告中予以说明，无需提供纯风险损失率数据来源。

附加险无需提供可行性报告及精算报告，另有规定的除外。

第十八条 财产保险公司修改经批准或备案的保险条款或者保险费率的，应当依照本办法重新报送审批或备案。财产保险公司报送修改保险条款或者保险费率的，除应当提交本办法第十六条规定的材料外，还应当提交保险条款或保险费率的修改前后对比表和修订说明。

修改后的保险条款和保险费率经批准或者备案后，原保险条款和保险费率自动废止，财产保险公司不得在新订立的保险合同中使用原保险条款和保险费率。

第十九条　财产保险公司因名称发生变更，仅申请变更其保险条款和保险费率中涉及的公司名称的，无需提交本办法第十六条中（三）、（四）项规定的材料。

第二十条　银保监会或其省一级派出机构收到备案材料后，应根据下列情况分别作出处理：

（一）备案材料不完整齐备的，要求财产保险公司补正材料；

（二）备案材料完整齐备的，编号后反馈财产保险公司。

第二十一条　财产保险公司及其分支机构可以对已经审批或者备案的保险条款和保险费率进行组合式经营使用，但应当分别列明各保险条款对应的保险费和保险金额。

财产保险公司及其分支机构经营使用组合式保险条款和保险费率，不得修改已经审批或者备案的保险条款和保险费率。如需修改，应当按照本办法的规定重新报送审批或者备案。

第二十二条　在共保业务中，其他财产保险公司可直接使用首席承保人经审批或者备案的保险条款和保险费率，无需另行申报。

第四章　监　督　管　理

第二十三条　财产保险公司及其分支机构应当严格执行经批准或者备案的保险条款和保险费率，不得违反本办法规定以任何方式改变保险条款或者保险费率。

第二十四条　财产保险公司及其分支机构使用的保险条款或者保险费率被发现违反法律、行政法规或者本办法第七条、第八条、第九条规定的，由银保监会或其省一级派出机构责令停止使用、限期修改；情节严重的，可以在一定期限内禁止申报新的保险条款和保险费率。

第二十五条　财产保险公司应当制定保险条款和保险费率开发管理制度，建立审议机制，对保险条款和保险费率开发和管理的重大事项进行审议。

第二十六条　财产保险公司应当指定专门部门履行保险条款和保险费率开发管理职能，负责研究开发、报送审批备案、验证修订、清理注销等全流程归口管理。

第二十七条　财产保险公司应当加强对使用中保险条款和保险费率的管理，指定专门部门进行跟踪评估、完善修订，对不再使用的及时清理。

第二十八条　财产保险公司应当于每年3月底前，统计分析前一年保险条款和保险费率的开发情况、修订情况和清理情况，并形成财产保险公司保险条款和保险费率年度分析报告和汇总明细表，经公司产品管理委员会审议通过后同时报银保监会和其省一级派出机构。

第二十九条　财产保险公司履行保险条款和保险费率开发管理职能的部门负责人对本公司保险条款和保险费率开发管理工作负直接责任。合规负责人对保险条款审查负直接责任，总精算师对保险费率审查负直接责任。

第三十条　财产保险公司履行保险条款和保险费率开发管理职能的部门负责人、合规负责人、总精算师违反本办法规定的，由银保监会或其省一级派出机构责令改正、提交书面检查，并可责令公司作出问责处理。

第五章　法　律　责　任

第三十一条　财产保险公司未按照规定申请批准保险条款、保险费率的，由银保监会依法采取监督管理措施或予以行政处罚。

第三十二条　财产保险公司有下列行为之一的，由银保监会或其省一级派出机构依法采取监督管理措施或予以行政处罚：

（一）未按照规定报送保险条款、保险费率备案的；

（二）未按照规定报送或者保管保险条款、保险费率相关的报告、报表、文件、资料的，或者未按照规定提供有关信息、资料的。

第三十三条 财产保险公司报送审批、备案保险条款和保险费率时，编制或者提供虚假的报告、报表、文件、资料的，由银保监会或其省一级派出机构依法采取监督管理措施或予以行政处罚。

第三十四条 财产保险公司及其分支机构有违反本办法第二十三条规定的，由银保监会或其派出机构依法采取监督管理措施或予以行政处罚。

第三十五条 银保监会或其省一级派出机构依照本办法第二十四条的规定，责令财产保险公司及其分支机构停止使用或限期修改保险条款和保险费率，财产保险公司未停止使用或逾期不改正的，依法采取监督管理措施或予以行政处罚。

第三十六条 财产保险公司及其分支机构违反相关规定的，银保监会或其派出机构除依法对该单位给予处罚外，对其直接负责的主管人员和其他直接责任人员依法采取监督管理措施或予以行政处罚。

第六章 附 则

第三十七条 银保监会对财产保险公司保险条款和保险费率的审批程序，适用《中华人民共和国行政许可法》和银保监会的有关规定。

第三十八条 法律、行政法规和国务院对机动车辆保险、农业保险、出口信用保险另有规定的，适用其规定。

第三十九条 本办法由银保监会负责解释。

第四十条 本办法自 2021 年 10 月 1 日起施行。原中国保险监督管理委员会 2010 年 2 月 5 日发布的《财产保险公司保险条款和保险费率管理办法》（中国保险监督管理委员会令 2010 年第 3 号）同时废止。

保险代理人监管规定

（2020 年 11 月 12 日中国银行保险监督管理委员会令
2020 年第 11 号公布　自 2021 年 1 月 1 日起施行）

第一章　总　　则

第一条　为了规范保险代理人的经营行为，保护投保人、被保险人和受益人的合法权益，维护市场秩序，根据《中华人民共和国保险法》（以下简称《保险法》）等法律、行政法规，制定本规定。

第二条　本规定所称保险代理人是指根据保险公司的委托，向保险公司收取佣金，在保险公司授权的范围内代为办理保险业务的机构或者个人，包括保险专业代理机构、保险兼业代理机构及个人保险代理人。

本规定所称保险专业代理机构是指依法设立的专门从事保险代理业务的保险代理公司及其分支机构。

本规定所称保险兼业代理机构是指利用自身主业与保险的相关便利性，依法兼营保险代理业务的企业，包括保险兼业代理法人机构及其分支机构。

本规定所称个人保险代理人是指与保险公司签订委托代理合同，从事保险代理业务的人员。

本规定所称保险代理机构从业人员是指在保险专业代理机构、保险兼业代理机构中，从事销售保险产品或者进行相关损失勘查、理赔等业务的人员。

第三条　保险专业代理公司、保险兼业代理法人机构在中华人民共和国境内经营保险代理业务，应当符合国务院保险监督管理机构规定的条件，取得相关经营保险代理业务的许可证（以下简称许可证）。

第四条 保险代理人应当遵守法律、行政法规和国务院保险监督管理机构有关规定，遵循自愿、诚实信用和公平竞争的原则。

第五条 国务院保险监督管理机构根据《保险法》和国务院授权，对保险代理人履行监管职责。

国务院保险监督管理机构派出机构在国务院保险监督管理机构授权范围内履行监管职责。

第二章　市　场　准　入

第一节　业　务　许　可

第六条 除国务院保险监督管理机构另有规定外，保险专业代理公司应当采取下列组织形式：

（一）有限责任公司；

（二）股份有限公司。

第七条 保险专业代理公司经营保险代理业务，应当具备下列条件：

（一）股东符合本规定要求，且出资资金自有、真实、合法，不得用银行贷款及各种形式的非自有资金投资；

（二）注册资本符合本规定第十条要求，且按照国务院保险监督管理机构的有关规定托管；

（三）营业执照记载的经营范围符合有关规定；

（四）公司章程符合有关规定；

（五）公司名称符合本规定要求；

（六）高级管理人员符合本规定的任职资格条件；

（七）有符合国务院保险监督管理机构规定的治理结构和内控制度，商业模式科学合理可行；

（八）有与业务规模相适应的固定住所；

（九）有符合国务院保险监督管理机构规定的业务、财务信息管理系统；

（十）法律、行政法规和国务院保险监督管理机构规定的其他条件。

第八条 单位或者个人有下列情形之一的，不得成为保险专业代理公司的股东：

（一）最近 5 年内受到刑罚或者重大行政处罚的；

（二）因涉嫌重大违法犯罪正接受有关部门调查的；

（三）因严重失信行为被国家有关单位确定为失信联合惩戒对象且应当在保险领域受到相应惩戒，或者最近 5 年内具有其他严重失信不良记录的；

（四）依据法律、行政法规不能投资企业的；

（五）国务院保险监督管理机构根据审慎监管原则认定的其他不适合成为保险专业代理公司股东的情形。

第九条 保险公司的工作人员、个人保险代理人和保险专业中介机构从业人员不得另行投资保险专业代理公司；保险公司、保险专业中介机构的董事、监事或者高级管理人员的近亲属经营保险代理业务的，应当符合履职回避的有关规定。

第十条 经营区域不限于注册登记地所在省、自治区、直辖市、计划单列市的保险专业代理公司的注册资本最低限额为 5000 万元。

经营区域为注册登记地所在省、自治区、直辖市、计划单列市的保险专业代理公司的注册资本最低限额为 2000 万元。

保险专业代理公司的注册资本必须为实缴货币资本。

第十一条 保险专业代理公司名称中应当包含"保险代理"字样。

保险专业代理公司的字号不得与现有的保险专业中介机构相同，与其他保险专业中介机构具有同一实际控制人的保险专业代理公司除外。

保险专业代理公司应当规范使用机构简称，清晰标识所属行业细分类别，不得混淆保险代理公司与保险公司概念，在宣传工作中应当明确标识"保险代理"字样。

第十二条 保险兼业代理机构经营保险代理业务，应当符合下列条件：

（一）有市场监督管理部门核发的营业执照，其主营业务依法须经批准的，应取得相关部门的业务许可；

（二）主业经营情况良好，最近 2 年内无重大行政处罚记录；

（三）有同主业相关的保险代理业务来源；

（四）有便民服务的营业场所或者销售渠道；

（五）具备必要的软硬件设施，保险业务信息系统与保险公司对接，业务、财务数据可独立于主营业务单独查询统计；

（六）有完善的保险代理业务管理制度和机制；

（七）有符合本规定条件的保险代理业务责任人；

（八）法律、行政法规和国务院保险监督管理机构规定的其他条件。

保险兼业代理机构因严重失信行为被国家有关单位确定为失信联合惩戒对象且应当在保险领域受到相应惩戒的，或者最近 5 年内具有其他严重失信不良记录的，不得经营保险代理业务。

第十三条 保险兼业代理法人机构及其根据本规定第二十条指定的分支机构应当分别委派本机构分管保险业务的负责人担任保险代理业务责任人。

保险代理业务责任人应当品行良好，熟悉保险法律、行政法规，具有履行职责所需的经营管理能力。

第十四条 保险专业代理公司申请经营保险代理业务，应当在领取营业执照后，及时按照国务院保险监督管理机构的要求提交申请材料，并进行相关信息披露。

保险兼业代理法人机构申请经营保险代理业务，应当及时按照国务院保险监督管理机构的要求提交申请材料，并进行相关信息披露。

国务院保险监督管理机构及其派出机构（以下统称保险监督管理机构）按照法定的职责和程序实施行政许可。

第十五条 保险专业代理公司申请经营保险代理业务的，保险监督管理机构应当采取谈话、询问、现场验收等方式了解、审查申请人股东的经营、诚信记录，以及申请人的市场发展战略、业务发展计划、内控制度建设、人员结构、信息系统配置及运行等有关事项，并进行风险测试和提示。

保险兼业代理法人机构申请经营保险代理业务具体办法由国务院保险监督管理机构另行规定。

第十六条 保险监督管理机构依法作出批准保险专业代理公司、保险兼业代理法人机构经营保险代理业务的决定的，应当向申请人颁发许可证。申请人取得许可证后，方可开展保险代理业务，并应当及时在国务院保险监督管理机构规定的监管信息系统中登记相关信息。

保险监督管理机构决定不予批准的，应当作出书面决定并说明理由。保险专业代理公司继续存续的，应当依法办理名称、营业范围和公司章程等事项的变更登记，确保其名称中无"保险代理"字样。

第十七条 经营区域不限于注册登记地所在省、自治区、直辖市、计划单列市的保险专业代理公司可以在中华人民共和国境内开展保险代理业务。

经营区域不限于注册登记地所在省、自治区、直辖市、计划单列市的保险专业代理公司在注册登记地以外开展保险代理业务的，应当在当地设立分支机构。设立分支机构时应当首先设立省级分公司，指定其负责办理行政许可申请、监管报告和报表提交等相关事宜，并负责管理其他分支机构。

保险专业代理公司分支机构包括分公司、营业部。

第十八条 保险专业代理公司新设分支机构经营保险代理业务，应当符合以下条件：

（一）保险专业代理公司及分支机构最近1年内没有受到刑罚或者重大行政处罚；

（二）保险专业代理公司及分支机构未因涉嫌违法犯罪正接受有关部门调查；

（三）保险专业代理公司及分支机构最近 1 年内未发生 30 人以上群访群诉事件或者 100 人以上非正常集中退保事件；

（四）最近 2 年内设立的分支机构不存在运营未满 1 年退出市场的情形；

（五）具备完善的分支机构管理制度；

（六）新设分支机构有符合要求的营业场所、业务财务信息管理系统，以及与经营业务相匹配的其他设施；

（七）新设分支机构主要负责人符合本规定的任职条件；

（八）国务院保险监督管理机构规定的其他条件。

保险专业代理公司因严重失信行为被国家有关单位确定为失信联合惩戒对象且应当在保险领域受到相应惩戒的，或者最近 5 年内具有其他严重失信不良记录的，不得新设分支机构经营保险代理业务。

第十九条 保险专业代理公司分支机构应当在营业执照记载的登记之日起 15 日内，书面报告保险监督管理机构，在国务院保险监督管理机构规定的监管信息系统中登记相关信息，按照规定进行公开披露，并提交主要负责人的任职资格核准申请材料或者报告材料。

第二十条 保险兼业代理分支机构获得法人机构关于开展保险代理业务的授权后，可以开展保险代理业务，并应当及时通过国务院保险监督管理机构规定的监管信息系统报告相关情况。

保险兼业代理法人机构授权注册登记地以外的省、自治区、直辖市或者计划单列市的分支机构经营保险代理业务的，应当指定一家分支机构负责该区域全部保险代理业务管理事宜。

第二十一条 保险专业代理机构有下列情形之一的，应当自该情形发生之日起 5 日内，通过国务院保险监督管理机构规定的监管信息系统报告，并按照规定进行公开披露：

（一）变更名称、住所或者营业场所的；

（二）变更股东、注册资本或者组织形式的；

（三）变更股东姓名或者名称、出资额的；

（四）修改公司章程的；

（五）股权投资、设立境外保险类机构及非营业性机构的；

（六）分立、合并、解散，分支机构终止保险代理业务活动的；

（七）变更省级分公司以外分支机构主要负责人的；

（八）受到行政处罚、刑罚或者涉嫌违法犯罪正接受调查的；

（九）国务院保险监督管理机构规定的其他报告事项。

保险专业代理机构发生前款规定的相关情形，应当符合国务院保险监督管理机构相关规定。

第二十二条 保险兼业代理机构有下列情形之一的，应当自该情形发生之日起 5 日内，通过国务院保险监督管理机构规定的监管信息系统报告，并按照规定进行公开披露：

（一）变更名称、住所或者营业场所的；

（二）变更保险代理业务责任人的；

（三）变更对分支机构代理保险业务授权的；

（四）国务院保险监督管理机构规定的其他报告事项。

第二十三条 保险专业代理公司、保险兼业代理法人机构变更事项涉及许可证记载内容的，应当按照国务院保险监督管理机构有关规定办理许可证变更登记，交回原许可证，领取新许可证，并进行公告。

第二节 任 职 资 格

第二十四条 本规定所称保险专业代理机构高级管理人员是指下列人员：

（一）保险专业代理公司的总经理、副总经理；

（二）省级分公司主要负责人；

（三）对公司经营管理行使重要职权的其他人员。

保险专业代理机构高级管理人员应当在任职前取得保险监督管

理机构核准的任职资格。

第二十五条 保险专业代理机构高级管理人员应当具备下列条件：

（一）大学专科以上学历；

（二）从事金融工作 3 年以上或者从事经济工作 5 年以上；

（三）具有履行职责所需的经营管理能力，熟悉保险法律、行政法规及国务院保险监督管理机构的相关规定；

（四）诚实守信，品行良好。

从事金融工作 10 年以上的人员，学历要求可以不受第一款第（一）项的限制。

保险专业代理机构任用的省级分公司以外分支机构主要负责人应当具备前两款规定的条件。

第二十六条 有下列情形之一的人员，不得担任保险专业代理机构的高级管理人员和省级分公司以外分支机构主要负责人：

（一）无民事行为能力或者限制民事行为能力；

（二）因贪污、贿赂、侵占财产、挪用财产或者破坏社会主义市场秩序，被判处刑罚执行期满未逾 5 年，或者因犯罪被剥夺政治权利，执行期满未逾 5 年；

（三）担任破产清算的公司、企业的董事或者厂长、经理，对该公司、企业的破产负有个人责任的，自该公司、企业破产清算完结之日起未逾 3 年；

（四）担任因违法被吊销营业执照、责令关闭的公司、企业的法定代表人，并负有个人责任的，自该公司、企业被吊销营业执照之日起未逾 3 年；

（五）担任因违法被吊销许可证的保险公司或者保险中介机构的董事、监事或者高级管理人员，并对被吊销许可证负有个人责任或者直接领导责任的，自许可证被吊销之日起未逾 3 年；

（六）因违法行为或者违纪行为被金融监管机构取消任职资格的金融机构的董事、监事或者高级管理人员，自被取消任职资格之日起未逾 5 年；

（七）被金融监管机构决定在一定期限内禁止进入金融行业的，期限未满；

（八）受金融监管机构警告或者罚款未逾 2 年；

（九）正在接受司法机关、纪检监察部门或者金融监管机构调查；

（十）个人所负数额较大的债务到期未清偿；

（十一）因严重失信行为被国家有关单位确定为失信联合惩戒对象且应当在保险领域受到相应惩戒，或者最近 5 年内具有其他严重失信不良记录；

（十二）法律、行政法规和国务院保险监督管理机构规定的其他情形。

第二十七条　保险专业代理机构应当与高级管理人员、省级分公司以外分支机构主要负责人建立劳动关系，订立书面劳动合同。

第二十八条　保险专业代理机构高级管理人员、省级分公司以外分支机构主要负责人至多兼任 2 家分支机构的主要负责人。

保险专业代理机构高级管理人员和省级分公司以外分支机构主要负责人兼任其他经营管理职务的，应当具有必要的时间履行职务。

第二十九条　非经股东会或者股东大会批准，保险专业代理公司的高级管理人员和省级分公司以外分支机构主要负责人不得在存在利益冲突的机构中兼任职务。

第三十条　保险专业代理机构向保险监督管理机构提出高级管理人员任职资格核准申请的，应当如实填写申请表、提交相关材料。

保险监督管理机构可以对保险专业代理机构拟任高级管理人员进行考察或者谈话。

第三十一条　保险专业代理机构高级管理人员应当通过国务院保险监督管理机构认可的保险法规及相关知识测试。

第三十二条　保险专业代理机构高级管理人员在同一保险专业代理机构内部调任、兼任其他职务，无须重新核准任职资格。

保险专业代理机构调整、免除高级管理人员和省级分公司以外分支机构主要负责人职务，应当自决定作出之日起 5 日内在国务院保险监督管理机构规定的监管信息系统中登记相关信息，并按照规定进行公开披露。

第三十三条　保险专业代理机构的高级管理人员和省级分公司以外分支机构主要负责人因涉嫌犯罪被起诉的，保险专业代理机构应当自其被起诉之日起 5 日内和结案之日起 5 日内在国务院保险监督管理机构规定的监管信息系统中登记相关信息。

第三十四条　保险专业代理机构高级管理人员和省级分公司以外分支机构主要负责人有下列情形之一，保险专业代理机构已经任命的，应当免除其职务；经核准任职资格的，其任职资格自动失效：

（一）获得核准任职资格后，保险专业代理机构超过 2 个月未任命；

（二）从该保险专业代理机构离职；

（三）受到国务院保险监督管理机构禁止进入保险业的行政处罚；

（四）出现《中华人民共和国公司法》第一百四十六条规定的情形。

第三十五条　保险专业代理机构出现下列情形之一，可以指定临时负责人，但临时负责人任职时间最长不得超过 3 个月，并且不得就同一职务连续任命临时负责人：

（一）原负责人辞职或者被撤职；

（二）原负责人因疾病、意外事故等原因无法正常履行工作职责；

（三）国务院保险监督管理机构认可的其他特殊情况。

临时负责人应当具有与履行职责相当的能力，并应当符合本规定第二十五条、第二十六条的相关要求。

保险专业代理机构任命临时负责人的，应当自决定作出之日起 5 日内在国务院保险监督管理机构规定的监管信息系统中登记相关信息。

第三节　从　业　人　员

第三十六条　保险公司应当委托品行良好的个人保险代理人。保险专业代理机构、保险兼业代理机构应当聘任品行良好的保险代理机构从业人员。

保险公司、保险专业代理机构、保险兼业代理机构应当加强对个人保险代理人、保险代理机构从业人员招录工作的管理，制定规范统一的招录政策、标准和流程。

有下列情形之一的，保险公司、保险专业代理机构、保险兼业代理机构不得聘任或者委托：

（一）因贪污、受贿、侵占财产、挪用财产或者破坏社会主义市场经济秩序，被判处刑罚，执行期满未逾5年的；

（二）被金融监管机构决定在一定期限内禁止进入金融行业，期限未满的；

（三）因严重失信行为被国家有关单位确定为失信联合惩戒对象且应当在保险领域受到相应惩戒，或者最近5年内具有其他严重失信不良记录的；

（四）法律、行政法规和国务院保险监督管理机构规定的其他情形。

第三十七条 个人保险代理人、保险代理机构从业人员应当具有从事保险代理业务所需的专业能力。保险公司、保险专业代理机构、保险兼业代理机构应当加强对个人保险代理人、保险代理机构从业人员的岗前培训和后续教育。培训内容至少应当包括业务知识、法律知识及职业道德。

保险公司、保险专业代理机构、保险兼业代理机构可以委托保险中介行业自律组织或者其他机构组织培训。

保险公司、保险专业代理机构、保险兼业代理机构应当建立完整的个人保险代理人、保险代理机构从业人员培训档案。

第三十八条 保险公司、保险专业代理机构、保险兼业代理机构应当按照规定为其个人保险代理人、保险代理机构从业人员进行执业登记。

个人保险代理人、保险代理机构从业人员只限于通过一家机构进行执业登记。

个人保险代理人、保险代理机构从业人员变更所属机构的，新所属机构应当为其进行执业登记，原所属机构应当在规定的时限内及时注销执业登记。

第三十九条　国务院保险监督管理机构对个人保险代理人实施分类管理，加快建立独立个人保险代理人制度。

第三章　经营规则

第四十条　保险专业代理公司应当将许可证、营业执照置于住所或者营业场所显著位置。

保险专业代理公司分支机构应当将加盖所属法人公章的许可证复印件、分支机构营业执照置于营业场所显著位置。

保险兼业代理机构应当按照国务院保险监督管理机构的有关规定放置许可证或者许可证复印件。

保险专业代理机构和兼业代理机构不得伪造、变造、出租、出借、转让许可证。

第四十一条　保险专业代理机构可以经营下列全部或者部分业务：

（一）代理销售保险产品；

（二）代理收取保险费；

（三）代理相关保险业务的损失勘查和理赔；

（四）国务院保险监督管理机构规定的其他相关业务。

第四十二条　保险兼业代理机构可以经营本规定第四十一条规定的第（一）、（二）项业务及国务院保险监督管理机构批准的其他业务。

保险公司兼营保险代理业务的，除同一保险集团内各保险子公司之间开展保险代理业务外，一家财产保险公司在一个会计年度内只能代理一家人身保险公司业务，一家人身保险公司在一个会计年度内只能代理一家财产保险公司业务。

第四十三条　保险代理人从事保险代理业务不得超出被代理保险公司的业务范围和经营区域；保险专业代理机构从事保险代理业务涉及异地共保、异地承保和统括保单，国务院保险监督管理机构另有规定的，从其规定。

除国务院保险监督管理机构另有规定外，保险兼业代理机构不得在主业营业场所外另设代理网点。

第四十四条　保险专业代理机构及其从业人员、个人保险代理人不得销售非保险金融产品，经相关金融监管部门审批的非保险金融产品除外。

保险专业代理机构及其从业人员、个人保险代理人销售符合条件的非保险金融产品前，应当具备相应的资质要求。

第四十五条　保险专业代理机构应当根据法律、行政法规和国务院保险监督管理机构的有关规定，依照职责明晰、强化制衡、加强风险管理的原则，建立完善的公司治理结构和制度；明确管控责任，构建合规体系，注重自我约束，加强内部追责，确保稳健运营。

第四十六条　个人保险代理人、保险代理机构从业人员应当在所属机构的授权范围内从事保险代理业务。

保险公司兼营保险代理业务的，其个人保险代理人可以根据授权，代为办理其他保险公司的保险业务。个人保险代理人所属保险公司应当及时变更执业登记，增加记载授权范围等事项。法律、行政法规和国务院保险监督管理机构另有规定的，适用其规定。

第四十七条　保险代理人通过互联网、电话经营保险代理业务，国务院保险监督管理机构另有规定的，适用其规定。

第四十八条　保险专业代理机构、保险兼业代理机构应当建立专门账簿，记载保险代理业务收支情况。

第四十九条　保险专业代理机构、保险兼业代理机构代收保险费的，应当开立独立的代收保险费账户进行结算。

保险专业代理机构、保险兼业代理机构应当开立独立的佣金收取账户。

保险专业代理机构、保险兼业代理机构开立、使用其他与经营保险代理业务有关银行账户的，应当符合国务院保险监督管理机构的规定。

第五十条 保险专业代理机构、保险兼业代理机构应当建立完整规范的业务档案。

保险专业代理机构业务档案至少应当包括下列内容：

（一）代理销售保单的基本情况，包括保险人、投保人、被保险人名称或者姓名，保单号，产品名称，保险金额，保险费，缴费方式，投保日期，保险期间等；

（二）保险费代收和交付被代理保险公司的情况；

（三）保险代理佣金金额和收取情况；

（四）为保险合同签订提供代理服务的保险代理机构从业人员姓名、领取报酬金额、领取报酬账户等；

（五）国务院保险监督管理机构规定的其他业务信息。

保险兼业代理机构的业务档案至少应当包括前款第（一）至（三）项内容，并应当列明为保险合同签订提供代理服务的保险兼业代理机构从业人员姓名及其执业登记编号。

保险专业代理机构、保险兼业代理机构的记录应当真实、完整。

第五十一条 保险代理人应当加强信息化建设，通过业务信息系统等途径及时向保险公司提供真实、完整的投保信息，并应当与保险公司依法约定对投保信息保密、合理使用等事项。

第五十二条 保险代理人应当妥善管理和使用被代理保险公司提供的各种单证、材料；代理关系终止后，应当在 30 日内将剩余的单证及材料交付被代理保险公司。

第五十三条 保险代理人从事保险代理业务，应当与被代理保险公司签订书面委托代理合同，依法约定双方的权利义务，并明确解付保费、支付佣金的时限和违约赔偿责任等事项。委托代理合同不得违反法律、行政法规及国务院保险监督管理机构有关规定。

保险代理人根据保险公司的授权代为办理保险业务的行为，由保险公司承担责任。保险代理人没有代理权、超越代理权或者代理权终止后以保险公司名义订立合同，使投保人有理由相信其有代理权的，该代理行为有效。

个人保险代理人、保险代理机构从业人员开展保险代理活动有违法违规行为的，其所属保险公司、保险专业代理机构、保险兼业代理机构依法承担法律责任。

第五十四条　除国务院保险监督管理机构另有规定外，保险专业代理机构、保险兼业代理机构在开展业务过程中，应当制作并出示客户告知书。客户告知书至少应当包括以下事项：

（一）保险专业代理机构或者保险兼业代理机构及被代理保险公司的名称、营业场所、业务范围、联系方式；

（二）保险专业代理机构的高级管理人员与被代理保险公司或者其他保险中介机构是否存在关联关系；

（三）投诉渠道及纠纷解决方式。

第五十五条　保险专业代理机构、保险兼业代理机构应当对被代理保险公司提供的宣传资料进行记录存档。

保险代理人不得擅自修改被代理保险公司提供的宣传资料。

第五十六条　保险专业代理机构、保险兼业代理机构应当妥善保管业务档案、会计账簿、业务台账、客户告知书以及佣金收入的原始凭证等有关资料，保管期限自保险合同终止之日起计算，保险期间在1年以下的不得少于5年，保险期间超过1年的不得少于10年。

第五十七条　保险代理人为政策性保险业务、政府委托业务提供服务的，佣金收取不得违反国务院保险监督管理机构的规定。

第五十八条　保险代理人应当向投保人全面披露保险产品相关信息，并明确说明保险合同中保险责任、责任减轻或者免除、退保及其他费用扣除、现金价值、犹豫期等条款。

第五十九条　保险专业代理公司应当按规定将监管费交付到国务院保险监督管理机构指定账户。国务院保险监督管理机构对监管费另有规定的，适用其规定。

第六十条　保险专业代理公司应当自取得许可证之日起 20 日内投保职业责任保险或者缴存保证金。

保险专业代理公司应当自投保职业责任保险或者缴存保证金之日起 10 日内，将职业责任保险保单复印件或者保证金存款协议复印件、保证金入账原始凭证复印件报送保险监督管理机构，并在国务院保险监督管理机构规定的监管信息系统中登记相关信息。

保险兼业代理机构应当按照国务院保险监督管理机构的规定投保职业责任保险或者缴存保证金。

第六十一条　保险专业代理公司投保职业责任保险，该保险应当持续有效。

保险专业代理公司投保的职业责任保险对一次事故的赔偿限额不得低于人民币 100 万元；一年期保单的累计赔偿限额不得低于人民币 1000 万元，且不得低于保险专业代理公司上年度的主营业务收入。

第六十二条　保险专业代理公司缴存保证金的，应当按照注册资本的 5% 缴存。保险专业代理公司增加注册资本的，应当按比例增加保证金数额。

保险专业代理公司应当足额缴存保证金。保证金应当以银行存款形式专户存储到商业银行，或者以国务院保险监督管理机构认可的其他形式缴存。

第六十三条　保险专业代理公司有下列情形之一的，可以动用保证金：

（一）注册资本减少；

（二）许可证被注销；

（三）投保符合条件的职业责任保险；

（四）国务院保险监督管理机构规定的其他情形。

保险专业代理公司应当自动用保证金之日起 5 日内书面报告保险监督管理机构。

第六十四条　保险专业代理公司应当在每一会计年度结束后聘请会计师事务所对本公司的资产、负债、利润等财务状况进行审计，并在每一会计年度结束后 4 个月内向保险监督管理机构报送相关审计报告。

保险专业代理公司应当根据规定向保险监督管理机构提交专项外部审计报告。

第六十五条 保险专业代理机构、保险兼业代理机构应当按照国务院保险监督管理机构的有关规定及时、准确、完整地报送报告、报表、文件和资料，并根据要求提交相关的电子文本。

保险专业代理机构、保险兼业代理机构报送的报告、报表、文件和资料应当由法定代表人、主要负责人或者其授权人签字，并加盖机构印章。

第六十六条 保险公司、保险专业代理机构、保险兼业代理机构不得委托未通过该机构进行执业登记的个人从事保险代理业务。国务院保险监督管理机构另有规定的除外。

第六十七条 保险公司、保险专业代理机构、保险兼业代理机构应当对个人保险代理人、保险代理机构从业人员进行执业登记信息管理，及时登记个人信息及授权范围等事项以及接受处罚、聘任或者委托关系终止等情况，确保执业登记信息的真实、准确、完整。

第六十八条 保险公司、保险专业代理机构、保险兼业代理机构应当承担对个人保险代理人、保险代理机构从业人员行为的管理责任，维护人员规范有序流动，强化日常管理、监测、追责，防范其超越授权范围或者从事违法违规活动。

第六十九条 保险公司应当制定个人保险代理人管理制度。明确界定负责团队组织管理的人员（以下简称团队主管）的职责，将个人保险代理人销售行为合规性与团队主管的考核、奖惩挂钩。个人保险代理人发生违法违规行为的，保险公司应当按照有关规定对团队主管追责。

第七十条 保险代理人及其从业人员在办理保险业务活动中不得有下列行为：

（一）欺骗保险人、投保人、被保险人或者受益人；

（二）隐瞒与保险合同有关的重要情况；

（三）阻碍投保人履行如实告知义务，或者诱导其不履行如实告知义务；

（四）给予或者承诺给予投保人、被保险人或者受益人保险合同约定以外的利益；

（五）利用行政权力、职务或者职业便利以及其他不正当手段强迫、引诱或者限制投保人订立保险合同；

（六）伪造、擅自变更保险合同，或者为保险合同当事人提供虚假证明材料；

（七）挪用、截留、侵占保险费或者保险金；

（八）利用业务便利为其他机构或者个人牟取不正当利益；

（九）串通投保人、被保险人或者受益人，骗取保险金；

（十）泄露在业务活动中知悉的保险人、投保人、被保险人的商业秘密。

第七十一条 个人保险代理人、保险代理机构从业人员不得聘用或者委托其他人员从事保险代理业务。

第七十二条 保险代理人及保险代理机构从业人员在开展保险代理业务过程中，不得索取、收受保险公司或其工作人员给予的合同约定之外的酬金、其他财物，或者利用执行保险代理业务之便牟取其他非法利益。

第七十三条 保险代理人不得以捏造、散布虚假事实等方式损害竞争对手的商业信誉，不得以虚假广告、虚假宣传或者其他不正当竞争行为扰乱保险市场秩序。

第七十四条 保险代理人不得与非法从事保险业务或者保险中介业务的机构或者个人发生保险代理业务往来。

第七十五条 保险代理人不得将保险佣金从代收的保险费中直接扣除。

第七十六条 保险代理人及保险代理机构从业人员不得违反规定代替投保人签订保险合同。

第七十七条　保险公司、保险专业代理机构以及保险兼业代理机构不得以缴纳费用或者购买保险产品作为招聘从业人员的条件，不得承诺不合理的高额回报，不得以直接或者间接发展人员的数量作为从业人员计酬的主要依据。

第七十八条　保险代理人自愿加入保险中介行业自律组织。

保险中介行业自律组织依法制定保险代理人自律规则，依据法律法规和自律规则，对保险代理人实行自律管理。

保险中介行业自律组织依法制定章程，按照规定向批准其成立的登记管理机关申请审核，并报保险监督管理机构备案。

第四章　市　场　退　出

第七十九条　保险专业代理公司、保险兼业代理法人机构退出保险代理市场，应当遵守法律、行政法规及其他相关规定。保险专业代理公司、保险兼业代理法人机构有下列情形之一的，保险监督管理机构依法注销许可证，并予以公告：

（一）许可证依法被撤回、撤销或者吊销的；

（二）因解散或者被依法宣告破产等原因依法终止的；

（三）法律、行政法规规定的其他情形。

被注销许可证的保险专业代理公司、保险兼业代理法人机构应当及时交回许可证原件；许可证无法交回的，保险监督管理机构在公告中予以说明。

被注销许可证的保险专业代理公司、保险兼业代理法人机构应当终止其保险代理业务活动。

第八十条　保险专业代理公司许可证注销后，公司继续存续的，不得从事保险代理业务，并应当依法办理名称、营业范围和公司章程等事项的变更登记，确保其名称中无"保险代理"字样。

保险兼业代理法人机构被保险监督管理机构依法吊销许可证的，

3 年之内不得再次申请许可证；因其他原因被依法注销许可证的，1年之内不得再次申请许可证。

第八十一条　有下列情形之一的，保险公司、保险专业代理机构、保险兼业代理机构应当在规定的时限内及时注销个人保险代理人、保险代理机构从业人员执业登记：

（一）个人保险代理人、保险代理机构从业人员受到禁止进入保险业的行政处罚；

（二）个人保险代理人、保险代理机构从业人员因其他原因终止执业；

（三）保险公司、保险专业代理机构、保险兼业代理机构停业、解散或者因其他原因不再继续经营保险代理业务；

（四）法律、行政法规和国务院保险监督管理机构规定的其他情形。

第八十二条　保险代理人终止保险代理业务活动，应妥善处理债权债务关系，不得损害投保人、被保险人、受益人的合法权益。

第五章　监　督　检　查

第八十三条　国务院保险监督管理机构派出机构按照属地原则负责辖区内保险代理人的监管。

国务院保险监督管理机构派出机构应当注重对辖区内保险代理人的行为监管，依法进行现场检查和非现场监管，并实施行政处罚和采取其他监管措施。

国务院保险监督管理机构派出机构在依法对辖区内保险代理人实施行政处罚和采取其他监管措施时，应当同时依法对该行为涉及的保险公司实施行政处罚和采取其他监管措施。

第八十四条　保险监督管理机构根据监管需要，可以对保险专业代理机构的高级管理人员、省级分公司以外分支机构主要负责人或者保险兼业代理机构的保险代理业务责任人进行监管谈话，要求其就经营活动中的重大事项作出说明。

第八十五条 保险监督管理机构根据监管需要，可以委派监管人员列席保险专业代理公司的股东会或者股东大会、董事会。

第八十六条 保险专业代理公司、保险兼业代理法人机构的分支机构保险代理业务经营管理混乱，从事重大违法违规活动的，保险专业代理公司、保险兼业代理法人机构应当根据保险监督管理机构的监管要求，对分支机构采取限期整改、停业、撤销或者解除保险代理业务授权等措施。

第八十七条 保险监督管理机构依法对保险专业代理机构进行现场检查，主要包括下列内容：

（一）业务许可及相关事项是否依法获得批准或者履行报告义务；

（二）资本金是否真实、足额；

（三）保证金是否符合规定；

（四）职业责任保险是否符合规定；

（五）业务经营是否合法；

（六）财务状况是否真实；

（七）向保险监督管理机构提交的报告、报表及资料是否及时、完整和真实；

（八）内控制度是否符合国务院保险监督管理机构的有关规定；

（九）任用高级管理人员和省级分公司以外分支机构主要负责人是否符合规定；

（十）是否有效履行从业人员管理职责；

（十一）对外公告是否及时、真实；

（十二）业务、财务信息管理系统是否符合国务院保险监督管理机构的有关规定；

（十三）国务院保险监督管理机构规定的其他事项。

保险监督管理机构依法对保险兼业代理机构进行现场检查，主要包括前款规定除第（二）项、第（九）项以外的内容。

保险监督管理机构依法对保险公司是否有效履行对其个人保险代理人的管控职责进行现场检查。

第八十八条　保险监督管理机构依法履行职责，被检查、调查的单位和个人应当配合。

保险监督管理机构依法进行监督检查或者调查，其监督检查、调查的人员不得少于二人，并应当出示合法证件和监督检查、调查通知书；监督检查、调查的人员少于二人或者未出示合法证件和监督检查、调查通知书的，被检查、调查的单位和个人有权拒绝。

第八十九条　保险监督管理机构可以在现场检查中，委托会计师事务所等社会中介机构提供相关服务；保险监督管理机构委托上述中介机构提供服务的，应当签订书面委托协议。

保险监督管理机构应当将委托事项告知被检查的保险专业代理机构、保险兼业代理机构。

第六章　法　律　责　任

第九十条　未取得许可证，非法从事保险代理业务的，由保险监督管理机构予以取缔，没收违法所得，并处违法所得 1 倍以上 5 倍以下罚款；没有违法所得或者违法所得不足 5 万元的，处 5 万元以上 30 万元以下罚款。

第九十一条　行政许可申请人隐瞒有关情况或者提供虚假材料申请相关保险代理业务许可或者申请其他行政许可的，保险监督管理机构不予受理或者不予批准，并给予警告，申请人在 1 年内不得再次申请该行政许可。

第九十二条　被许可人通过欺骗、贿赂等不正当手段取得保险代理业务许可或者其他行政许可的，由保险监督管理机构予以撤销，并依法给予行政处罚；申请人在 3 年内不得再次申请该行政许可。

第九十三条　保险专业代理机构聘任不具有任职资格的人员的，由保险监督管理机构责令改正，处 2 万元以上 10 万元以下罚款；对该机构直接负责的主管人员和其他直接责任人员，给予警告，并处 1 万元以上 10 万元以下罚款，情节严重的，撤销任职资格。

保险专业代理机构未按规定聘任省级分公司以外分支机构主要负责人或者未按规定任命临时负责人的，由保险监督管理机构责令改正，给予警告，并处 1 万元以下罚款；对该机构直接负责的主管人员和其他直接责任人员，给予警告，并处 1 万元以下罚款。

保险兼业代理机构未按规定指定保险代理业务责任人的，由保险监督管理机构责令改正，给予警告，并处 1 万元以下罚款；对该机构直接负责的主管人员和其他直接责任人员，给予警告，并处 1 万元以下罚款。

第九十四条　保险公司、保险专业代理机构、保险兼业代理机构未按规定委托或者聘任个人保险代理人、保险代理机构从业人员，或者未按规定进行执业登记和管理的，由保险监督管理机构责令改正，给予警告，并处 1 万元以下罚款；对该机构直接负责的主管人员和其他直接责任人员，给予警告，并处 1 万元以下罚款。

第九十五条　保险专业代理机构、保险兼业代理机构出租、出借或者转让许可证的，由保险监督管理机构责令改正，处 1 万元以上 10 万元以下罚款；情节严重的，责令停业整顿或者吊销许可证；对保险专业代理机构直接负责的主管人员和其他直接责任人员，给予警告，并处 1 万元以上 10 万元以下罚款，情节严重的，撤销任职资格；对保险兼业代理机构直接负责的主管人员和其他直接责任人员，给予警告，并处 1 万元以下罚款。

第九十六条　保险专业代理机构、保险兼业代理机构在许可证使用过程中，有下列情形之一的，由保险监督管理机构责令改正，给予警告，没有违法所得的，处 1 万元以下罚款，有违法所得的，处违法所得 3 倍以下罚款，但最高不得超过 3 万元；对该机构直接负责的主管人员和其他直接责任人员，给予警告，并处 1 万元以下罚款：

（一）未按规定放置许可证的；

（二）未按规定办理许可证变更登记的；

（三）未按规定交回许可证的；

（四）未按规定进行公告的。

第九十七条 保险专业代理机构、保险兼业代理机构有下列情形之一的，由保险监督管理机构责令改正，处2万元以上10万元以下罚款；情节严重的，责令停业整顿或者吊销许可证；对保险专业代理机构直接负责的主管人员和其他直接责任人员，给予警告，并处1万元以上10万元以下罚款，情节严重的，撤销任职资格；对保险兼业代理机构直接负责的主管人员和其他直接责任人员，给予警告，并处1万元以下罚款：

（一）未按照规定缴存保证金或者投保职业责任保险的；

（二）未按规定设立专门账簿记载业务收支情况的。

第九十八条 保险专业代理机构未按本规定设立分支机构或者保险兼业代理分支机构未按本规定获得法人机构授权经营保险代理业务的，由保险监督管理机构责令改正，给予警告，没有违法所得的，处1万元以下罚款，有违法所得的，处违法所得3倍以下的罚款，但最高不得超过3万元；对该机构直接负责的主管人员和其他直接责任人员，给予警告，并处1万元以下罚款。

第九十九条 保险专业代理机构、保险兼业代理机构有下列情形之一的，由保险监督管理机构责令改正，给予警告，没有违法所得的，处1万元以下罚款，有违法所得的，处违法所得3倍以下的罚款，但最高不得超过3万元；对该机构直接负责的主管人员和其他直接责任人员，给予警告，并处1万元以下罚款：

（一）超出规定的业务范围、经营区域从事保险代理业务活动的；

（二）与非法从事保险业务或者保险中介业务的机构或者个人发生保险代理业务往来的。

第一百条 保险专业代理机构、保险兼业代理机构违反本规定第四十三条的，由保险监督管理机构责令改正，给予警告，没有违法所得的，处1万元以下罚款，有违法所得的，处违法所得3倍以下罚款，但最高不得超过3万元；对该机构直接负责的主管人员和其他直接责任人员，给予警告，并处1万元以下罚款。

第一百零一条 保险专业代理机构、保险兼业代理机构违反本规定第五十一条、第五十四条的，由保险监督管理机构责令改正，给予警告，并处1万元以下罚款；对该机构直接负责的主管人员和其他直接责任人员，给予警告，并处1万元以下罚款。

第一百零二条 保险专业代理机构、保险兼业代理机构有本规定第七十条所列情形之一的，由保险监督管理机构责令改正，处5万元以上30万元以下罚款；情节严重的，吊销许可证；对保险专业代理机构直接负责的主管人员和其他直接责任人员，给予警告，并处1万元以上10万元以下罚款，情节严重的，撤销任职资格；对保险兼业代理机构直接负责的主管人员和其他直接责任人员，给予警告，并处1万元以下罚款。

第一百零三条 个人保险代理人、保险代理机构从业人员聘用或者委托其他人员从事保险代理业务的，由保险监督管理机构给予警告，没有违法所得的，处1万元以下罚款，有违法所得的，处违法所得3倍以下罚款，但最高不得超过3万元。

第一百零四条 保险专业代理机构、保险兼业代理机构违反本规定第七十二条的，由保险监督管理机构给予警告，没有违法所得的，处1万元以下罚款，有违法所得的，处违法所得3倍以下罚款，但最高不得超过3万元；对该机构直接负责的主管人员和其他直接责任人员，给予警告，并处1万元以下罚款。

第一百零五条 保险专业代理机构、保险兼业代理机构违反本规定第七十三条、第七十七条的，由保险监督管理机构给予警告，没有违法所得的，处1万元以下罚款，有违法所得的，处违法所得3倍以下罚款，但最高不得超过3万元；对该机构直接负责的主管人员和其他直接责任人员，给予警告，并处 1 万元以下罚款。

第一百零六条 保险专业代理机构、保险兼业代理机构未按本规定报送或者保管报告、报表、文件、资料的，或者未按照本规定提供有关信息、资料的，由保险监督管理机构责令限期改正；逾期不改正的，处 1 万元以上 10 万元以下罚款；对保险专业代理机构直接负责的主管人员和其他直接责任人员，给予警告，并处 1 万元以上 10 万元以下罚款，情节严重的，撤销任职资格；对保险兼业代理机构直接负责的主管人员和其他直接责任人员，给予警告，并处 1 万元以下罚款。

第一百零七条 保险专业代理机构、保险兼业代理机构有下列情形之一的，由保险监督管理机构责令改正，处 10 万元以上 50 万元以下罚款；情节严重的，可以限制其业务范围、责令停止接受新业务或者吊销许可证；对保险专业代理机构直接负责的主管人员和其他直接责任人员，给予警告，并处 1 万元以上 10 万元以下罚款，情节严重的，撤销任职资格；对保险兼业代理机构直接负责的主管人员和其他直接责任人员，给予警告，并处 1 万元以下罚款：

（一）编制或者提供虚假的报告、报表、文件或者资料的；

（二）拒绝或者妨碍依法监督检查的。

第一百零八条 保险专业代理机构、保险兼业代理机构有下列情形之一的，由保险监督管理机构责令改正，给予警告，没有违法所得的，处 1 万元以下罚款，有违法所得的，处违法所得 3 倍以下罚款，但最高不得超过 3 万元；对该机构直接负责的主管人员和其他直接责任人员，给予警告，并处 1 万元以下罚款：

（一）未按规定托管注册资本的；

（二）未按规定建立或者管理业务档案的；

（三）未按规定使用银行账户的；

（四）未按规定进行信息披露的；

（五）未按规定缴纳监管费的；

（六）违反规定代替投保人签订保险合同的；

（七）违反规定动用保证金的；

（八）违反规定开展互联网保险业务的；

（九）从代收保险费中直接扣除保险佣金的。

第一百零九条　个人保险代理人、保险代理机构从业人员违反本规定，依照《保险法》或者其他法律、行政法规应当予以处罚的，由保险监督管理机构依照相关法律、行政法规进行处罚；法律、行政法规未作规定的，由保险监督管理机构给予警告，没有违法所得的，处1万元以下罚款，有违法所得的，处违法所得3倍以下罚款，但最高不得超过3万元。

第一百一十条　保险公司违反本规定，由保险监督管理机构依照法律、行政法规进行处罚；法律、行政法规未作规定的，对保险公司给予警告，没有违法所得的，处1万元以下罚款，有违法所得的，处违法所得3倍以下罚款，但最高不得超过3万元；对其直接负责的主管人员和其他直接责任人员，给予警告，并处1万元以下罚款。

第一百一十一条　违反法律和行政法规的规定，情节严重的，国务院保险监督管理机构可以禁止有关责任人员一定期限直至终身进入保险业。

第一百一十二条　保险专业代理机构的高级管理人员或者从业人员，离职后被发现在原工作期间违反保险监督管理规定的，应当依法追究其责任。

第一百一十三条　保险监督管理机构从事监督管理工作的人员有下列情形之一的，依法给予行政处分；构成犯罪的，依法追究刑事责任：

（一）违反规定批准代理机构经营保险代理业务的；

（二）违反规定核准高级管理人员任职资格的；

（三）违反规定对保险代理人进行现场检查的；

（四）违反规定对保险代理人实施行政处罚的；

（五）违反规定干预保险代理市场佣金水平的；

（六）滥用职权、玩忽职守的其他行为。

第七章　附　　则

第一百一十四条　本规定所称保险专业中介机构指保险专业代理机构、保险经纪人和保险公估人。

本规定所称保险中介机构是指保险专业中介机构和保险兼业代理机构。

第一百一十五条　经保险监督管理机构批准经营保险代理业务的外资保险专业代理机构适用本规定，法律、行政法规另有规定的，适用其规定。

采取公司以外的组织形式的保险专业代理机构的设立和管理参照本规定，国务院保险监督管理机构另有规定的，适用其规定。

第一百一十六条　本规定施行前依法设立的保险代理公司继续保留，不完全具备本规定条件的，具体适用办法由国务院保险监督管理机构另行规定。

第一百一十七条　本规定要求提交的各种表格格式由国务院保险监督管理机构制定。

第一百一十八条　本规定中有关"5日""10日""15日""20日"的规定是指工作日，不含法定节假日。

本规定所称"以上""以下"均含本数。

第一百一十九条　本规定自2021年1月1日起施行，原中国保监会2009年9月25日发布的《保险专业代理机构监管规定》（中国保险监督管理委员会令2009年第5号）、2013年1月6日发布的《保险销售从业人员监管办法》（中国保险监督管理委员会令2013年第2号）、2013年4月27日发布的《中国保险监督管理委员会关于修改〈保险专业代理机构监管规定〉的决定》（中国保险监督管理委员会令2013年第7号）、2000年8月4日发布的《保险兼业代理管理暂行办法》（保监发〔2000〕144号）同时废止。

保险经纪人监管规定

（2018 年 2 月 1 日　保监会令〔2018〕3 号）

第一章　总　　则

第一条　为了规范保险经纪人的经营行为，保护投保人、被保险人和受益人的合法权益，维护市场秩序，根据《中华人民共和国保险法》（以下简称《保险法》）等法律、行政法规，制定本规定。

第二条　本规定所称保险经纪人是指基于投保人的利益，为投保人与保险公司订立保险合同提供中介服务，并依法收取佣金的机构，包括保险经纪公司及其分支机构。

本规定所称保险经纪从业人员是指在保险经纪人中，为投保人或者被保险人拟订投保方案、办理投保手续、协助索赔的人员，或者为委托人提供防灾防损、风险评估、风险管理咨询服务、从事再保险经纪等业务的人员。

第三条　保险经纪公司在中华人民共和国境内经营保险经纪业务，应当符合中国保险监督管理委员会（以下简称中国保监会）规定的条件，取得经营保险经纪业务许可证（以下简称许可证）。

第四条　保险经纪人应当遵守法律、行政法规和中国保监会有关规定，遵循自愿、诚实信用和公平竞争的原则。

第五条　中国保监会根据《保险法》和国务院授权，对保险经纪人履行监管职责。

中国保监会派出机构在中国保监会授权范围内履行监管职责。

第二章 市场准入

第一节 业务许可

第六条 除中国保监会另有规定外，保险经纪人应当采取下列组织形式：

（一）有限责任公司；

（二）股份有限公司。

第七条 保险经纪公司经营保险经纪业务，应当具备下列条件：

（一）股东符合本规定要求，且出资资金自有、真实、合法，不得用银行贷款及各种形式的非自有资金投资；

（二）注册资本符合本规定第十条要求，且按照中国保监会的有关规定托管；

（三）营业执照记载的经营范围符合中国保监会的有关规定；

（四）公司章程符合有关规定；

（五）公司名称符合本规定要求；

（六）高级管理人员符合本规定的任职资格条件；

（七）有符合中国保监会规定的治理结构和内控制度，商业模式科学合理可行；

（八）有与业务规模相适应的固定住所；

（九）有符合中国保监会规定的业务、财务信息管理系统；

（十）法律、行政法规和中国保监会规定的其他条件。

第八条 单位或者个人有下列情形之一的，不得成为保险经纪公司的股东：

（一）最近 5 年内受到刑罚或者重大行政处罚；

（二）因涉嫌重大违法犯罪正接受有关部门调查；

（三）因严重失信行为被国家有关单位确定为失信联合惩戒对象

且应当在保险领域受到相应惩戒，或者最近 5 年内具有其他严重失信不良记录；

（四）依据法律、行政法规不能投资企业；

（五）中国保监会根据审慎监管原则认定的其他不适合成为保险经纪公司股东的情形。

第九条 保险公司的工作人员、保险专业中介机构的从业人员投资保险经纪公司的，应当提供其所在机构知晓投资的书面证明；保险公司、保险专业中介机构的董事、监事或者高级管理人员投资保险经纪公司的，应当根据有关规定取得股东会或者股东大会的同意。

第十条 经营区域不限于工商注册登记地所在省、自治区、直辖市、计划单列市的保险经纪公司的注册资本最低限额为 5000 万元。

经营区域为工商注册登记地所在省、自治区、直辖市、计划单列市的保险经纪公司的注册资本最低限额为 1000 万元。

保险经纪公司的注册资本必须为实缴货币资本。

第十一条 保险经纪人的名称中应当包含"保险经纪"字样。

保险经纪人的字号不得与现有的保险专业中介机构相同，与保险专业中介机构具有同一实际控制人的保险经纪人除外。

第十二条 保险经纪公司申请经营保险经纪业务，应当在领取营业执照后，及时按照中国保监会的要求提交申请材料，并进行相关信息披露。

中国保监会及其派出机构按照法定的职责和程序实施行政许可。

第十三条 中国保监会及其派出机构收到经营保险经纪业务申请后，应当采取谈话、函询、现场验收等方式了解、审查申请人股东的经营记录以及申请人的市场发展战略、业务发展计划、内控制度建设、人员结构、信息系统配置及运行等有关事项，并进行风险测试和提示。

第十四条 中国保监会及其派出机构依法作出批准保险经纪公

司经营保险经纪业务的决定的，应当向申请人颁发许可证。申请人取得许可证后，方可开展保险经纪业务，并应当及时在中国保监会规定的监管信息系统中登记相关信息。

中国保监会及其派出机构决定不予批准的，应当作出书面决定并说明理由。申请人应当自收到中国保监会及其派出机构书面决定之日起15日内书面报告工商注册登记所在地的工商行政管理部门。公司继续存续的，不得从事保险经纪业务，并应当依法办理名称、营业范围和公司章程等事项的工商变更登记，确保其名称中无"保险经纪"字样。

第十五条 经营区域不限于工商注册登记地所在省、自治区、直辖市、计划单列市的保险经纪公司可以在中华人民共和国境内从事保险经纪活动。

经营区域不限于工商注册登记地所在省、自治区、直辖市、计划单列市的保险经纪公司向工商注册登记地以外派出保险经纪从业人员，为投保人或者被保险人是自然人的保险业务提供服务的，应当在当地设立分支机构。设立分支机构时应当首先设立省级分公司，指定其负责办理行政许可申请、监管报告和报表提交等相关事宜，并负责管理其他分支机构。

保险经纪公司分支机构包括分公司、营业部。

第十六条 保险经纪公司新设分支机构经营保险经纪业务，应当符合下列条件：

（一）保险经纪公司及其分支机构最近1年内没有受到刑罚或者重大行政处罚；

（二）保险经纪公司及其分支机构未因涉嫌违法犯罪正接受有关部门调查；

（三）保险经纪公司及其分支机构最近1年内未引发30人以上群访群诉事件或者100人以上非正常集中退保事件；

（四）最近2年内设立的分支机构不存在运营未满1年退出市场的情形；

（五）具备完善的分支机构管理制度；

（六）新设分支机构有符合要求的营业场所、业务财务信息系统，以及与经营业务相匹配的其他设施；

（七）新设分支机构主要负责人符合本规定的任职条件；

（八）中国保监会规定的其他条件。

保险经纪公司因严重失信行为被国家有关单位确定为失信联合惩戒对象且应当在保险领域受到相应惩戒的，或者最近5年内具有其他严重失信不良记录的，不得新设分支机构经营保险经纪业务。

第十七条　保险经纪公司分支机构应当在营业执照记载的登记之日起15日内，书面报告中国保监会派出机构，在中国保监会规定的监管信息系统中登记相关信息，按照规定进行公开披露，并提交主要负责人的任职资格核准申请材料或者报告材料。

第十八条　保险经纪人有下列情形之一的，应当自该情形发生之日起5日内，通过中国保监会规定的监管信息系统报告，并按照规定进行公开披露：

（一）变更名称、住所或者营业场所；

（二）变更股东、注册资本或者组织形式；

（三）股东变更姓名或者名称、出资额；

（四）修改公司章程；

（五）股权投资，设立境外保险类机构及非营业性机构；

（六）分立、合并、解散，分支机构终止保险经纪业务活动；

（七）变更省级分公司以外分支机构主要负责人；

（八）受到行政处罚、刑罚或者涉嫌违法犯罪正接受调查；

（九）中国保监会规定的其他报告事项。

保险经纪人发生前款规定的相关情形，应当符合中国保监会相关规定。

第十九条　保险经纪公司变更事项涉及许可证记载内容的，应当按照《保险许可证管理办法》等有关规定办理许可证变更登记，交回原许可证，领取新许可证，并进行公告。

第二节 任 职 资 格

第二十条 本规定所称保险经纪人高级管理人员是指下列人员：

（一）保险经纪公司的总经理、副总经理；

（二）省级分公司主要负责人；

（三）对公司经营管理行使重要职权的其他人员。

保险经纪人高级管理人员应当在任职前取得中国保监会派出机构核准的任职资格。

第二十一条 保险经纪人高级管理人员应当具备下列条件：

（一）大学专科以上学历；

（二）从事金融工作3年以上或者从事经济工作5年以上；

（三）具有履行职责所需的经营管理能力，熟悉保险法律、行政法规及中国保监会的相关规定；

（四）诚实守信，品行良好。

从事金融工作10年以上的人员，学历要求可以不受第一款第（一）项的限制。

保险经纪人任用的省级分公司以外分支机构主要负责人应当具备前两款规定的条件。

第二十二条 有下列情形之一的人员，不得担任保险经纪人高级管理人员和省级分公司以外分支机构主要负责人：

（一）担任因违法被吊销许可证的保险公司或者保险中介机构的董事、监事或者高级管理人员，并对被吊销许可证负有个人责任或者直接领导责任的，自许可证被吊销之日起未逾3年；

（二）因违法行为或者违纪行为被金融监管机构取消任职资格的金融机构的董事、监事或者高级管理人员，自被取消任职资格之日起未逾5年；

（三）被金融监管机构决定在一定期限内禁止进入金融行业的，期限未满；

（四）受金融监管机构警告或者罚款未逾2年；

（五）正在接受司法机关、纪检监察部门或者金融监管机构调查；

（六）因严重失信行为被国家有关单位确定为失信联合惩戒对象且应当在保险领域受到相应惩戒，或者最近5年内具有其他严重失信不良记录；

（七）法律、行政法规和中国保监会规定的其他情形。

第二十三条 保险经纪人应当与其高级管理人员、省级分公司以外分支机构主要负责人建立劳动关系，订立书面劳动合同。

第二十四条 保险经纪人高级管理人员和省级分公司以外分支机构主要负责人不得兼任2家以上分支机构的主要负责人。

保险经纪人高级管理人员和省级分公司以外分支机构主要负责人兼任其他经营管理职务的，应当具有必要的时间履行职务。

第二十五条 非经股东会或者股东大会批准，保险经纪人的高级管理人员和省级分公司以外分支机构主要负责人不得在存在利益冲突的机构中兼任职务。

第二十六条 保险经纪人向中国保监会派出机构提出高级管理人员任职资格核准申请的，应当如实填写申请表、提交相关材料。

中国保监会派出机构可以对保险经纪人拟任高级管理人员进行考察或者谈话。

第二十七条 保险经纪人高级管理人员应当通过中国保监会认可的保险法规及相关知识测试。

第二十八条 保险经纪人的高级管理人员在同一保险经纪人内部调任、兼任其他职务，无须重新核准任职资格。

保险经纪人调整、免除高级管理人员和省级分公司以外分支机构主要负责人职务，应当自决定作出之日起5日内在中国保监会规定的监管信息系统中登记相关信息。

第二十九条 保险经纪人的高级管理人员和省级分公司以外分支机构主要负责人因涉嫌犯罪被起诉的，保险经纪人应当自其被起

234

诉之日起 5 日内和结案之日起 5 日内在中国保监会规定的监管信息系统中登记相关信息。

第三十条 保险经纪人高级管理人员和省级分公司以外分支机构主要负责人有下列情形之一，保险经纪人已经任命的，应当免除其职务；经核准任职资格的，其任职资格自动失效：

（一）获得核准任职资格后，保险经纪人超过 2 个月未任命；

（二）从该保险经纪人离职；

（三）受到中国保监会禁止进入保险业的行政处罚；

（四）因贪污、受贿、侵占财产、挪用财产或者破坏社会主义市场秩序，被判处刑罚执行期满未逾 5 年，或者因犯罪被剥夺政治权利，执行期满未逾 5 年；

（五）担任破产清算的公司、企业的董事或者厂长、经理，对该公司、企业的破产负有个人责任的，自该公司、企业破产清算完结之日起未逾 3 年；

（六）担任因违法被吊销营业执照、责令关闭的公司、企业的法定代表人，并负有个人责任的，自该公司、企业被吊销营业执照之日起未逾 3 年；

（七）个人所负数额较大的债务到期未清偿。

第三十一条 保险经纪人出现下列情形之一，可以任命临时负责人，但临时负责人任职时间最长不得超过 3 个月，并且不得就同一职务连续任命临时负责人：

（一）原负责人辞职或者被撤职；

（二）原负责人因疾病、意外事故等原因无法正常履行工作职责；

（三）中国保监会认可的其他特殊情况。

临时负责人应当具有与履行职责相当的能力，并应当符合本规定第二十一条、第二十二条的相关要求。

保险经纪人任命临时负责人的，应当自决定作出之日起 5 日内在中国保监会规定的监管信息系统中登记相关信息。

第三节 从 业 人 员

第三十二条 保险经纪人应当聘任品行良好的保险经纪从业人员。有下列情形之一的，保险经纪人不得聘任：

（一）因贪污、贿赂、侵占财产、挪用财产或者破坏社会主义市场经济秩序，被判处刑罚，执行期满未逾 5 年；

（二）被金融监管机构决定在一定期限内禁止进入金融行业，期限未满；

（三）因严重失信行为被国家有关单位确定为失信联合惩戒对象且应当在保险领域受到相应惩戒，或者最近 5 年内具有其他严重失信不良记录；

（四）法律、行政法规和中国保监会规定的其他情形。

第三十三条 保险经纪从业人员应当具有从事保险经纪业务所需的专业能力。保险经纪人应当加强对保险经纪从业人员的岗前培训和后续教育，培训内容至少应当包括业务知识、法律知识及职业道德。

保险经纪人可以委托保险中介行业自律组织或者其他机构组织培训。

保险经纪人应当建立完整的保险经纪从业人员培训档案。

第三十四条 保险经纪人应当按照规定为其保险经纪从业人员进行执业登记。

保险经纪从业人员只限于通过一家保险经纪人进行执业登记。

保险经纪从业人员变更所属保险经纪人的，新所属保险经纪人应当为其进行执业登记，原所属保险经纪人应当及时注销执业登记。

第三章 经 营 规 则

第三十五条 保险经纪公司应当将许可证、营业执照置于住所或者营业场所显著位置。

保险经纪公司分支机构应当将加盖所属法人公章的许可证复印件、营业执照置于营业场所显著位置。

保险经纪人不得伪造、变造、出租、出借、转让许可证。

第三十六条 保险经纪人可以经营下列全部或者部分业务：

（一）为投保人拟订投保方案、选择保险公司以及办理投保手续；

（二）协助被保险人或者受益人进行索赔；

（三）再保险经纪业务；

（四）为委托人提供防灾、防损或者风险评估、风险管理咨询服务；

（五）中国保监会规定的与保险经纪有关的其他业务。

第三十七条 保险经纪人从事保险经纪业务不得超出承保公司的业务范围和经营区域；从事保险经纪业务涉及异地共保、异地承保和统括保单，中国保监会另有规定的，从其规定。

第三十八条 保险经纪人及其从业人员不得销售非保险金融产品，经相关金融监管部门审批的非保险金融产品除外。

保险经纪人及其从业人员销售符合条件的非保险金融产品前，应当具备相应的资质要求。

第三十九条 保险经纪人应当根据法律、行政法规和中国保监会的有关规定，依照职责明晰、强化制衡、加强风险管理的原则，建立完善的公司治理结构和制度；明确管控责任，构建合规体系，注重自我约束，加强内部追责，确保稳健运营。

第四十条 保险经纪从业人员应当在所属保险经纪人的授权范围内从事业务活动。

第四十一条 保险经纪人通过互联网经营保险经纪业务，应当符合中国保监会的规定。

第四十二条 保险经纪人应当建立专门账簿，记载保险经纪业务收支情况。

第四十三条 保险经纪人应当开立独立的客户资金专用账户。

下列款项只能存放于客户资金专用账户：

（一）投保人支付给保险公司的保险费；

（二）为投保人、被保险人和受益人代领的退保金、保险金。

保险经纪人应当开立独立的佣金收取账户。

保险经纪人开立、使用其他银行账户的，应当符合中国保监会的规定。

第四十四条 保险经纪人应当建立完整规范的业务档案，业务档案至少应当包括下列内容：

（一）通过本机构签订保单的主要情况，包括保险人、投保人、被保险人名称或者姓名，保单号，产品名称，保险金额，保险费，缴费方式，投保日期，保险期间等；

（二）保险合同对应的佣金金额和收取方式等；

（三）保险费交付保险公司的情况，保险金或者退保金的代领以及交付投保人、被保险人或者受益人的情况；

（四）为保险合同签订提供经纪服务的从业人员姓名，领取报酬金额、领取报酬账户等；

（五）中国保监会规定的其他业务信息。

保险经纪人的记录应当真实、完整。

第四十五条 保险经纪人应当按照中国保监会的规定开展再保险经纪业务。

保险经纪人从事再保险经纪业务，应当设立专门部门，在业务流程、财务管理与风险管控等方面与其他保险经纪业务实行隔离。

第四十六条 保险经纪人从事再保险经纪业务，应当建立完整规范的再保险业务档案，业务档案至少应当包括下列内容：

（一）再保险安排确认书；

（二）再保险人接受分入比例。

保险经纪人应当对再保险经纪业务和其他保险经纪业务分别建立账簿记载业务收支情况。

第四十七条 保险经纪人应当向保险公司提供真实、完整的投保信息，并应当与保险公司依法约定对投保信息保密、合理使用等事项。

第四十八条　保险经纪人从事保险经纪业务，应当与委托人签订委托合同，依法约定双方的权利义务及其他事项。委托合同不得违反法律、行政法规及中国保监会有关规定。

第四十九条　保险经纪人从事保险经纪业务，涉及向保险公司解付保险费、收取佣金的，应当与保险公司依法约定解付保险费、支付佣金的时限和违约赔偿责任等事项。

第五十条　保险经纪人在开展业务过程中，应当制作并出示规范的客户告知书。客户告知书至少应当包括以下事项：

（一）保险经纪人的名称、营业场所、业务范围、联系方式；

（二）保险经纪人获取报酬的方式，包括是否向保险公司收取佣金等情况；

（三）保险经纪人及其高级管理人员与经纪业务相关的保险公司、其他保险中介机构是否存在关联关系；

（四）投诉渠道及纠纷解决方式。

第五十一条　保险经纪人应当妥善保管业务档案、会计账簿、业务台账、客户告知书以及佣金收入的原始凭证等有关资料，保管期限自保险合同终止之日起计算，保险期间在 1 年以下的不得少于 5 年，保险期间超过 1 年的不得少于 10 年。

第五十二条　保险经纪人为政策性保险业务、政府委托业务提供服务的，佣金收取不得违反中国保监会的规定。

第五十三条　保险经纪人向投保人提出保险建议的，应当根据客户的需求和风险承受能力等情况，在客观分析市场上同类保险产品的基础上，推荐符合其利益的保险产品。

保险经纪人应当按照中国保监会的要求向投保人披露保险产品相关信息。

第五十四条　保险经纪公司应当按规定将监管费交付到中国保监会指定账户。

第五十五条　保险经纪公司应当自取得许可证之日起 20 日内投保职业责任保险或者缴存保证金。

保险经纪公司应当自投保职业责任保险或者缴存保证金之日起 10 日内，将职业责任保险保单复印件或者保证金存款协议复印件、保证金入账原始凭证复印件报送中国保监会派出机构，并在中国保监会规定的监管信息系统中登记相关信息。

第五十六条　保险经纪公司投保职业责任保险的，该保险应当持续有效。

保险经纪公司投保的职业责任保险对一次事故的赔偿限额不得低于人民币 100 万元；一年期保单的累计赔偿限额不得低于人民币 1000 万元，且不得低于保险经纪人上年度的主营业务收入。

第五十七条　保险经纪公司缴存保证金的，应当按注册资本的 5% 缴存，保险经纪公司增加注册资本的，应当按比例增加保证金数额。

保险经纪公司应当足额缴存保证金。保证金应当以银行存款形式专户存储到商业银行，或者以中国保监会认可的其他形式缴存。

第五十八条　保险经纪公司有下列情形之一的，可以动用保证金：

（一）注册资本减少；

（二）许可证被注销；

（三）投保符合条件的职业责任保险；

（四）中国保监会规定的其他情形。

保险经纪公司应当自动用保证金之日起 5 日内书面报告中国保监会派出机构。

第五十九条　保险经纪公司应当在每一会计年度结束后聘请会计师事务所对本公司的资产、负债、利润等财务状况进行审计，并在每一会计年度结束后 4 个月内向中国保监会派出机构报送相关审计报告。

保险经纪公司应当根据规定向中国保监会派出机构提交专项外部审计报告。

第六十条　保险经纪人应当按照中国保监会的有关规定及时、准确、完整地报送报告、报表、文件和资料，并根据要求提交相关的电子文本。

保险经纪人报送的报告、报表、文件和资料应当由法定代表人、主要负责人或者其授权人签字，并加盖机构印章。

第六十一条　保险经纪人不得委托未通过本机构进行执业登记的个人从事保险经纪业务。

第六十二条　保险经纪人应当对保险经纪从业人员进行执业登记信息管理，及时登记个人信息及授权范围等事项以及接受处罚、聘任关系终止等情况，确保执业登记信息的真实、准确、完整。

第六十三条　保险经纪人及其从业人员在办理保险业务活动中不得有下列行为：

（一）欺骗保险人、投保人、被保险人或者受益人；

（二）隐瞒与保险合同有关的重要情况；

（三）阻碍投保人履行如实告知义务，或者诱导其不履行如实告知义务；

（四）给予或者承诺给予投保人、被保险人或者受益人保险合同约定以外的利益；

（五）利用行政权力、职务或者职业便利以及其他不正当手段强迫、引诱或者限制投保人订立保险合同；

（六）伪造、擅自变更保险合同，或者为保险合同当事人提供虚假证明材料；

（七）挪用、截留、侵占保险费或者保险金；

（八）利用业务便利为其他机构或者个人牟取不正当利益；

（九）串通投保人、被保险人或者受益人，骗取保险金；

（十）泄露在业务活动中知悉的保险人、投保人、被保险人的商业秘密。

第六十四条　保险经纪人及其从业人员在开展保险经纪业务过程中，不得索取、收受保险公司或者其工作人员给予的合同约定之外的酬金、其他财物，或者利用执行保险经纪业务之便牟取其他非法利益。

第六十五条 保险经纪人不得以捏造、散布虚假事实等方式损害竞争对手的商业信誉，不得以虚假广告、虚假宣传或者其他不正当竞争行为扰乱保险市场秩序。

第六十六条 保险经纪人不得与非法从事保险业务或者保险中介业务的机构或者个人发生保险经纪业务往来。

第六十七条 保险经纪人不得以缴纳费用或者购买保险产品作为招聘从业人员的条件，不得承诺不合理的高额回报，不得以直接或者间接发展人员的数量或者销售业绩作为从业人员计酬的主要依据。

第四章 市 场 退 出

第六十八条 保险经纪公司经营保险经纪业务许可证的有效期为 3 年。

保险经纪公司应当在许可证有效期届满 30 日前，按照规定向中国保监会派出机构申请延续许可。

第六十九条 保险经纪公司申请延续许可证有效期的，中国保监会派出机构在许可证有效期届满前对保险经纪人前 3 年的经营情况进行全面审查和综合评价，并作出是否准予延续许可证有效期的决定。决定不予延续的，应当书面说明理由。

保险经纪公司不符合本规定第七条有关经营保险经纪业务的条件，或者不符合法律、行政法规、中国保监会规定的延续保险经纪业务许可应当具备的其他条件的，中国保监会派出机构不予延续许可证有效期。

第七十条 保险经纪公司应当自收到不予延续许可证有效期的决定之日起 10 日内向中国保监会派出机构缴回原证；准予延续有效期的，应当自收到决定之日起 10 日内领取新许可证。

第七十一条　保险经纪公司退出保险经纪市场，应当遵守法律、行政法规及其他相关规定。保险经纪公司有下列情形之一的，中国保监会派出机构依法注销许可证，并予以公告：

（一）许可证有效期届满未延续的；

（二）许可证依法被撤回、撤销或者吊销的；

（三）因解散或者被依法宣告破产等原因依法终止的；

（四）法律、行政法规规定的其他情形。

被注销许可证的保险经纪公司应当及时交回许可证原件；许可证无法交回的，中国保监会派出机构在公告中予以说明。

被注销许可证的保险经纪公司应当终止其保险经纪业务活动，并自许可证注销之日起15日内书面报告工商注册登记所在地的工商行政管理部门。公司继续存续的，不得从事保险经纪业务，并应当依法办理名称、营业范围和公司章程等事项的工商变更登记，确保其名称中无"保险经纪"字样。

第七十二条　有下列情形之一的，保险经纪人应当在5日内注销保险经纪从业人员执业登记：

（一）保险经纪从业人员受到禁止进入保险业的行政处罚的；

（二）保险经纪从业人员因其他原因终止执业的；

（三）保险经纪人停业、解散或者因其他原因不再继续经营保险经纪业务的；

（四）法律、行政法规和中国保监会规定的其他情形。

第七十三条　保险经纪人终止保险经纪业务活动，应当妥善处理债权债务关系，不得损害投保人、被保险人、受益人的合法权益。

第五章　行业自律

第七十四条　保险经纪人自愿加入保险中介行业自律组织。

保险中介行业自律组织依法制定保险经纪人自律规则，依据法律法规和自律规则，对保险经纪人实行自律管理。

保险中介行业自律组织依法制定章程，并按照规定报中国保监会或其派出机构备案。

第七十五条 保险中介行业自律组织应当根据法律法规、国家有关规定和自律组织章程，组织会员单位及其保险经纪从业人员进行教育培训。

第七十六条 保险中介行业自律组织应当通过互联网等渠道加强信息披露，并可以组织会员就保险经纪行业的发展、运作及有关内容进行研究，收集整理、发布保险经纪相关信息，提供会员服务，组织行业交流。

第六章　监督检查

第七十七条 中国保监会派出机构按照属地原则负责辖区内保险经纪人的监管。

中国保监会派出机构应当注重对辖区内保险经纪人的行为监管，依法进行现场检查和非现场监管，并实施行政处罚和其他监管措施。

第七十八条 中国保监会及其派出机构根据监管需要，可以对保险经纪人高级管理人员及相关人员进行监管谈话，要求其就经营活动中的重大事项作出说明。

第七十九条 中国保监会及其派出机构根据监管需要，可以委派监管人员列席保险经纪公司的股东会或者股东大会、董事会。

第八十条 保险经纪公司分支机构经营管理混乱，从事重大违法违规活动的，保险经纪公司应当根据中国保监会及其派出机构的监管要求，对分支机构采取限期整改、停业、撤销等措施。

第八十一条 中国保监会及其派出机构依法对保险经纪人进行现场检查，主要包括下列内容：

（一）业务许可及相关事项是否依法获得批准或者履行报告

义务；

（二）资本金是否真实、足额；

（三）保证金是否符合规定；

（四）职业责任保险是否符合规定；

（五）业务经营是否合法；

（六）财务状况是否良好；

（七）向中国保监会及其派出机构提交的报告、报表及资料是否及时、完整和真实；

（八）内控制度是否符合中国保监会的有关规定；

（九）任用高级管理人员和省级分公司以外分支机构主要负责人是否符合规定；

（十）是否有效履行从业人员管理职责；

（十一）对外公告是否及时、真实；

（十二）业务、财务信息管理系统是否符合中国保监会的有关规定；

（十三）中国保监会规定的其他事项。

第八十二条 中国保监会及其派出机构依法履行职责，被检查、调查的单位和个人应当配合。

第八十三条 中国保监会及其派出机构可以在现场检查中，委托会计师事务所等社会中介机构提供相关服务；委托上述中介机构提供服务的，应当签订书面委托协议。

中国保监会及其派出机构应当将委托事项告知被检查的保险经纪人。

第七章 法律责任

第八十四条 未取得许可证，非法从事保险经纪业务的，由中国保监会及其派出机构予以取缔，没收违法所得，并处违法所得 1 倍以上 5 倍以下罚款；没有违法所得或者违法所得不足 5 万元的，处 5 万元以上 30 万元以下罚款。

第八十五条　行政许可申请人隐瞒有关情况或者提供虚假材料申请保险经纪业务许可或者申请其他行政许可的，中国保监会及其派出机构不予受理或者不予批准，并给予警告，申请人在 1 年内不得再次申请该行政许可。

第八十六条　被许可人通过欺骗、贿赂等不正当手段取得保险经纪业务许可或者其他行政许可的，由中国保监会及其派出机构予以撤销，并依法给予行政处罚；申请人在 3 年内不得再次申请该行政许可。

第八十七条　保险经纪人聘任不具有任职资格的人员的，由中国保监会及其派出机构责令改正，处 2 万元以上 10 万元以下罚款；对该机构直接负责的主管人员和其他直接责任人员，给予警告，并处 1 万元以上 10 万元以下罚款，情节严重的，撤销任职资格。

保险经纪人未按规定聘任省级分公司以外分支机构主要负责人或者未按规定任命临时负责人的，由中国保监会及其派出机构责令改正，给予警告，并处 1 万元以下罚款；对该机构直接负责的主管人员和其他直接责任人员，给予警告，并处 1 万元以下罚款。

第八十八条　保险经纪人未按规定聘任保险经纪从业人员，或者未按规定进行执业登记和管理的，由中国保监会及其派出机构责令改正，给予警告，并处 1 万元以下罚款；对该机构直接负责的主管人员和其他直接责任人员，给予警告，并处 1 万元以下罚款。

第八十九条　保险经纪人出租、出借或者转让许可证的，由中国保监会及其派出机构责令改正，处 1 万元以上 10 万元以下罚款；情节严重的，责令停业整顿或者吊销许可证；对该机构直接负责的主管人员和其他直接责任人员，给予警告，并处 1 万元以上 10 万元以下罚款，情节严重的，撤销任职资格。

第九十条　保险经纪人在许可证使用过程中，有下列情形之一的，由中国保监会及其派出机构责令改正，给予警告，没有违法所得的，处 1 万元以下罚款，有违法所得的，处违法所得 3 倍以下罚款，但最高不得超过 3 万元；对该机构直接负责的主管人员和其他直接责任人员，给予警告，并处 1 万元以下罚款：

（一）未按规定在住所或者营业场所放置许可证或者其复印件；

（二）未按规定办理许可证变更登记；

（三）未按规定交回许可证；

（四）未按规定进行公告。

第九十一条 保险经纪人有下列情形之一的，由中国保监会及其派出机构责令改正，处 2 万元以上 10 万元以下罚款；情节严重的，责令停业整顿或者吊销许可证；对该机构直接负责的主管人员和其他直接责任人员，给予警告，并处 1 万元以上 10 万元以下罚款，情节严重的，撤销任职资格：

（一）未按规定缴存保证金或者投保职业责任保险的；

（二）未按规定设立专门账簿记载业务收支情况的。

第九十二条 保险经纪人超出规定的业务范围、经营区域从事业务活动的，或者与非法从事保险业务或者保险中介业务的单位或者个人发生保险经纪业务往来的，由中国保监会及其派出机构责令改正，给予警告，没有违法所得的，处 1 万元以下罚款，有违法所得的，处违法所得 3 倍以下罚款，但最高不得超过 3 万元；对该机构直接负责的主管人员和其他直接责任人员，给予警告，并处 1 万元以下罚款。

第九十三条 保险经纪人违反本规定第三十七条，由中国保监会及其派出机构责令改正，给予警告，没有违法所得的，处 1 万元以下罚款，有违法所得的，处违法所得 3 倍以下罚款，但最高不得超过 3 万元；对该机构直接负责的主管人员和其他直接责任人员，给予警告，并处 1 万元以下罚款。

第九十四条 保险经纪人违反本规定第四十七条，由中国保监会及其派出机构责令改正，给予警告，并处 1 万元以下罚款；对该机构直接负责的主管人员和其他直接责任人员，给予警告，并处 1 万元以下罚款。

第九十五条 保险经纪人违反本规定第五十条，由中国保监会及其派出机构责令改正，给予警告，并处1万元以下罚款；对该机构直接负责的主管人员和其他直接责任人员，给予警告，并处1万元以下罚款。

第九十六条 保险经纪人有本规定第六十三条所列情形之一的，由中国保监会及其派出机构责令改正，处5万元以上30万元以下罚款；情节严重的，吊销许可证；对该机构直接负责的主管人员和其他直接责任人员，给予警告，并处1万元以上10万元以下罚款，情节严重的，撤销任职资格。

第九十七条 保险经纪人违反本规定第六十四条，由中国保监会及其派出机构责令改正，给予警告，并处1万元以下罚款；对该机构直接负责的主管人员和其他直接责任人员，给予警告，并处1万元以下罚款。

第九十八条 保险经纪人违反本规定第六十五条、第六十七条，由中国保监会及其派出机构责令改正，给予警告，没有违法所得的，处1万元以下罚款，有违法所得的，处违法所得3倍以下罚款，但最高不得超过3万元；对该机构直接负责的主管人员和其他直接责任人员，给予警告，并处1万元以下罚款。

第九十九条 保险经纪人未按本规定报送或者保管报告、报表、文件、资料的，或者未按规定提供有关信息、资料的，由中国保监会及其派出机构责令限期改正；逾期不改正的，处1万元以上10万元以下罚款；对该机构直接负责的主管人员和其他直接责任人员，给予警告，并处1万元以上10万元以下罚款，情节严重的，撤销任职资格。

第一百条 保险经纪人有下列情形之一的，由中国保监会及其派出机构责令改正，处10万元以上50万元以下罚款；情节严重的，可以限制其业务范围、责令停止接受新业务或者吊销许可证；对该机构直接负责的主管人员和其他直接责任人员，给予警告，并处1万元以上10万元以下罚款，情节严重的，撤销任职资格：

（一）编制或者提供虚假的报告、报表、文件或者资料；

248

（二）拒绝、妨碍依法监督检查。

第一百零一条　保险经纪人有下列情形之一的，由中国保监会及其派出机构责令改正，给予警告，没有违法所得的，处 1 万元以下罚款，有违法所得的，处违法所得 3 倍以下罚款，但最高不得超过 3 万元；对该机构直接负责的主管人员和其他直接责任人员，给予警告，并处 1 万元以下罚款：

（一）未按规定托管注册资本；

（二）未按规定设立分支机构经营保险经纪业务；

（三）未按规定开展互联网保险经纪业务；

（四）未按规定开展再保险经纪业务；

（五）未按规定建立或者管理业务档案；

（六）未按规定使用银行账户；

（七）违反规定动用保证金；

（八）未按规定进行信息披露；

（九）未按规定缴纳监管费。

第一百零二条　违反法律和行政法规的规定，情节严重的，中国保监会及其派出机构可以禁止有关责任人员一定期限直至终身进入保险业。

第一百零三条　保险经纪人的高级管理人员、省级分公司以外分支机构主要负责人或者从业人员，离职后被发现在原工作期间违反中国保监会及其派出机构有关规定的，应当依法追究其责任。

第八章　附　　则

第一百零四条　本规定所称保险专业中介机构是指保险专业代理机构、保险经纪人和保险公估人。

本规定所称保险中介机构是指保险专业中介机构和保险兼业代理机构。

第一百零五条　经中国保监会批准经营保险经纪业务的外资保险经纪人适用本规定，我国参加的有关国际条约和中国保监会另有规定的，适用其规定。

采取公司以外的组织形式的保险经纪人的设立和管理参照适用本规定，中国保监会另有规定的，适用其规定。

第一百零六条　本规定施行前依法设立的保险经纪公司继续保留，不完全具备本规定条件的，具体适用办法由中国保监会另行规定。

第一百零七条　本规定要求提交的各种表格格式由中国保监会制定。

第一百零八条　本规定有关"5日""10日""15日""20日"的规定是指工作日，不含法定节假日。

本规定所称"以上""以下"均含本数。

第一百零九条　本规定自2018年5月1日起施行，中国保监会2009年9月25日发布的《保险经纪机构监管规定》（保监会令2009年第6号）、2013年1月6日发布的《保险经纪从业人员、保险公估从业人员监管办法》（保监会令2013年第3号）、2013年4月27日发布的《中国保险监督管理委员会关于修改〈保险经纪机构监管规定〉的决定》（保监会令2013年第6号）同时废止。

保险公估人监管规定

（2018年2月1日　保监会令〔2018〕2号）

第一章　总　　则

第一条　为了规范保险公估人的行为，保护保险公估活动当事人的合法权益和公共利益，维护市场秩序，根据《中华人民共和国保险法》（以下简称《保险法》）《中华人民共和国资产评估法》

（以下简称《资产评估法》）等法律、行政法规，制定本规定。

第二条 本规定所称保险公估，是指评估机构及其评估专业人员接受委托，对保险标的或者保险事故进行评估、勘验、鉴定、估损理算以及相关的风险评估。

保险公估人是专门从事上述业务的评估机构，包括保险公估机构及其分支机构。

保险公估机构包括保险公估公司和保险公估合伙企业。

第三条 本规定所称保险公估从业人员是指在保险公估人中，为委托人办理保险标的承保前和承保后的检验、估价及风险评估，保险标的出险后的查勘、检验、估损理算及出险保险标的残值处理，风险管理咨询等业务的人员。

保险公估从业人员包括公估师和其他具有公估专业知识及实践经验的评估从业人员。

第四条 公估师是指通过公估师资格考试的保险公估从业人员。

具有高等院校专科以上学历的公民，可以参加公估师资格全国统一考试。

第五条 保险公估人在中华人民共和国境内经营保险公估业务，应当符合《资产评估法》要求及中国保险监督管理委员会（以下简称中国保监会）规定的条件，并向中国保监会及其派出机构进行业务备案。

第六条 保险公估人及其从业人员应当遵守法律、行政法规和中国保监会有关规定，遵循独立、客观、公正的原则。

第七条 保险公估人及其从业人员依法从事保险公估业务受法律保护，任何单位和个人不得干涉。

第八条 中国保监会根据《保险法》《资产评估法》和国务院授权，对保险公估人履行监管职责。

中国保监会派出机构在中国保监会授权范围内履行监管职责。

第二章　经营条件

第一节　业务备案

第九条　保险公估人应当依法采用合伙或者公司形式，聘用保险公估从业人员开展保险公估业务。

合伙形式的保险公估人，应当有 2 名以上公估师；其合伙人三分之二以上应当是具有 3 年以上从业经历且最近 3 年内未受停止从业处罚的公估师。

公司形式的保险公估人，应当有 8 名以上公估师和 2 名以上股东，其中三分之二以上股东应当是具有 3 年以上从业经历且最近 3 年内未受停止从业处罚的公估师。

保险公估人的合伙人或者股东为 2 名的，2 名合伙人或者股东都应当是具有 3 年以上从业经历且最近 3 年内未受停止从业处罚的公估师。

第十条　设立保险公估人，应当向工商行政管理部门申请办理登记。

第十一条　保险公估人的注册资本为在企业登记机关登记的认缴出资额。

第十二条　单位或者个人有下列情形之一的，不得成为保险公估人的股东或者合伙人：

（一）最近 5 年内受到刑罚或者重大行政处罚；

（二）因涉嫌重大违法犯罪正接受有关部门调查；

（三）因严重失信行为被国家有关单位确定为失信联合惩戒对象且应当在保险领域受到相应惩戒，或者最近 5 年内具有其他严重失信不良记录；

（四）依据法律、行政法规不能投资企业；

（五）中国保监会根据审慎监管原则认定的其他不适合成为保险公估人股东或者合伙人的情形。

第十三条　保险公司的工作人员、保险专业中介机构的从业人员投资保险公估人的，应当提供其所在机构知晓其投资的书面证明。保险公司、保险专业中介机构的董事、监事或者高级管理人员投资保险公估人的，应当根据有关规定取得任职公司股东会或者股东大会的同意。

第十四条　保险公估人的名称中应当包含"保险公估"字样。

保险公估人的字号不得与现有的保险专业中介机构相同，与保险专业中介机构具有同一实际控制人的保险公估人除外。

第十五条　保险公估机构分为全国性保险公估机构和区域性保险公估机构。全国性保险公估机构可以在中华人民共和国（港、澳、台地区除外）范围内开展业务，并可以在工商注册登记地所在省、自治区、直辖市、计划单列市区域之外设立分支机构。区域性保险公估机构只能在工商注册登记地所在省、自治区、直辖市、计划单列市区域内开展业务、设立分支机构，中国保监会另有规定的除外。

保险公估机构采用公司形式的，全国性机构向中国保监会进行业务备案，区域性机构向工商注册登记地中国保监会派出机构进行业务备案。合伙形式的保险公估机构向中国保监会进行业务备案。

第十六条　保险公估机构经营保险公估业务，应当具备下列条件：

（一）股东或者合伙人符合本规定要求，且出资资金自有、真实、合法，不得用银行贷款及各种形式的非自有资金投资；

（二）根据业务发展规划，具备日常经营和风险承担所必需的营运资金，全国性机构营运资金为 200 万元以上，区域性机构营运资金为 100 万元以上；

（三）营运资金的托管符合中国保监会的有关规定；

（四）营业执照记载的经营范围不超出本规定第四十三条规定的范围；

（五）公司章程或者合伙协议符合有关规定；

（六）企业名称符合本规定要求；

（七）董事长、执行董事和高级管理人员符合本规定的条件；

（八）有符合中国保监会规定的治理结构和内控制度，商业模式科学合理可行；

（九）有与业务规模相适应的固定住所；

（十）有符合中国保监会规定的业务、财务信息管理系统；

（十一）法律、行政法规和中国保监会规定的其他条件。

第十七条 保险公估机构在工商注册登记地以外的省、自治区、直辖市、计划单列市设立分支机构的，应当指定一家分支机构作为省级分支机构，负责办理辖区内分支机构设立及备案、提交监管报告和报表等相关事宜，并负责管理其他分支机构。

保险公估机构分支机构包括分公司、营业部。

第十八条 保险公估机构新设分支机构经营保险公估业务，应当符合下列条件：

（一）保险公估机构及其分支机构最近 1 年内没有受到刑罚或者重大行政处罚；

（二）保险公估机构及其分支机构未因涉嫌违法犯罪正接受有关部门调查；

（三）最近 2 年内设立的分支机构不存在运营未满 1 年退出市场的情形；

（四）具备完善的分支机构管理制度；

（五）新设分支机构有符合要求的营业场所、业务财务信息系统，以及与经营业务相匹配的其它设施；

（六）中国保监会规定的其他条件。

保险公估机构因严重失信行为被国家有关单位确定为失信联合惩戒对象且应当在保险领域受到相应惩戒的，或者最近 5 年内具有其他严重失信不良记录的，不得新设分支机构经营保险公估业务。

第十九条 保险公估机构经营保险公估业务，应当自领取营业执照之日起 30 日内，通过中国保监会规定的监管信息系统向中国保监会及其派出机构备案，同时按规定提交纸质材料。

第二十条　保险公估机构分支机构应当自领取分支机构营业执照之日起 10 日内，通过中国保监会规定的监管信息系统向中国保监会派出机构备案，同时按规定提交纸质材料。

第二十一条　中国保监会及其派出机构按照监管职责划分开展备案工作。保险公估人提交备案材料时，中国保监会及其派出机构应当采取谈话、函询、现场查验等方式了解、审查股东或者合伙人的经营记录、经营动机，以及市场发展战略、业务发展规划、内控制度建设、人员结构、信息系统配置及运行等有关事项，并进行风险测试和提示。

第二十二条　备案材料完备且符合要求的，中国保监会及其派出机构应当在中国保监会网站上将备案情况向社会公告，完成备案。保险公估人在备案公告之后可下载经营保险公估业务备案表（以下简称备案表），在备案公告之前不得开展保险公估业务。

第二十三条　保险公估人有下列情形之一的，应当自工商登记变更或者变更决议作出之日起 5 日内，通过中国保监会规定的监管信息系统报告，并按照规定进行公开披露：

（一）变更名称、住所或者营业场所；

（二）变更股东或者合伙人；

（三）变更注册资本或者组织形式；

（四）股东或者合伙人变更姓名或者名称、出资额；

（五）修改公司章程或者合伙协议；

（六）股权投资，设立境外保险类机构及非营业性机构；

（七）分立、合并、解散，分支机构终止保险公估业务活动；

（八）变更董事长、执行董事和高级管理人员；

（九）受到行政处罚、刑罚或者涉嫌违法犯罪正接受调查；

（十）中国保监会规定的其他报告事项。

保险公估人发生前款规定的相关情形，应当符合中国保监会相关规定。

第二十四条 合伙形式的保险公估机构转为公司形式的保险公估机构，或者公司形式的保险公估机构转为合伙形式的保险公估机构，办理变更手续应当提供合伙人会议或股东（大）会审议通过的转制决议。

转制决议应当载明转制后机构与转制前机构的债权债务、档案保管、公估业务、执业责任等承继关系。

第二十五条 保险公估人在开展公估业务过程中，不得有下列行为：

（一）利用开展业务之便，谋取不正当利益；

（二）允许其他机构以本机构名义开展业务，或者冒用其他机构名义开展业务；

（三）以恶性压价、支付回扣、虚假宣传，或者贬损、诋毁其他公估机构等不正当手段招揽业务；

（四）受理与自身有利害关系的业务；

（五）分别接受利益冲突双方的委托，对同一评估对象进行评估；

（六）出具虚假公估报告或者有重大遗漏的公估报告；

（七）聘用或者指定不符合规定的人员从事公估业务；

（八）违反法律、行政法规的其他行为。

第二节 从 业 人 员

第二十六条 保险公估人应当聘用品行良好的保险公估从业人员。有下列情形之一的，保险公估人不得聘用：

（一）因故意犯罪或者在从事评估、财务、会计、审计活动中因过失犯罪而受刑事处罚，自刑罚执行完毕之日起不满5年；

（二）被监管机构决定在一定期限内禁止进入金融、资产评估行业，期限未满；

（三）因严重失信行为被国家有关单位确定为失信联合惩戒对象

且应当在保险领域受到相应惩戒，或者最近 5 年内具有其他严重失信不良记录；

（四）法律、行政法规和中国保监会规定的其他情形。

第二十七条　保险公估从业人员应当具有从事保险公估业务所需的专业能力。保险公估人应当加强对保险公估从业人员的岗前培训和后续教育。培训内容至少应当包括业务知识、法律知识及职业道德。

保险公估人可以委托保险中介行业自律组织或者其他机构组织培训。

保险公估人应当建立完整的保险公估从业人员培训档案。

第二十八条　保险公估从业人员从事保险公估业务，应当加入保险公估人。保险公估人应当按照规定为其保险公估从业人员进行执业登记。

保险公估从业人员只能在一家保险公估人从事业务，只限于通过一家保险公估人进行执业登记。

保险公估从业人员变更所属保险公估人的，新所属保险公估人应当为其进行执业登记，原所属保险公估人应当及时注销执业登记。

第二十九条　保险公估从业人员享有下列权利：

（一）要求委托人提供相关的权属证明、财务会计信息和其他资料，以及为执行公允的评估程序所需的必要协助；

（二）依法向有关国家机关或者其他组织查阅从事业务所需的文件、证明和资料；

（三）拒绝委托人或者其他组织、个人对公估行为和公估结果的非法干预；

（四）依法签署公估报告；

（五）法律、行政法规规定的其他权利。

第三十条　保险公估从业人员应当履行下列义务：

（一）诚实守信，依法独立、客观、公正从事业务；

（二）遵守评估准则，履行调查职责，独立分析估算，勤勉谨慎从事业务；

（三）完成规定的继续教育，保持和提高专业能力；

（四）对公估活动中使用的有关文件、证明和资料的真实性、准确性、完整性进行核查和验证；

（五）对公估活动中知悉的国家秘密、商业秘密和个人隐私予以保密；

（六）与委托人或者其他相关当事人及公估对象有利害关系的，应当回避；

（七）接受保险中介行业自律组织的自律管理，履行章程规定的义务；

（八）法律、行政法规规定的其他义务。

第三十一条　保险公估从业人员在开展公估业务过程中，不得有下列行为：

（一）私自接受委托从事业务、收取费用；

（二）同时在两个以上保险公估人从事业务；

（三）采用欺骗、利诱、胁迫，或者贬损、诋毁其他公估从业人员等不正当手段招揽业务；

（四）允许他人以本人名义从事业务，或者冒用他人名义从事业务；

（五）签署本人未承办业务的公估报告；

（六）索要、收受或者变相索要、收受合同约定以外的酬金、财物，或者谋取其他不正当利益；

（七）签署虚假公估报告或者有重大遗漏的公估报告；

（八）违反法律、行政法规的其他行为。

第三节　高管人员

第三十二条　本规定所称保险公估人高级管理人员是指下列人员：

（一）保险公估公司的总经理、副总经理；

（二）保险公估合伙企业的执行事务合伙人；

（三）分支机构主要负责人；

（四）与上述人员具有相同职权的管理人员。

第三十三条 保险公估人聘用的董事长、执行董事和高级管理人员应当具备下列条件：

（一）大学专科以上学历；

（二）从事金融工作 3 年以上，或者从事资产评估相关工作 3 年以上，或者从事经济工作 5 年以上；

（三）具有履行职责所需的经营管理能力，熟悉保险法律、行政法规及中国保监会的相关规定；

（四）诚实守信，品行良好。

从事金融或者资产评估工作 10 年以上的人员，学历要求可以不受第一款第（一）项的限制。

第三十四条 有下列情形之一的人员，不得担任保险公估人董事长、执行董事和高级管理人员：

（一）担任因违法被吊销许可证的保险公司或者保险专业中介机构的董事、监事或者高级管理人员，并对被吊销许可证负有个人责任或者直接领导责任的，自许可证被吊销之日起未逾 3 年；

（二）因违法行为或者违纪行为被金融监管机构取消任职资格的金融机构的董事、监事或者高级管理人员，自被取消任职资格之日起未逾 5 年；

（三）被金融监管机构决定在一定期限内禁止进入金融行业的，期限未满；

（四）因违法行为或者违纪行为被吊销执业资格的资产评估机构、验证机构等机构的专业人员，自被吊销执业资格之日起未逾 5 年；

（五）受金融监管机构警告或者罚款未逾 2 年；

（六）正在接受司法机关、纪检监察部门或者金融监管机构调查；

（七）因严重失信行为被国家有关单位确定为失信联合惩戒对象且应当在保险领域受到相应惩戒，或者最近 5 年内具有其他严重失信不良记录；

（八）合伙人有尚未清偿完的合伙企业债务；

（九）法律、行政法规和中国保监会规定的其他情形。

第三十五条 保险公估人应当与其高级管理人员建立劳动关系，订立书面劳动合同。

第三十六条 保险公估人董事长、执行董事和高级管理人员不得兼任 2 家以上分支机构的主要负责人。

第三十七条 非经股东（大）会或者合伙人会议批准，保险公估人的董事和高级管理人员不得在存在利益冲突的机构中兼任职务。

保险公估人的合伙人不得自营或者同他人合作经营与本机构相竞争的业务。

第三十八条 保险公估人聘用董事长、执行董事和高级管理人员，应当自决定作出之日起 5 日内，如实按规定提交报告材料，并在中国保监会规定的监管信息系统中登记相关信息。

第三十九条 中国保监会派出机构可以对保险公估人聘用的董事长、执行董事和高级管理人员进行考察或者谈话。中国保监会派出机构可以要求保险公估人撤换不符合任职条件的董事长、执行董事和高级管理人员。

第四十条 保险公估人的董事长、执行董事和高级管理人员因涉嫌犯罪被起诉的，保险公估人应当自其被起诉之日起 5 日内和结案之日起 5 日内分别在中国保监会规定的监管信息系统中登记相关信息。

保险公估人的董事长、执行董事和高级管理人员涉嫌重大违法犯罪，被行政机关立案调查或者司法机关立案侦查的，保险公估人应当暂停相关人员的职务，并在中国保监会规定的监管信息系统中登记相关信息。

第四十一条 保险公估人出现下列情形之一，可以任命临时负责人，但临时负责人任职时间最长不得超过 3 个月，并且不得就同一职务连续任命临时负责人：

（一）原负责人辞职或者被撤职；

（二）原负责人因疾病、意外事故等原因无法正常履行工作职责；

（三）中国保监会认可的其他特殊情况。

临时负责人应当具有与履行职责相当的能力，并应当符合本规定第三十三条、第三十四条的相关要求。

保险公估人任命临时负责人的，应当自决定作出之日起 5 日内在中国保监会规定的监管信息系统中登记相关信息。

第三章　经营规则

第四十二条　保险公估机构应当将备案表、营业执照置于住所或者营业场所显著位置。

保险公估机构分支机构应当将加盖所属机构公章的备案表、营业执照置于营业场所显著位置。

第四十三条　保险公估人可以经营下列全部或者部分业务：

（一）保险标的承保前和承保后的检验、估价及风险评估；

（二）保险标的出险后的查勘、检验、估损理算及出险保险标的残值处理；

（三）风险管理咨询；

（四）中国保监会规定的其他业务。

第四十四条　保险公估人应当根据法律、行政法规和中国保监会的有关规定，依照职责明晰、强化制衡、加强风险管理的原则，建立完善的公司治理结构和制度；明确管控责任，构建合规体系，注重自我约束，加强内部追责，确保稳健运营。

第四十五条　对受理的保险公估业务，保险公估人应当指定至少 2 名保险公估从业人员承办。

第四十六条 保险公估从业人员应当恰当选择评估方法。

保险公估人应当对公估报告进行内部审核。

第四十七条 保险公估报告应当由至少 2 名承办该项业务的保险公估从业人员签名并加盖保险公估机构印章。

保险公估人及其从业人员对其出具的公估报告依法承担责任。

第四十八条 保险公估人应当建立专门账簿，记载保险公估业务收支情况。

第四十九条 保险公估人应当开立独立的资金专用账户，用于收取保险公估业务报酬。

保险公估人开立、使用其他银行账户的，应当符合中国保监会的规定。

第五十条 保险公估人应当建立完整规范的公估档案，公估档案至少应当包括下列内容：

（一）保险公估业务所涉及的主要情况，包括委托人与其他当事人的名称或者姓名，保险标的、事故类型、估损金额等；

（二）公估业务报酬和收取情况；

（三）中国保监会规定的其他业务信息。

保险公估人的公估档案应当真实、完整。

第五十一条 保险公估人从事保险公估业务，应当与委托人签订委托合同，依法约定双方的权利义务及对公估信息保密、合理使用等其他事项。委托合同不得违反法律、行政法规及中国保监会有关规定。

第五十二条 委托人拒绝提供或者不如实提供执行公估业务所需的权属证明、财务会计信息和其他资料的，保险公估人有权依法拒绝其履行合同的要求。

委托人要求出具虚假公估报告或者有其他非法干预公估结果情形的，保险公估人有权解除合同。

第五十三条 保险公估人在开展业务过程中，应当制作规范的客户告知书，并在开展业务时向客户出示。

客户告知书应当至少包括保险公估人的名称、备案信息、营业场所、业务范围、联系方式、投诉渠道及纠纷解决方式等基本事项。

第五十四条 保险公估人应当在每一会计年度结束后聘请会计师事务所对本机构的资产、负债、利润等财务状况进行审计，并在每一会计年度结束后 4 个月内向中国保监会派出机构报送相关审计报告。

保险公估人应当根据规定向中国保监会派出机构提交专项外部审计报告。

第五十五条 保险公估人为政策性保险业务、政府委托业务及社会团体委托业务提供服务的，报酬收取不得违反中国保监会的规定。

第五十六条 保险公估人及其从业人员在开展公估业务过程中，应当勤勉尽职。保险公估报告中涉及赔款金额的，应当指明该赔款金额所依据的相应保险条款。

第五十七条 保险公估人应当建立健全内部管理制度，对本机构的保险公估从业人员遵守法律、行政法规和保险公估基本准则的情况进行监督，并对其从业行为负责。

第五十八条 保险公估人应当按规定将监管费交付到中国保监会指定账户。

第五十九条 保险公估人应当在备案公告之日起 20 日内，根据业务需要建立职业风险基金，或者办理职业责任保险，完善风险防范流程。

第六十条 保险公估人应当自建立职业风险基金或者投保职业责任保险之日起 10 日内，将职业风险基金存款协议复印件、职业风险基金入账原始凭证复印件或者职业责任保险保单复印件报送中国保监会派出机构，并在中国保监会规定的监管信息系统中登记相关信息。

第六十一条 保险公估人建立职业风险基金的，应当按上一年主营业务收入的 5% 缴存，年度主营业务收入增加的，应当相应增加职业风险基金数额；保险公估人职业风险基金缴存额达到人民币 100 万元的，可以不再增加职业风险基金。

保险公估人应当在每年第一季度足额缴存职业风险基金。保险公估人的职业风险基金应当以银行存款形式专户存储到商业银行，或者以中国保监会认可的其他形式缴存。

保险公估人动用职业风险基金须符合中国保监会有关规定。

第六十二条 保险公估人投保职业责任保险的，该保险应当持续有效。

保险公估人投保的职业责任保险对一次事故的赔偿限额不得低于人民币 100 万元；一年期累计赔偿限额不得低于人民币 1000 万元，且不得低于保险公估人上年度的主营业务收入。

第六十三条 保险公估人应当依照中国保监会的有关规定及时、准确、完整地报送报告、报表、文件和资料，并根据要求提交相关的电子文本。

保险公估人报送的报告、报表、文件和资料应当由法定代表人、主要负责人或者其授权人签字，并加盖机构印章。

第六十四条 保险公估人不得委托未通过该机构进行执业登记的个人从事保险公估业务。

第六十五条 保险公估人应当对保险公估从业人员进行执业登记信息管理，及时登记个人信息及授权范围等事项以及接受处罚、聘用关系终止等情况，确保执业登记信息的真实、准确、完整。

第六十六条 保险公估人不得与非法从事保险业务或者保险中介业务的机构或者个人发生保险公估业务往来。

第六十七条 保险公估人及其从业人员在开展公估业务过程中，除不得有本法第二十五条、第三十一条规定的行为外，还不得有下列行为：

（一）隐瞒或者虚构与保险合同有关的重要情况；

（二）串通委托人或者相关当事人，骗取保险金；

（三）泄露在经营过程中知悉的委托人和相关当事人的商业秘密

及个人隐私；

（四）虚开发票、夸大公估报酬金额。

第四章　市　场　退　出

第六十八条　有下列情形之一的，保险公估人应当在 5 日内注销保险公估从业人员执业登记：

（一）保险公估从业人员受到停止从业行政处罚的；

（二）保险公估从业人员因其他原因终止执业的；

（三）保险公估人停业、解散或者因其他原因不再继续经营保险公估业务的；

（四）法律、行政法规和中国保监会规定的其他情形。

第六十九条　保险公估机构实行年度报告制度。保险公估机构应当于每年 1 月 31 日前向中国保监会及其派出机构提交上一年度报告。

对不按时报送年度报告的保险公估机构，中国保监会及其派出机构将对外公示其经营异常信息。对年度报告事项未达到监管要求的保险公估机构，中国保监会及其派出机构将采取相应的监管措施。

第七十条　保险公估机构分支机构经营管理混乱，从事重大违法违规活动的，保险公估机构应当根据中国保监会及其派出机构的监管要求，对分支机构采取限期整改、停业、撤销等措施。

第七十一条　保险公估人终止保险公估业务活动，应当妥善处理债权债务关系，不得损害委托人和其他相关当事人的合法权益。

第五章　行　业　自　律

第七十二条　保险中介行业自律组织依法制定自律规则，依据法律法规和自律规则，对保险公估人和保险公估从业人员实行自律管理。依法制定章程，并报中国保监会备案。

保险公估人和保险公估从业人员自愿加入保险中介行业自律组织，平等享有章程规定的权力，履行章程规定的义务。

保险中介行业自律组织包括全国性和地方性保险中介行业自律组织。

第七十三条 保险中介行业自律组织履行下列职责：

（一）制定会员自律管理办法，对会员实行自律管理；

（二）组织开展会员继续教育和专业培训；

（三）建立会员信用档案，将会员遵守法律、行政法规和公估准则的情况记入信用档案，并向社会公开；

（四）检查会员建立风险防范机制的情况；

（五）受理对会员的投诉、举报，受理会员的申诉，调解会员执业纠纷；

（六）规范会员从业行为，定期对会员出具的公估报告进行检查，按照章程规定对会员给予奖惩，并将奖惩情况及时报告中国保监会；

（七）保障会员依法开展业务，维护会员合法权益；

（八）法律、行政法规和章程规定的其他职责。

全国性保险中介行业自律组织依据保险公估基本准则制定公估执业准则、职业道德准则、从业人员行为准则。

第七十四条 保险中介行业自律组织应当建立沟通协作和信息共享机制，公布加入本组织的保险公估人和从业人员名单。

保险中介行业自律组织应当通过互联网等渠道加强信息披露，便于公众查询保险公估人的备案情况、经营范围、诚信记录、行政处罚等事项及其从业人员所属保险公估人、授权范围、诚信记录、行政处罚等事项。

第七十五条 全国性保险中介行业自律组织按照国家规定组织实施公估师资格全国统一考试。

第七十六条 保险中介行业自律组织可以组织会员就保险公估行业的发展、运作及有关内容进行研究，收集整理、发布保险公估相关信息，提供会员服务，组织行业交流。

第六章　监督检查

第七十七条　中国保监会派出机构按照属地原则负责辖区内保险公估人及其保险公估业务活动的监管。

中国保监会派出机构应当注重对辖区内保险公估人的行为监管，依法进行现场检查和非现场监管，并实施行政处罚和其他监管措施。

第七十八条　中国保监会及其派出机构根据监管需要，可以对保险公估人董事长、执行董事和高级管理人员进行监管谈话，要求其就经营活动中的重大事项作出说明。

第七十九条　中国保监会及其派出机构根据监管需要，可以委派监管人员列席保险公估人的股东（大）会、合伙人会议、董事会。

第八十条　中国保监会及其派出机构依法对保险公估人进行现场检查，主要包括下列内容：

（一）是否按规定进行备案或者履行报告义务；

（二）职业风险基金或者职业责任保险是否符合规定；

（三）业务经营是否合法；

（四）财务状况是否良好；

（五）向中国保监会及其派出机构提交的报告、报表、文件和资料是否及时、完整和真实；

（六）内控制度是否符合中国保监会有关规定；

（七）设立及管控分支机构是否符合规定；

（八）聘用董事长、执行董事和高级管理人员是否符合规定；

（九）是否有效履行从业人员管理职责；

（十）业务、财务信息管理系统是否符合中国保监会有关规定；

（十一）持续符合《资产评估法》第十五条规定条件的情况；

（十二）中国保监会规定的其他事项。

第八十一条　保险公估人应当按照下列要求配合中国保监会及其派出机构的现场检查工作，不得拒绝、妨碍中国保监会及其派出机构依法进行监督检查：

（一）按要求提供有关文件、资料，不得伪造、拖延、转移或者藏匿；

（二）相关管理人员、财务人员及从业人员应当按要求到场说明情况、回答问题。

第八十二条　中国保监会及其派出机构可以在现场检查中，委托会计师事务所等社会中介机构提供相关服务；委托上述中介机构提供服务的，应当签订书面委托协议。

中国保监会及其派出机构应当将委托事项告知被检查的保险公估人。

第七章　法　律　责　任

第八十三条　保险公估机构未按本规定第十九条向中国保监会及其派出机构备案或者不符合本规定第九条规定的条件的，由中国保监会及其派出机构责令改正；拒不改正的，责令停业，可以并处1万元以上5万元以下罚款。

保险公估机构设立分支机构，未按本规定第二十条进行备案的，由中国保监会派出机构责令改正，给予警告，没有违法所得的，处1万元以下罚款，有违法所得的，处违法所得3倍以下罚款，但最高不得超过3万元。

第八十四条　保险公估机构经营公估业务，不符合本规定第十六条的，由中国保监会及其派出机构责令改正，给予警告，没有违法所得的，处1万元以下罚款，有违法所得的，处违法所得3倍以下罚款，但最高不得超过3万元。

第八十五条　保险公估人隐瞒有关情况、提供虚假材料、通过欺骗、贿赂等不正当手段进行备案的，由中国保监会及其派出机构依法予以撤销备案，给予警告，没有违法所得的，处1万元以下罚款，有违法所得的，处违法所得3倍以下罚款，但最高不得超过3万元。

第八十六条　保险公估人聘用不符合条件的董事长、执行董事和高级管理人员的，由中国保监会及其派出机构责令改正，给予警告，并处1万元以下罚款。

第八十七条　保险公估人未按规定对保险公估从业人员进行执业登记和管理的，由中国保监会及其派出机构责令改正，给予警告，并处1万元以下罚款。

第八十八条　保险公估人有下列情形之一的，由中国保监会及其派出机构责令改正，给予警告，并处1万元以下罚款：

（一）未按规定建立职业风险基金或者未按规定投保职业责任保险；

（二）违反规定动用职业风险基金或者未保持职业责任保险的有效性和连续性；

（三）未按规定设立专门账簿记载业务收支情况。

第八十九条　保险公估人超出备案的业务范围从事业务活动的，或者与非法从事保险业务或者保险中介业务的机构或者个人发生保险公估业务往来的，由中国保监会及其派出机构责令改正，给予警告，没有违法所得的，处1万元以下罚款，有违法所得的，处违法所得3倍以下罚款，但最高不得超过3万元。

第九十条　保险公估人及其从业人员违反本规定第五十三条、第五十六条，由中国保监会及其派出机构责令改正，对保险公估人给予警告，没有违法所得的，处1万元以下罚款，有违法所得的，处违法所得3倍以下罚款，但最高不得超过3万元。

第九十一条　保险公估人违反本规定，有下列情形之一的，由中国保监会及其派出机构给予警告，可以责令停业1个月以上6个月以下；有违法所得的，没收违法所得，并处违法所得1倍以上5

倍以下罚款；情节严重的，由工商行政管理部门吊销营业执照；构成犯罪的，依法追究刑事责任：

（一）利用开展业务之便，谋取不正当利益的；

（二）允许其他机构以本机构名义开展业务，或者冒用其他机构名义开展业务的；

（三）以恶性压价、支付回扣、虚假宣传，或者贬损、诋毁其他公估机构等不正当手段招揽业务的；

（四）受理与自身有利害关系的业务的；

（五）分别接受利益冲突双方的委托，对同一评估对象进行评估的；

（六）出具有重大遗漏的公估报告的；

（七）未按规定的期限保存公估档案的；

（八）聘用或者指定不符合《资产评估法》规定的人员从事公估业务的；

（九）对本机构的公估从业人员疏于管理，造成不良后果的。

第九十二条 保险公估人出具虚假公估报告的，由中国保监会及其派出机构责令停业 6 个月以上 1 年以下；有违法所得的，没收违法所得，并处违法所得 1 倍以上 5 倍以下罚款；情节严重的，由工商行政管理部门吊销营业执照；构成犯罪的，依法追究刑事责任。

第九十三条 保险公估人及其从业人员有本规定第六十七条所列情形之一的，由中国保监会及其派出机构责令改正，对保险公估人给予警告，没有违法所得的，处 1 万元以下罚款，有违法所得的，处违法所得 3 倍以下罚款，但最高不得超过 3 万元。

第九十四条 保险公估人有下列情形之一的，由中国保监会及其派出机构责令改正，给予警告，并处 1 万元以下罚款：

（一）未按照规定报送有关报告、报表、文件或者资料的；

（二）编制或者提供虚假的报告、报表、文件或者资料的；

（三）拒绝、妨碍依法监督检查的。

第九十五条 保险公估人有下列情形之一的，由中国保监会及其派出机构责令改正，给予警告，没有违法所得的，处1万元以下罚款，有违法所得的，处违法所得3倍以下罚款，但最高不得超过3万元：

（一）未按规定托管营运资金；

（二）未按规定设立分支机构经营保险公估业务；

（三）未按规定任命临时负责人；

（四）未按规定在住所或者营业场所放置备案表；

（五）未按规定建立或者管理业务档案；

（六）未按规定使用银行账户；

（七）未按规定收取报酬；

（八）未按法定要求开展公估工作；

（九）未按规定进行信息披露；

（十）未按规定缴纳监管费。

第九十六条 保险公估从业人员与委托人或者其他相关当事人及公估对象有利害关系，未依法回避的，由中国保监会及其派出机构责令改正，给予警告，没有违法所得的，处1万元以下罚款，有违法所得的，处违法所得3倍以下罚款，但最高不得超过3万元。

第九十七条 保险公估从业人员违反本规定，有下列情形之一的，由中国保监会及其派出机构给予警告，可以责令停止从业6个月以上1年以下；有违法所得的，没收违法所得；情节严重的，责令停止从业1年以上5年以下；构成犯罪的，依法追究刑事责任：

（一）私自接受委托从事业务、收取费用的；

（二）同时在两个以上保险公估人从事业务的；

（三）采用欺骗、利诱、胁迫，或者贬损、诋毁其他公估从业人员等不正当手段招揽业务的；

（四）允许他人以本人名义从事业务，或者冒用他人名义从事业务的；

（五）签署本人未承办业务的公估报告或者有重大遗漏的公估报告的；

（六）索要、收受或者变相索要、收受合同约定以外的酬金、财物，或者谋取其他不正当利益的。

第九十八条 保险公估从业人员签署虚假公估报告的，由中国保监会及其派出机构责令停止从业2年以上5年以下；有违法所得的，没收违法所得；情节严重的，责令停止从业5年以上10年以下；构成犯罪的，依法追究刑事责任，终身不得从事公估业务。

第九十九条 保险公估人、保险公估从业人员在1年内累计3次因违反规定受到责令停业、责令停止从业以外处罚的，中国保监会及其派出机构可以责令其停业或者停止从业1年以上5年以下。

第一百条 保险公估从业人员违反规定，给委托人或者其他相关当事人造成损失的，由其所在的保险公估人依法承担赔偿责任。保险公估人履行赔偿责任后，可以向有故意或者重大过失行为的保险公估从业人员追偿。

第一百零一条 保险公估人违反本规定的，中国保监会及其派出机构除依照本章规定对该机构给予处罚外，对其直接负责的主管人员和其他直接责任人员给予警告，并处1万元以下罚款。

第一百零二条 保险公估人的董事和高级管理人员或者从业人员，离职后被发现在原工作期间违反中国保监会有关规定的，应当依法追究其责任。

第一百零三条 中国保监会及其派出机构对保险公估人及其从业人员的违法行为依法实施行政处罚，将处罚情况及时通报保险中介行业自律组织，并依法向社会公开。

第一百零四条 保险中介行业自律组织违反有关规定的，由中国保监会给予警告，责令改正；拒不改正的，可以通报登记管理机关，由其依法给予处罚。

第八章　附　　则

第一百零五条 本规定所称保险专业中介机构指保险专业代理

机构、保险经纪人和保险公估人。

第一百零六条 保险公估人从事资产评估业务，涉及法律、行政法规和国务院规定由其他评估行政管理部门管理的，按照其他有关规定进行。

其他评估行政管理部门管理的专业领域资产评估机构及评估专业人员，从事保险公估业务的，由中国保监会参照本规定监督管理。

第一百零七条 经营保险公估业务的外资保险公估人适用本规定。我国参加的有关国际条约和中国保监会另有规定的，适用其规定。

第一百零八条 本规定施行前依法设立的保险公估人继续保留，不完全具备本规定条件的，具体适用办法由中国保监会另行规定。

第一百零九条 本规定要求提交的各种表格格式由中国保监会制定。

第一百一十条 本规定有关"5日""10日""20日"规定是指工作日，不含法定节假日。

本规定所称"以上""以下"均含本数。

第一百一十一条 本规定自2018年5月1日起施行，中国保监会2009年9月25日发布的《保险公估机构监管规定》（保监会令2009年第7号）、2013年1月6日发布的《保险经纪从业人员、保险公估从业人员监管办法》（保监会令2013年第3号）、2013年9月29日发布的《中国保险监督管理委员会关于修改〈保险公估机构监管规定〉的决定》（保监会令2013年第10号）同时废止。

保险公司管理规定

（2009 年 9 月 25 日中国保险监督管理委员会令 2009 年第 1 号发布　根据 2015 年 10 月 19 日中国保险监督管理委员会令 2015 年第 3 号《关于修改〈保险公司设立境外保险类机构管理办法〉等八部规章的决定》修订）

第一章　总　　则

第一条　为了加强对保险公司的监督管理，维护保险市场的正常秩序，保护被保险人合法权益，促进保险业健康发展，根据《中华人民共和国保险法》（以下简称《保险法》）、《中华人民共和国公司法》（以下简称《公司法》）等法律、行政法规，制定本规定。

第二条　中国保险监督管理委员会（以下简称中国保监会）根据法律和国务院授权，对保险公司实行统一监督管理。

中国保监会的派出机构在中国保监会授权范围内依法履行监管职责。

第三条　本规定所称保险公司，是指经保险监督管理机构批准设立，并依法登记注册的商业保险公司。

本规定所称保险公司分支机构，是指经保险监督管理机构批准，保险公司依法设立的分公司、中心支公司、支公司、营业部、营销服务部以及各类专属机构。专属机构的设立和管理，由中国保监会另行规定。

本规定所称保险机构，是指保险公司及其分支机构。

第四条　本规定所称分公司，是指保险公司依法设立的以分公司命名的分支机构。

本规定所称省级分公司，是指保险公司根据中国保监会的监管要求，在各省、自治区、直辖市内负责许可申请、报告提交等相关事宜的分公司。保险公司在住所地以外的各省、自治区、直辖市已经设立分公司的，应当指定其中一家分公司作为省级分公司。

保险公司在计划单列市设立分支机构的，应当指定一家分支机构，根据中国保监会的监管要求，在计划单列市负责许可申请、报告提交等相关事宜。

省级分公司设在计划单列市的，由省级分公司同时负责前两款规定的事宜。

第五条 保险业务由依照《保险法》设立的保险公司以及法律、行政法规规定的其他保险组织经营，其他单位和个人不得经营或者变相经营保险业务。

第二章 法人机构设立

第六条 设立保险公司，应当遵循下列原则：

（一）符合法律、行政法规；

（二）有利于保险业的公平竞争和健康发展。

第七条 设立保险公司，应当向中国保监会提出筹建申请，并符合下列条件：

（一）有符合法律、行政法规和中国保监会规定条件的投资人，股权结构合理；

（二）有符合《保险法》和《公司法》规定的章程草案；

（三）投资人承诺出资或者认购股份，拟注册资本不低于人民币2亿元，且必须为实缴货币资本；

（四）具有明确的发展规划、经营策略、组织机构框架、风险控制体系；

（五）拟任董事长、总经理应当符合中国保监会规定的任职资格条件；

（六）有投资人认可的筹备组负责人；

（七）中国保监会规定的其他条件。

中国保监会根据保险公司业务范围、经营规模，可以调整保险公司注册资本的最低限额，但不得低于人民币2亿元。

第八条 申请筹建保险公司的，申请人应当提交下列材料一式三份：

（一）设立申请书，申请书应当载明拟设立保险公司的名称、拟注册资本和业务范围等；

（二）设立保险公司可行性研究报告，包括发展规划、经营策略、组织机构框架和风险控制体系等；

（三）筹建方案；

（四）保险公司章程草案；

（五）中国保监会规定投资人应当提交的有关材料；

（六）筹备组负责人、拟任董事长、总经理名单及本人认可证明；

（七）中国保监会规定的其他材料。

第九条 中国保监会应当对筹建保险公司的申请进行审查，自受理申请之日起6个月内作出批准或者不批准筹建的决定，并书面通知申请人。决定不批准的，应当书面说明理由。

第十条 中国保监会在对筹建保险公司的申请进行审查期间，应当对投资人进行风险提示。

中国保监会应当听取拟任董事长、总经理对拟设保险公司在经营管理和业务发展等方面的工作思路。

第十一条 经中国保监会批准筹建保险公司的，申请人应当自收到批准筹建通知之日起1年内完成筹建工作。筹建期间届满未完成筹建工作的，原批准筹建决定自动失效。

筹建机构在筹建期间不得从事保险经营活动。筹建期间不得变更主要投资人。

第十二条 筹建工作完成后，符合下列条件的，申请人可以向中国保监会提出开业申请：

（一）股东符合法律、行政法规和中国保监会的有关规定；

（二）有符合《保险法》和《公司法》规定的章程；

（三）注册资本最低限额为人民币2亿元，且必须为实缴货币资本；

（四）有符合中国保监会规定任职资格条件的董事、监事和高级管理人员；

（五）有健全的组织机构；

（六）建立了完善的业务、财务、合规、风险控制、资产管理、反洗钱等制度；

（七）有具体的业务发展计划和按照资产负债匹配等原则制定的中长期资产配置计划；

（八）具有合法的营业场所，安全、消防设施符合要求，营业场所、办公设备等与业务发展规划相适应，信息化建设符合中国保监会要求；

（九）法律、行政法规和中国保监会规定的其他条件。

第十三条 申请人提出开业申请，应当提交下列材料一式三份：

（一）开业申请书；

（二）创立大会决议，没有创立大会决议的，应当提交全体股东同意申请开业的文件或者决议；

（三）公司章程；

（四）股东名称及其所持股份或者出资的比例，资信良好的验资机构出具的验资证明，资本金入账原始凭证复印件；

（五）中国保监会规定股东应当提交的有关材料；

（六）拟任该公司董事、监事、高级管理人员的简历以及相关证明材料；

（七）公司部门设置以及人员基本构成；

（八）营业场所所有权或者使用权的证明文件；

（九）按照拟设地的规定提交有关消防证明；

（十）拟经营保险险种的计划书、3 年经营规划、再保险计划、中长期资产配置计划，以及业务、财务、合规、风险控制、资产管理、反洗钱等主要制度；

（十一）信息化建设情况报告；

（十二）公司名称预先核准通知；

（十三）中国保监会规定提交的其他材料。

第十四条 中国保监会应当审查开业申请，进行开业验收，并自受理开业申请之日起 60 日内作出批准或者不批准开业的决定。验收合格决定批准开业的，颁发经营保险业务许可证；验收不合格决定不批准开业的，应当书面通知申请人并说明理由。

经批准开业的保险公司，应当持批准文件以及经营保险业务许可证，向工商行政管理部门办理登记注册手续，领取营业执照后方可营业。

第三章 分支机构设立

第十五条 保险公司可以根据业务发展需要申请设立分支机构。

保险公司分支机构的层级依次为分公司、中心支公司、支公司、营业部或者营销服务部。保险公司可以不逐级设立分支机构，但其在住所地以外的各省、自治区、直辖市开展业务，应当首先设立分公司。

保险公司可以不按照前款规定的层级逐级管理下级分支机构；营业部、营销服务部不得再管理其他任何分支机构。

第十六条 保险公司以 2 亿元人民币的最低资本金额设立的，在其住所地以外的每一省、自治区、直辖市首次申请设立分公司，应当增加不少于人民币 2 千万元的注册资本。

申请设立分公司，保险公司的注册资本达到前款规定的增资后额度的，可以不再增加相应的注册资本。

保险公司注册资本达到人民币 5 亿元，在偿付能力充足的情况下，设立分公司不需要增加注册资本。

第十七条 设立省级分公司，由保险公司总公司提出申请；设立其他分支机构，由保险公司总公司提出申请，或者由省级分公司持总公司批准文件提出申请。

在计划单列市申请设立分支机构，还可以由保险公司根据本规定第四条第三款指定的分支机构持总公司批准文件提出申请。

第十八条 设立分支机构，应当提出设立申请，并符合下列条件：

（一）上一年度偿付能力充足，提交申请前连续 2 个季度偿付能力均为充足；

（二）保险公司具备良好的公司治理结构，内控健全；

（三）申请人具备完善的分支机构管理制度；

（四）对拟设立分支机构的可行性已进行充分论证；

（五）在住所地以外的省、自治区、直辖市申请设立省级分公司以外其他分支机构的，该省级分公司已经开业；

（六）申请人最近 2 年内无受金融监管机构重大行政处罚的记录，不存在因涉嫌重大违法行为正在受到中国保监会立案调查的情形；

（七）申请设立省级分公司以外其他分支机构，在拟设地所在的省、自治区、直辖市内，省级分公司最近 2 年内无受金融监管机构重大行政处罚的记录，已设立的其他分支机构最近 6 个月内无受重大保险行政处罚的记录；

（八）有申请人认可的筹建负责人；

（九）中国保监会规定的其他条件。

第十九条 设立分支机构，申请人应当提交下列材料一式三份：

（一）设立申请书；

（二）申请前连续 2 个季度的偿付能力报告和上一年度经审计的偿付能力报告；

（三）保险公司上一年度公司治理结构报告以及申请人内控制度；

（四）分支机构设立的可行性论证报告，包括拟设机构3年业务发展规划和市场分析，设立分支机构与公司风险管理状况和内控状况相适应的说明；

（五）申请人分支机构管理制度；

（六）申请人作出的其最近2年无受金融监管机构重大行政处罚的声明；

（七）申请设立省级分公司以外其他分支机构的，提交省级分公司最近2年无受金融监管机构重大行政处罚的声明；

（八）拟设机构筹建负责人的简历以及相关证明材料；

（九）中国保监会规定提交的其他材料。

第二十条　中国保监会应当自收到完整申请材料之日起30日内对设立申请进行书面审查，对不符合本规定第十八条的，作出不予批准决定，并书面说明理由；对符合本规定第十八条的，向申请人发出筹建通知。

第二十一条　申请人应当自收到筹建通知之日起6个月内完成分支机构的筹建工作。筹建期间不计算在行政许可的期限内。

筹建期间届满未完成筹建工作的，应当根据本规定重新提出设立申请。

筹建机构在筹建期间不得从事任何保险经营活动。

第二十二条　筹建工作完成后，筹建机构具备下列条件的，申请人可以向中国保监会提交开业验收报告：

（一）具有合法的营业场所，安全、消防设施符合要求；

（二）建立了必要的组织机构和完善的业务、财务、风险控制、资产管理、反洗钱等管理制度；

（三）建立了与经营管理活动相适应的信息系统；

（四）具有符合任职条件的拟任高级管理人员或者主要负责人；

（五）对员工进行了上岗培训；

（六）筹建期间未开办保险业务；

（七）中国保监会规定的其他条件。

第二十三条 申请人提交的开业验收报告应当附下列材料一式三份：

（一）筹建工作完成情况报告；

（二）拟任高级管理人员或者主要负责人简历及有关证明；

（三）拟设机构营业场所所有权或者使用权证明；

（四）计算机设备配置、应用系统及网络建设情况报告；

（五）业务、财务、风险控制、资产管理、反洗钱等制度；

（六）机构设置和从业人员情况报告，包括员工上岗培训情况报告等；

（七）按照拟设地规定提交有关消防证明，无需进行消防验收或者备案的，提交申请人作出的已采取必要措施确保消防安全的书面承诺；

（八）中国保监会规定提交的其他材料。

第二十四条 中国保监会应当自收到完整的开业验收报告之日起 30 日内，进行开业验收，并作出批准或者不予批准的决定。验收合格批准设立的，颁发分支机构经营保险业务许可证；验收不合格不予批准设立的，应当书面通知申请人并说明理由。

第二十五条 经批准设立的保险公司分支机构，应当持批准文件以及分支机构经营保险业务许可证，向工商行政管理部门办理登记注册手续，领取营业执照后方可营业。

第四章　机构变更、解散与撤销

第二十六条 保险机构有下列情形之一的，应当经中国保监会批准：

（一）保险公司变更名称；

（二）变更注册资本；

（三）扩大业务范围；

（四）变更营业场所；

（五）保险公司分立或者合并；

（六）修改保险公司章程；

（七）变更出资额占有限责任公司资本总额 5% 以上的股东，或者变更持有股份有限公司股份 5% 以上的股东；

（八）中国保监会规定的其他情形。

第二十七条 保险机构有下列情形之一，应当自该情形发生之日起 15 日内，向中国保监会报告：

（一）变更出资额不超过有限责任公司资本总额 5% 的股东，或者变更持有股份有限公司股份不超过 5% 的股东，上市公司的股东变更除外；

（二）保险公司的股东变更名称，上市公司的股东除外；

（三）保险公司分支机构变更名称；

（四）中国保监会规定的其他情形。

第二十八条 保险公司依法解散的，应当经中国保监会批准，并报送下列材料一式三份：

（一）解散申请书；

（二）股东大会或者股东会决议；

（三）清算组织及其负责人情况和相关证明材料；

（四）清算程序；

（五）债权债务安排方案；

（六）资产分配计划和资产处分方案；

（七）中国保监会规定提交的其他材料。

第二十九条 保险公司依法解散的，应当成立清算组，清算工作由中国保监会监督指导。

保险公司依法被撤销的，由中国保监会及时组织股东、有关部门以及相关专业人员成立清算组。

第三十条　清算组应当自成立之日起 10 日内通知债权人，并于 60 日内在中国保监会指定的报纸上至少公告 3 次。

清算组应当委托资信良好的会计师事务所、律师事务所，对公司债权债务和资产进行评估。

第三十一条　保险公司撤销分支机构，应当经中国保监会批准。分支机构经营保险业务许可证自被批准撤销之日起自动失效，并应当于被批准撤销之日起 15 日内缴回。

保险公司合并、撤销分支机构的，应当进行公告，并书面通知有关投保人、被保险人或者受益人，对交付保险费、领取保险金等事宜应当充分告知。

第三十二条　保险公司依法解散或者被撤销的，其资产处分应当采取公开拍卖、协议转让或者中国保监会认可的其他方式。

第三十三条　保险公司依法解散或者被撤销的，在保险合同责任清算完毕之前，公司股东不得分配公司资产，或者从公司取得任何利益。

第三十四条　保险公司有《中华人民共和国企业破产法》第二条规定情形的，依法申请重整、和解或者破产清算。

第五章　分支机构管理

第三十五条　保险公司应当加强对分支机构的管理，督促分支机构依法合规经营，确保上级机构对管理的下级分支机构能够实施有效管控。

第三十六条　保险公司总公司应当根据本规定和发展需要制定分支机构管理制度，其省级分公司应当根据总公司的规定和当地实际情况，制定本省、自治区、直辖市分支机构管理制度。

保险公司在计划单列市设立分支机构的，应当由省级分公司或者保险公司根据本规定第四条第三款指定的分支机构制定当地分支机构管理制度。

第三十七条　分支机构管理制度至少应当包括下列内容：

（一）各级分支机构职能；

（二）各级分支机构人员、场所、设备等方面的配备要求；

（三）分支机构设立、撤销的内部决策制度；

（四）上级机构对下级分支机构的管控职责和措施。

第三十八条　保险公司分支机构应当配备必要数量的工作人员，分支机构高级管理人员或者主要负责人应当是与保险公司订立劳动合同的正式员工。

第三十九条　保险公司分支机构在经营存续期间，应当具有规范和稳定的营业场所，配备必要的办公设备。

第四十条　保险公司分支机构应当将经营保险业务许可证原件放置于营业场所显著位置，以备查验。

第六章　保 险 经 营

第四十一条　保险公司的分支机构不得跨省、自治区、直辖市经营保险业务，本规定第四十二条规定的情形和中国保监会另有规定的除外。

第四十二条　保险机构参与共保、经营大型商业保险或者统括保单业务，以及通过互联网、电话营销等方式跨省、自治区、直辖市承保业务，应当符合中国保监会的有关规定。

第四十三条　保险机构应当公平、合理拟订保险条款和保险费率，不得损害投保人、被保险人和受益人的合法权益。

第四十四条　保险机构的业务宣传资料应当客观、完整、真实，并应当载有保险机构的名称和地址。

第四十五条　保险机构应当按照中国保监会的规定披露有关信息。

保险机构不得利用广告或者其他宣传方式，对其保险条款内容和服务质量等做引人误解的宣传。

第四十六条　保险机构对保险合同中有关免除保险公司责任、退保、费用扣除、现金价值和犹豫期等事项，应当依照《保险法》和中国保监会的规定向投保人作出提示。

第四十七条　保险机构开展业务，应当遵循公平竞争的原则，不得从事不正当竞争。

第四十八条　保险机构不得将其保险条款、保险费率与其他保险公司的类似保险条款、保险费率或者金融机构的存款利率等进行片面比较。

第四十九条　保险机构不得以捏造、散布虚假事实等方式损害其他保险机构的信誉。

保险机构不得利用政府及其所属部门、垄断性企业或者组织，排挤、阻碍其他保险机构开展保险业务。

第五十条　保险机构不得劝说或者诱导投保人解除与其他保险机构的保险合同。

第五十一条　保险机构不得给予或者承诺给予投保人、被保险人、受益人保险合同约定以外的保险费回扣或者其他利益。

第五十二条　除再保险公司以外，保险机构应当按照规定设立客户服务部门或者咨询投诉部门，并向社会公开咨询投诉电话。

保险机构对保险投诉应当认真处理，并将处理意见及时告知投诉人。

第五十三条　保险机构应当建立保险代理人的登记管理制度，加强对保险代理人的培训和管理，不得唆使、诱导保险代理人进行违背诚信义务的活动。

第五十四条　保险机构不得委托未取得合法资格的机构或者个人从事保险销售活动，不得向未取得合法资格的机构或者个人支付佣金或者其他利益。

第五十五条　保险公司应当建立健全公司治理结构，加强内部管理，建立严格的内部控制制度。

第五十六条　保险公司应当建立控制和管理关联交易的有关制度。保险公司的重大关联交易应当按照规定及时向中国保监会报告。

第五十七条　保险机构任命董事、监事、高级管理人员，应当在任命前向中国保监会申请核准上述人员的任职资格。

保险机构董事、监事、高级管理人员的任职资格管理，按照《保险法》和中国保监会有关规定执行。

第五十八条　保险机构应当依照《保险法》和中国保监会的有关规定管理、使用经营保险业务许可证。

第七章　监督管理

第五十九条　中国保监会对保险机构的监督管理，采取现场监管与非现场监管相结合的方式。

第六十条　保险机构有下列情形之一的，中国保监会可以将其列为重点监管对象：

（一）严重违法；

（二）偿付能力不足；

（三）财务状况异常；

（四）中国保监会认为需要重点监管的其他情形。

第六十一条　中国保监会对保险机构的现场检查包括但不限于下列事项：

（一）机构设立、变更是否依法经批准或者向中国保监会报告；

（二）董事、监事、高级管理人员任职资格是否依法经核准；

（三）行政许可的申报材料是否真实；

（四）资本金、各项准备金是否真实、充足；

（五）公司治理和内控制度建设是否符合中国保监会的规定；

（六）偿付能力是否充足；

（七）资金运用是否合法；

（八）业务经营和财务情况是否合法，报告、报表、文件、资料是否及时、完整、真实；

（九）是否按规定对使用的保险条款和保险费率报经审批或者备案；

（十）与保险中介的业务往来是否合法；

（十一）信息化建设工作是否符合规定；

（十二）需要事后报告的其他事项是否按照规定报告；

（十三）中国保监会依法检查的其他事项。

第六十二条 中国保监会对保险机构进行现场检查，保险机构应当予以配合，并按中国保监会的要求提供有关文件、材料。

第六十三条 中国保监会工作人员依法实施现场检查；检查人员不得少于2人，并应当出示有关证件和检查通知书。

中国保监会可以在现场检查中，委托会计师事务所等中介服务机构提供相关专业服务；委托上述中介服务机构提供专业服务的，应当签订书面委托协议。

第六十四条 保险机构出现频繁撤销分支机构、频繁变更分支机构营业场所等情形，可能或者已经对保险公司经营造成不利影响的，中国保监会有权根据监管需要采取下列措施：

（一）要求保险机构在指定时间内完善分支机构管理的相关制度；

（二）询问保险机构负责人、其他相关人员，了解变更、撤销的有关情况；

（三）要求保险机构提供其内部对变更、撤销行为进行决策的相关文件和资料；

（四）出示重大风险提示函，或者对有关人员进行监管谈话；

（五）依法采取的其他措施。

保险机构应当按照中国保监会的要求进行整改，并及时将整改情况书面报告中国保监会。

第六十五条 中国保监会有权根据监管需要，要求保险机构进行报告或者提供专项资料。

第六十六条 保险机构应当按照规定及时向中国保监会报送营业报告、精算报告、财务会计报告、偿付能力报告、合规报告等报告、报表、文件和资料。

保险机构向中国保监会提交的各类报告、报表、文件和资料，应当真实、完整、准确。

第六十七条 保险公司的股东大会、股东会、董事会的重大决议，应当在决议作出后 30 日内向中国保监会报告，中国保监会另有规定的除外。

第六十八条 中国保监会有权根据监管需要，对保险机构董事、监事、高级管理人员进行监管谈话，要求其就保险业务经营、风险控制、内部管理等有关重大事项作出说明。

第六十九条 保险机构或者其从业人员违反本规定，由中国保监会依照法律、行政法规进行处罚；法律、行政法规没有规定的，由中国保监会责令改正，给予警告，对有违法所得的处以违法所得 1 倍以上 3 倍以下罚款，但最高不得超过 3 万元，对没有违法所得的处以 1 万元以下罚款；涉嫌犯罪的，依法移交司法机关追究其刑事责任。

第八章 附　　则

第七十条 外资独资保险公司、中外合资保险公司分支机构设立适用本规定；中国保监会之前作出的有关规定与本规定不一致的，以本规定为准。

对外资独资保险公司、中外合资保险公司的其他管理，适用本规定，法律、行政法规和中国保监会另有规定的除外。

第七十一条 除本规定第四十二条和第七十二条第一款规定的情形外，外国保险公司分公司只能在其住所地的省、自治区、直辖市行政辖区内开展业务。

对外国保险公司分公司的其他管理，参照本规定对保险公司总公司的有关规定执行，法律、行政法规和中国保监会另有规定的除外。

第七十二条　再保险公司，包括外国再保险公司分公司，可以直接在全国开展再保险业务。

再保险公司适用本规定，法律、行政法规和中国保监会另有规定的除外。

第七十三条　政策性保险公司、相互制保险公司参照适用本规定，国家另有规定的除外。

第七十四条　保险公司在境外设立子公司、分支机构，应当经中国保监会批准；其设立条件和管理，由中国保监会另行规定。

第七十五条　保险公司应当按照《保险法》的规定，加入保险行业协会。

第七十六条　本规定施行前已经设立的分支机构，无需按照本规定的设立条件重新申请设立审批，但应当符合本规定对分支机构的日常管理要求。不符合规定的，应当自本规定施行之日起 2 年内进行整改，在高级管理人员或者主要负责人资质、场所规范、许可证使用、分支机构管理等方面达到本规定的相关要求。

第七十七条　保险机构依照本规定报送的各项报告、报表、文件和资料，应当用中文书写。原件为外文的，应当附中文译本；中文与外文意思不一致的，以中文为准。

第七十八条　本规定中的日是指工作日，不含法定节假日；本规定中的以上、以下，包括本数。

第七十九条　本规定由中国保监会负责解释。

第八十条　本规定自 2009 年 10 月 1 日起施行。中国保监会2004 年 5 月 13 日发布的《保险公司管理规定》（保监会令〔2004〕3 号）同时废止。

保险公司偿付能力管理规定

（2021 年 1 月 15 日中国银行保险监督管理委员会令 2021 年第 1 号公布　自 2021 年 3 月 1 日起施行）

第一章　总　　则

第一条　为加强保险公司偿付能力监管，有效防控保险市场风险，维护保单持有人利益，根据《中华人民共和国保险法》，制定本规定。

第二条　本规定所称保险公司，是指依法在中国境内设立的经营商业保险业务的保险公司和外国保险公司分公司。

第三条　本规定所称偿付能力，是保险公司对保单持有人履行赔付义务的能力。

第四条　保险公司应当建立健全偿付能力管理体系，有效识别管理各类风险，不断提升偿付能力风险管理水平，及时监测偿付能力状况，编报偿付能力报告，披露偿付能力相关信息，做好资本规划，确保偿付能力达标。

第五条　中国银保监会以风险为导向，制定定量资本要求、定性监管要求、市场约束机制相结合的偿付能力监管具体规则，对保险公司偿付能力充足率状况、综合风险、风险管理能力进行全面评价和监督检查，并依法采取监管措施。

第六条　偿付能力监管指标包括：

（一）核心偿付能力充足率，即核心资本与最低资本的比值，衡量保险公司高质量资本的充足状况；

（二）综合偿付能力充足率，即实际资本与最低资本的比值，衡量保险公司资本的总体充足状况；

（三）风险综合评级，即对保险公司偿付能力综合风险的评价，衡量保险公司总体偿付能力风险的大小。

核心资本，是指保险公司在持续经营和破产清算状态下均可以吸收损失的资本。

实际资本，是指保险公司在持续经营或破产清算状态下可以吸收损失的财务资源。

最低资本，是指基于审慎监管目的，为使保险公司具有适当的财务资源应对各类可量化为资本要求的风险对偿付能力的不利影响，所要求保险公司应当具有的资本数额。

核心资本、实际资本、最低资本的计量标准等监管具体规则由中国银保监会另行规定。

第七条 保险公司逆周期附加资本、系统重要性保险机构附加资本的计提另行规定。

第八条 保险公司同时符合以下三项监管要求的，为偿付能力达标公司：

（一）核心偿付能力充足率不低于50%；

（二）综合偿付能力充足率不低于100%；

（三）风险综合评级在 B 类及以上。

不符合上述任意一项要求的，为偿付能力不达标公司。

第二章 保险公司偿付能力管理

第九条 保险公司董事会和高级管理层对本公司的偿付能力管理工作负责；总公司不在中国境内的外国保险公司分公司的高级管理层对本公司的偿付能力管理工作负责。

第十条 保险公司应当建立健全偿付能力风险管理的组织架构，明确董事会及其相关专业委员会、高级管理层和相关部门的职责与权限，并指定一名高级管理人员作为首席风险官负责偿付能力风险管理工作。

保险公司应当通过聘用协议、书面承诺等方式，明确对于造成公司偿付能力风险和损失的董事和高级管理人员，公司有权追回已发的薪酬。

未设置董事会及相关专业委员会的外国保险公司分公司，由高级管理层履行偿付能力风险管理的相关职责。

第十一条 保险公司应当建立完备的偿付能力风险管理制度和机制，加强对保险风险、市场风险、信用风险、操作风险、战略风险、声誉风险和流动性风险等固有风险的管理，以有效降低公司的控制风险。

固有风险，是指在现有的正常的保险行业物质技术条件和生产组织方式下，保险公司在经营和管理活动中必然存在的客观的偿付能力相关风险。

控制风险，是指因保险公司内部管理和控制不完善或无效，导致固有风险未被及时识别和控制的偿付能力相关风险。

第十二条 保险公司应当按照保险公司偿付能力监管具体规则，定期评估公司的偿付能力充足状况，计算核心偿付能力充足率和综合偿付能力充足率，按规定要求报送偿付能力报告，并对其真实性、完整性和合规性负责。

第十三条 保险公司应当按照中国银保监会的规定开展偿付能力压力测试，对未来一定时间内不同情景下的偿付能力状况及趋势进行预测和预警，并采取相应的预防措施。

第十四条 保险公司应当建立偿付能力数据管理制度，明确职责分工，完善管理机制，强化数据管控，确保各项偿付能力数据真实、准确、完整。

第十五条 保险公司应当按年度滚动编制公司三年资本规划，经公司董事会批准后，报送中国银保监会及其派出机构。保险公司应建立发展战略、经营规划、机构设立、产品设计、资金运用与资本规划联动的管理决策机制，通过优化业务结构、资产结构，提升内生资本的能力，运用适当的外部资本工具补充资本，保持偿付能力充足。

第三章 市场约束与监督

第十六条 保险公司应当按照中国银保监会制定的保险公司偿付能力监管具体规则，每季度公开披露偿付能力季度报告摘要，并在日常经营的有关环节，向保险消费者、股东、潜在投资者、债权人等利益相关方披露和说明其偿付能力信息。

上市保险公司应当同时遵守证券监督管理机构相关信息披露规定。

第十七条 中国银保监会定期发布以下偿付能力信息：

（一）保险业偿付能力总体状况；

（二）偿付能力监管工作情况；

（三）中国银保监会认为需要发布的其他偿付能力信息。

第十八条 保险公司聘请的会计师事务所应当按照法律法规的要求，独立、客观地对保险公司偿付能力报告发表审计意见。

精算咨询机构、信用评级机构、资产评估机构、律师事务所等中介机构在保险业开展业务，应当按照法律法规和执业准则要求，发表意见或出具报告。

第十九条 保险消费者、新闻媒体、行业分析师、研究机构等可以就发现的保险公司存在未遵守偿付能力监管规定的行为，向中国银保监会反映和报告。

第四章 监管评估与检查

第二十条 中国银保监会及其派出机构通过偿付能力风险管理能力评估、风险综合评级等监管工具，分析和评估保险公司的风险状况。

第二十一条 中国银保监会及其派出机构定期对保险公司偿付

能力风险管理能力进行监管评估，识别保险公司的控制风险。

保险公司根据评估结果计量控制风险的资本要求，并将其计入公司的最低资本。

第二十二条　中国银保监会及其派出机构通过评估保险公司操作风险、战略风险、声誉风险和流动性风险，结合其核心偿付能力充足率和综合偿付能力充足率，对保险公司总体风险进行评价，确定其风险综合评级，分为A类、B类、C类和D类，并采取差别化监管措施。

风险综合评级具体评价标准和程序由中国银保监会另行规定。中国银保监会可以根据保险业发展情况和监管需要，细化风险综合评级的类别。

第二十三条　中国银保监会及其派出机构建立以下偿付能力数据核查机制，包括：

（一）每季度对保险公司报送的季度偿付能力报告的真实性、完整性和合规性进行核查；

（二）每季度对保险公司公开披露的偿付能力季度报告摘要的真实性、完整性和合规性进行核查；

（三）对保险公司报送的其他偿付能力信息和数据进行核查。

核心偿付能力充足率低于60%或综合偿付能力充足率低于120%的保险公司为重点核查对象。

第二十四条　中国银保监会及其派出机构对保险公司偿付能力管理实施现场检查，包括：

（一）偿付能力管理的合规性和有效性；

（二）偿付能力报告的真实性、完整性和合规性；

（三）风险综合评级数据的真实性、完整性和合规性；

（四）偿付能力信息公开披露的真实性、完整性和合规性；

（五）对中国银保监会及其派出机构监管措施的落实情况；

（六）中国银保监会及其派出机构认为需要检查的其他方面。

第五章　监管措施

第二十五条　中国银保监会及其派出机构将根据保险公司的风险成因和风险程度，依法采取针对性的监管措施，以督促保险公司恢复偿付能力或在难以持续经营的状态下维护保单持有人的利益。

第二十六条　对于核心偿付能力充足率低于50%或综合偿付能力充足率低于100%的保险公司，中国银保监会应当采取以下第（一）项至第（四）项的全部措施：

（一）监管谈话；

（二）要求保险公司提交预防偿付能力充足率恶化或完善风险管理的计划；

（三）限制董事、监事、高级管理人员的薪酬水平；

（四）限制向股东分红。

中国银保监会还可以根据其偿付能力充足率下降的具体原因，采取以下第（五）项至第（十二）项的措施：

（五）责令增加资本金；

（六）责令停止部分或全部新业务；

（七）责令调整业务结构，限制增设分支机构，限制商业性广告；

（八）限制业务范围、责令转让保险业务或责令办理分出业务；

（九）责令调整资产结构，限制投资形式或比例；

（十）对风险和损失负有责任的董事和高级管理人员，责令保险公司根据聘用协议、书面承诺等追回其薪酬；

（十一）依法责令调整公司负责人及有关管理人员；

（十二）中国银保监会依法根据保险公司的风险成因和风险程度认为必要的其它监管措施。

对于采取上述措施后偿付能力未明显改善或进一步恶化的，由中国银保监会依法采取接管、申请破产等监管措施。

中国银保监会可以视具体情况，依法授权其派出机构实施必要的监管措施。

第二十七条 对于核心偿付能力充足率和综合偿付能力充足率达标，但操作风险、战略风险、声誉风险、流动性风险中某一类或某几类风险较大或严重的 C 类和 D 类保险公司，中国银保监会及其派出机构应根据风险成因和风险程度，采取针对性的监管措施。

第二十八条 保险公司未按规定报送偿付能力报告或公开披露偿付能力信息的，以及报送和披露虚假偿付能力信息的，中国银保监会及其派出机构依据《中华人民共和国保险法》等进行处罚。

第二十九条 保险公司聘请的会计师事务所的审计质量存在问题的，中国银保监会及其派出机构视具体情况采取责令保险公司更换会计师事务所、行业通报、向社会公众公布、不接受审计报告等措施，并移交注册会计师行业行政主管部门处理。

第三十条 精算咨询机构、信用评级机构、资产评估机构、律师事务所等中介机构在保险业开展业务时，存在重大疏漏或出具的意见、报告存在严重质量问题的，中国银保监会及其派出机构视具体情况采取责令保险公司更换中介机构、不接受报告、移交相关部门处理等措施。

第六章 附 则

第三十一条 保险集团、自保公司、相互保险组织适用本规定。相关法律法规另有规定的，从其规定。

第三十二条 外国保险公司分公司，如在中国境内有多家分公司，应当指定其中一家分公司合并评估所有在华分公司的偿付能力，并履行本规定的偿付能力管理职责，承担偿付能力管理责任。

第三十三条 本规定由中国银保监会负责解释和修订。

第三十四条 本规定自 2021 年 3 月 1 日起施行。《保险公司偿付能力管理规定》（中国保险监督管理委员会令 2008 年第 1 号）同时废止。

保险资金运用管理办法

（2018 年 1 月 24 日保监会令〔2018〕1 号公布　自 2018 年 4 月 1 日起实施）

第一章　总　　则

第一条　为了规范保险资金运用行为，防范保险资金运用风险，保护保险当事人合法权益，维护保险市场秩序，根据《中华人民共和国保险法》等法律、行政法规，制定本办法。

第二条　在中国境内依法设立的保险集团（控股）公司、保险公司从事保险资金运用活动适用本办法规定。

第三条　本办法所称保险资金，是指保险集团（控股）公司、保险公司以本外币计价的资本金、公积金、未分配利润、各项准备金以及其他资金。

第四条　保险资金运用必须以服务保险业为主要目标，坚持稳健审慎和安全性原则，符合偿付能力监管要求，根据保险资金性质实行资产负债管理和全面风险管理，实现集约化、专业化、规范化和市场化。

保险资金运用应当坚持独立运作。保险集团（控股）公司、保险公司的股东不得违法违规干预保险资金运用工作。

第五条　中国保险监督管理委员会（以下简称中国保监会）依法对保险资金运用活动进行监督管理。

第二章　资金运用形式

第一节　资金运用范围

第六条　保险资金运用限于下列形式：

（一）银行存款；

（二）买卖债券、股票、证券投资基金份额等有价证券；

（三）投资不动产；

（四）投资股权；

（五）国务院规定的其他资金运用形式。

保险资金从事境外投资的，应当符合中国保监会、中国人民银行和国家外汇管理局的相关规定。

第七条　保险资金办理银行存款的，应当选择符合下列条件的商业银行作为存款银行：

（一）资本充足率、净资产和拨备覆盖率等符合监管要求；

（二）治理结构规范、内控体系健全、经营业绩良好；

（三）最近三年未发现重大违法违规行为；

（四）信用等级达到中国保监会规定的标准。

第八条　保险资金投资的债券，应当达到中国保监会认可的信用评级机构评定的、且符合规定要求的信用级别，主要包括政府债券、金融债券、企业（公司）债券、非金融企业债务融资工具以及符合规定的其他债券。

第九条　保险资金投资的股票，主要包括公开发行并上市交易的股票和上市公司向特定对象非公开发行的股票。

保险资金开展股票投资，分为一般股票投资、重大股票投资和上市公司收购等，中国保监会根据不同情形实施差别监管。

保险资金投资全国中小企业股份转让系统挂牌的公司股票，以及以外币认购及交易的股票，由中国保监会另行规定。

第十条 保险资金投资证券投资基金的，其基金管理人应当符合下列条件：

（一）公司治理良好、风险控制机制健全；

（二）依法履行合同，维护投资者合法权益；

（三）设立时间一年（含）以上；

（四）最近三年没有重大违法违规行为；设立未满三年的，自其成立之日起没有重大违法违规行为；

（五）建立有效的证券投资基金和特定客户资产管理业务之间的防火墙机制；

（六）投资团队稳定，历史投资业绩良好，管理资产规模或者基金份额相对稳定。

第十一条 保险资金投资的不动产，是指土地、建筑物以及其他附着于土地上的定着物，具体办法由中国保监会制定。

第十二条 保险资金投资的股权，应当为境内依法设立和注册登记，且未在证券交易所公开上市的股份有限公司和有限责任公司的股权。

第十三条 保险集团（控股）公司、保险公司购置自用不动产、开展上市公司收购或者从事对其他企业实现控股的股权投资，应当使用自有资金。

第十四条 保险集团（控股）公司、保险公司对其他企业实现控股的股权投资，应当满足有关偿付能力监管规定。保险集团（控股）公司的保险子公司不符合中国保监会偿付能力监管要求的，该保险集团（控股）公司不得向非保险类金融企业投资。

实现控股的股权投资应当限于下列企业：

（一）保险类企业，包括保险公司、保险资产管理机构以及保险专业代理机构、保险经纪机构、保险公估机构；

（二）非保险类金融企业；

（三）与保险业务相关的企业。

本办法所称保险资产管理机构，是指经中国保监会同意，依法登记注册，受托管理保险资金等资金的金融机构，包括保险资产管理公司及其子公司、其他专业保险资产管理机构。

第十五条 保险资金可以投资资产证券化产品。

前款所称资产证券化产品，是指金融机构以可特定化的基础资产所产生的现金流为偿付支持，通过结构化等方式进行信用增级，在此基础上发行的金融产品。

第十六条 保险资金可以投资创业投资基金等私募基金。

前款所称创业投资基金是指依法设立并由符合条件的基金管理机构管理，主要投资创业企业普通股或者依法可转换为普通股的优先股、可转换债券等权益的股权投资基金。

第十七条 保险资金可以投资设立不动产、基础设施、养老等专业保险资产管理机构，专业保险资产管理机构可以设立符合条件的保险私募基金，具体办法由中国保监会制定。

第十八条 除中国保监会另有规定以外，保险集团（控股）公司、保险公司从事保险资金运用，不得有下列行为：

（一）存款于非银行金融机构；

（二）买入被交易所实行"特别处理""警示存在终止上市风险的特别处理"的股票；

（三）投资不符合国家产业政策的企业股权和不动产；

（四）直接从事房地产开发建设；

（五）将保险资金运用形成的投资资产用于向他人提供担保或者发放贷款，个人保单质押贷款除外；

（六）中国保监会禁止的其他投资行为。

第十九条 保险集团（控股）公司、保险公司从事保险资金运用应当符合中国保监会比例监管要求，具体规定由中国保监会另行制定。

中国保监会根据保险资金运用实际情况，可以对保险资产的分类、品种以及相关比例等进行调整。

第二十条　投资连结保险产品和非寿险非预定收益投资型保险产品的资金运用，应当在资产隔离、资产配置、投资管理等环节，独立于其他保险产品资金，具体办法由中国保监会制定。

第二节　资金运用模式

第二十一条　保险集团（控股）公司、保险公司应当按照"集中管理、统一配置、专业运作"的要求，实行保险资金的集约化、专业化管理。

保险资金应当由法人机构统一管理和运用，分支机构不得从事保险资金运用业务。

第二十二条　保险集团（控股）公司、保险公司应当选择符合条件的商业银行等专业机构，实施保险资金运用第三方托管和监督，具体办法由中国保监会制定。

托管的保险资产独立于托管机构固有资产，并独立于托管机构托管的其他资产。托管机构因依法解散、被依法撤销或者被依法宣告破产等原因进行清算的，托管资产不属于其清算财产。

第二十三条　托管机构从事保险资金托管的，主要职责包括：

（一）保险资金的保管、清算交割和资产估值；

（二）监督投资行为；

（三）向有关当事人披露信息；

（四）依法保守商业秘密；

（五）法律、行政法规、中国保监会规定和合同约定的其他职责。

第二十四条　托管机构从事保险资金托管，不得有下列行为：

（一）挪用托管资金；

（二）混合管理托管资金和自有资金或者混合管理不同托管账户资金；

（三）利用托管资金及其相关信息谋取非法利益；

（四）其他违法行为。

第二十五条　保险集团（控股）公司、保险公司、保险资产管理机构开展保险资金运用业务，应当具备相应的投资管理能力。

第二十六条　保险集团（控股）公司、保险公司根据投资管理能力和风险管理能力，可以按照相关监管规定自行投资或者委托符合条件的投资管理人作为受托人进行投资。

本办法所称投资管理人，是指依法设立的，符合中国保监会规定的保险资产管理机构、证券公司、证券资产管理公司、证券投资基金管理公司等专业投资管理机构。

第二十七条　保险集团（控股）公司、保险公司委托投资管理人投资的，应当订立书面合同，约定双方权利与义务，确保委托人、受托人、托管人三方职责各自独立。

保险集团（控股）公司、保险公司应当履行制定资产战略配置指引、选择受托人、监督受托人执行情况、评估受托人投资绩效等职责。

受托人应当执行委托人资产配置指引，根据保险资金特性构建投资组合，公平对待不同资金。

第二十八条　保险集团（控股）公司、保险公司委托投资管理人投资的，不得有下列行为：

（一）妨碍、干预受托人正常履行职责；

（二）要求受托人提供其他委托机构信息；

（三）要求受托人提供最低投资收益保证；

（四）非法转移保险利润或者进行其他不正当利益输送；

（五）其他违法行为。

第二十九条　投资管理人受托管理保险资金的，不得有下列行为：

（一）违反合同约定投资；

（二）不公平对待不同资金；

（三）混合管理自有、受托资金或者不同委托机构资金；

（四）挪用受托资金；

（五）向委托机构提供最低投资收益承诺；

（六）以保险资金及其投资形成的资产为他人设定担保；

（七）将受托资金转委托；

（八）为委托机构提供通道服务；

（九）其他违法行为。

第三十条 保险资产管理机构根据中国保监会相关规定，可以将保险资金运用范围内的投资品种作为基础资产，开展保险资产管理产品业务。

保险集团（控股）公司、保险公司委托投资或者购买保险资产管理产品，保险资产管理机构应当根据合同约定，及时向有关当事人披露资金投向、投资管理、资金托管、风险管理和重大突发事件等信息，并保证披露信息的真实、准确和完整。

保险资产管理机构应当根据受托资产规模、资产类别、产品风险特征、投资业绩等因素，按照市场化原则，以合同方式与委托或者投资机构，约定管理费收入计提标准和支付方式。

保险资产管理产品业务，是指由保险资产管理机构作为发行人和管理人，向保险集团（控股）公司、保险公司、保险资产管理机构以及其他合格投资者发售产品份额，募集资金，并选聘商业银行等专业机构为托管人，为投资人利益开展的投资管理活动。

第三十一条 保险资产管理机构开展保险资产管理产品业务，应当在中国保监会认可的资产登记交易平台进行发行、登记、托管、交易、结算、信息披露以及相关信用增进和抵质押融资等业务。

保险资金投资保险资产管理产品以外的其他金融产品，金融产品信息应当在中国保监会认可的资产登记交易平台进行登记和披露，具体操作参照保险资产管理产品的相关规定执行。

前款所称其他金融产品是指商业银行、信托公司、证券公司、证券投资基金管理公司等金融机构依照相关法律、行政法规发行，符合中国保监会规定的金融产品。

第三章　决策运行机制

第一节　组织结构与职责

第三十二条　保险集团（控股）公司、保险公司应当建立健全公司治理，在公司章程和相关制度中明确规定股东（大）会、董事会、监事会和经营管理层的保险资金运用职责，实现保险资金运用决策权、运营权、监督权相互分离，相互制衡。

第三十三条　保险资金运用实行董事会负责制。保险公司董事会应当对资产配置和投资政策、风险控制、合规管理承担最终责任，主要履行下列职责：

（一）审定保险资金运用管理制度；

（二）确定保险资金运用管理方式；

（三）审定投资决策程序和授权机制；

（四）审定资产战略配置规划、年度资产配置计划及相关调整方案；

（五）决定重大投资事项；

（六）审定新投资品种的投资策略和运作方案；

（七）建立资金运用绩效考核制度；

（八）其他相关职责。

董事会应当设立具有投资决策、资产负债管理和风险管理等相应职能的专业委员会。

第三十四条　保险集团（控股）公司、保险公司决定委托投资，以及投资无担保债券、股票、股权和不动产等重大保险资金运用事项，应当经董事会审议通过。

第三十五条　保险集团（控股）公司、保险公司经营管理层根据董事会授权，应当履行下列职责：

（一）负责保险资金运用的日常运营和管理工作；

（二）建立保险资金运用与财务、精算、产品和风险控制等部门之间的沟通协商机制；

（三）审议资产管理部门拟定的保险资产战略配置规划和年度资产配置计划及相关调整方案，并提交董事会审定；

（四）组织实施经董事会审定的资产战略配置规划和年度资产配置计划；

（五）控制和管理保险资金运用风险；

（六）其他相关职责。

第三十六条 保险集团（控股）公司、保险公司应当设置专门的保险资产管理部门，并独立于财务、精算、风险控制等其他业务部门，履行下列职责：

（一）拟定保险资金运用管理制度；

（二）拟定资产战略配置规划和年度资产配置计划及相关调整方案；

（三）执行资产战略配置规划和年度资产配置计划；

（四）实施保险资金运用风险管理措施；

（五）其他相关职责。

保险集团（控股）公司、保险公司自行投资的，保险资产管理部门应当负责日常投资和交易管理；委托投资的，保险资产管理部门应当履行监督投资行为和评估投资业绩等委托人职责。

第三十七条 保险集团（控股）公司、保险公司的保险资产管理部门应当在投资研究、资产清算、风险控制、业绩评估、相关保障等环节设置岗位，建立防火墙体系，实现专业化、规范化、程序化运作。

保险集团（控股）公司、保险公司自行投资的，保险资产管理部门应当设置投资、交易等与资金运用业务直接相关的岗位。

第三十八条 保险集团（控股）公司、保险公司风险管理部门以及具有相应管理职能的部门，应当履行下列职责：

（一）拟定保险资金运用风险管理制度；

（二）审核和监控保险资金运用合法合规性；

（三）识别、评估、跟踪、控制和管理保险资金运用风险；

（四）定期报告保险资金运用风险管理状况；

（五）其他相关职责。

第三十九条　保险资产管理机构应当设立首席风险管理执行官。

首席风险管理执行官为公司高级管理人员，负责组织和指导保险资产管理机构风险管理，履职范围应当包括保险资产管理机构运作的所有业务环节，独立向董事会、中国保监会报告有关情况，提出防范和化解重大风险建议。

首席风险管理执行官不得主管投资管理。如需更换，应当于更换前至少 5 个工作日向中国保监会书面说明理由和其履职情况。

第二节　资金运用流程

第四十条　保险集团（控股）公司、保险公司应当建立健全保险资金运用的管理制度和内部控制机制，明确各个环节、有关岗位的衔接方式及操作标准，严格分离前、中、后台岗位责任，定期检查和评估制度执行情况，做到权责分明、相对独立和相互制衡。相关制度包括但不限于：

（一）资产配置相关制度；

（二）投资研究、决策和授权制度；

（三）交易和结算管理制度；

（四）绩效评估和考核制度；

（五）信息系统管理制度；

（六）风险管理制度等。

第四十一条　保险集团（控股）公司、保险公司应当以独立法人为单位，统筹境内境外两个市场，综合偿付能力约束、外部环境、风险偏好和监管要求等因素，分析保险资金成本、现金流和期限等负债指标，选择配置具有相应风险收益特征、期限及流动性的资产。

第四十二条　保险集团（控股）公司、保险公司应当建立专业化分析平台，并利用外部研究成果，研究制定涵盖交易对手管理和投资品种选择的模型和制度，实时跟踪并分析市场变化，为保险资金运用决策提供依据。

第四十三条　保险集团（控股）公司、保险公司应当建立健全相对集中、分级管理、权责统一的投资决策和授权制度，明确授权方式、权限、标准、程序、时效和责任，并对授权情况进行检查和逐级问责。

第四十四条　保险集团（控股）公司、保险公司应当建立和完善公平交易机制，有效控制相关人员操作风险和道德风险，防范交易系统的技术安全疏漏，确保交易行为的合规性、公平性和有效性。公平交易机制至少应当包括以下内容：

（一）实行集中交易制度，严格隔离投资决策与交易执行；

（二）构建符合相关要求的集中交易监测系统、预警系统和反馈系统；

（三）建立完善的交易记录制度；

（四）在账户设置、研究支持、资源分配、人员管理等环节公平对待不同资金等。

保险集团（控股）公司、保险公司开展证券投资业务，应当遵守证券行业相关法律法规，建立健全风险隔离机制，实行相关从业人员本人及直系亲属投资信息申报制度，切实防范内幕交易、利用未公开信息交易、利益输送等违法违规行为。

第四十五条　保险集团（控股）公司、保险公司应当建立以资产负债管理为核心的绩效评估体系和评估标准，定期开展保险资金运用绩效评估和归因分析，推进长期投资、价值投资和分散化投资，实现保险资金运用总体目标。

第四十六条　保险集团（控股）公司、保险公司应当建立保险资金运用信息管理系统，减少或者消除人为操纵因素，自动识别、预警报告和管理控制资产管理风险，确保实时掌握风险状况。

信息管理系统应当设定合规性和风险指标阀值，将风险监控的各项要素固化到相关信息技术系统之中，降低操作风险、防止道德风险。

信息管理系统应当建立全面风险管理数据库，收集和整合市场基础资料，记录保险资金管理和投资交易的原始数据，保证信息平台共享。

第四章 风 险 管 控

第四十七条 保险集团（控股）公司、保险公司应当建立全面覆盖、全程监控、全员参与的保险资金运用风险管理组织体系和运行机制，改进风险管理技术和信息技术系统，通过管理系统和稽核审计等手段，分类、识别、量化和评估各类风险，防范和化解风险。

第四十八条 保险集团（控股）公司、保险公司应当管理和控制资产负债错配风险，以偿付能力约束和保险产品负债特性为基础，加强成本收益管理、期限管理和风险预算，确定保险资金运用风险限额，采用缺口分析、敏感性和情景测试等方法，评估和管理资产错配风险。

第四十九条 保险集团（控股）公司、保险公司应当管理和控制流动性风险，根据保险业务特点和风险偏好，测试不同状况下可以承受的流动性风险水平和自身风险承受能力，制定流动性风险管理策略、政策和程序，防范流动性风险。

第五十条 保险集团（控股）公司、保险公司应当管理和控制市场风险，评估和管理利率风险、汇率风险以及金融市场波动风险，建立有效的市场风险评估和管理机制，实行市场风险限额管理。

第五十一条 保险集团（控股）公司、保险公司应当管理和控制信用风险，建立信用风险管理制度，及时跟踪评估信用风险，跟踪分析持仓信用品种和交易对手，定期组织回测检验。

第五十二条 保险集团（控股）公司、保险公司应当加强同业拆借、债券回购和融资融券业务管理，严格控制融资规模和使用杠杆，禁止投机或者用短期拆借资金投资高风险和流动性差的资产。保险资金参与衍生产品交易，仅限于对冲风险，不得用于投机，具体办法由中国保监会制定。

第五十三条 保险集团（控股）公司、保险公司、保险资产管理机构开展投资业务或者资产管理产品业务，应当建立风险责任人制度，明确相应的风险责任人，具体办法由中国保监会制定。

第五十四条 保险集团（控股）公司、保险公司应当建立内部稽核和外部审计制度。

保险集团（控股）公司、保险公司应当每年至少进行一次保险资金运用内部稽核。

保险集团（控股）公司、保险公司应当聘请符合条件的外部专业审计机构，对保险资金运用内部控制情况进行年度专项审计。

上述内部稽核和年度审计的结果应当向中国保监会报告。具体办法由中国保监会制定。

第五十五条 保险集团（控股）公司、保险公司主管投资的高级管理人员、保险资金运用部门负责人和重要岗位人员离任前应当进行离任审计，审计结果应当向中国保监会报告。

第五十六条 保险集团（控股）公司、保险公司应当建立保险资金运用风险处置机制，制定应急预案，及时控制和化解风险隐患。投资资产发生大幅贬值或者出现债权不能清偿的，应当制定处置方案，并及时报告中国保监会。

第五十七条 保险集团（控股）公司、保险公司应当确保风险管控相关岗位和人员具有履行职责所需知情权和查询权，有权查阅、询问所有与保险资金运用业务相关的数据、资料和细节，并列席与保险资金运用相关的会议。

第五十八条 保险集团（控股）公司、保险公司的保险资金运用行为涉及关联交易的，应当遵守法律、行政法规、国家会计制度，以及中国保监会的有关监管规定。

第五章 监督管理

第五十九条 中国保监会对保险资金运用的监督管理，采取现场监管与非现场监管相结合的方式。

中国保监会可以授权其派出机构行使保险资金运用监管职权。

第六十条 中国保监会应当根据公司治理结构、偿付能力、投资管理能力和风险管理能力，按照内控与合规计分等有关监管规则，对保险集团（控股）公司、保险公司保险资金运用实行分类监管、持续监管、风险监测和动态评估。

中国保监会应当强化对保险公司的资本约束，确定保险资金运用风险监管指标体系，并根据评估结果，采取相应监管措施，防范和化解风险。

第六十一条 保险集团（控股）公司、保险公司分管投资的高级管理人员、保险资产管理公司的董事、监事、高级管理人员，应当在任职前取得中国保监会核准的任职资格。

保险集团（控股）公司、保险公司的首席投资官由分管投资的高级管理人员担任。

保险集团（控股）公司、保险公司的首席投资官和资产管理部门主要负责人应当在任命后 10 个工作日内，由任职机构向中国保监会报告。

第六十二条 保险集团（控股）公司、保险公司的重大股权投资，应当报中国保监会核准。

重大股权投资的具体办法由中国保监会另行制定。

第六十三条 保险资产管理机构发行或者发起设立的保险资产管理产品，实行核准、备案或注册管理。

注册不对保险资产管理产品的投资价值以及风险作实质性判断。

第六十四条 中国保监会有权要求保险集团（控股）公司、保

310

险公司提供报告、报表、文件和资料。

提交报告、报表、文件和资料，应当及时、真实、准确、完整。

第六十五条　保险集团（控股）公司、保险公司应当依法披露保险资金运用的相关信息。保险集团（控股）公司、保险公司的股东（大）会、董事会的重大投资决议，应当在决议作出后 5 个工作日内向中国保监会报告，中国保监会另有规定的除外。

第六十六条　中国保监会有权要求保险集团（控股）公司、保险公司将保险资金运用的有关数据与中国保监会的监管信息系统动态连接。

保险集团（控股）公司、保险公司应当按照中国保监会规定，及时、准确、完整地向中国保监会的监管信息系统报送相关数据。

第六十七条　保险集团（控股）公司和保险公司违反本办法规定，存在以下情形之一的，中国保监会可以限制其资金运用的形式和比例：

（一）偿付能力状况不符合中国保监会要求的；

（二）公司治理存在重大风险的；

（三）资金运用违反关联交易有关规定的。

第六十八条　保险集团（控股）公司、保险公司违反资金运用形式和比例有关规定的，由中国保监会责令限期改正。

第六十九条　中国保监会有权对保险集团（控股）公司、保险公司的董事、监事、高级管理人员和保险资产管理部门负责人进行监管谈话，要求其就保险资金运用情况、风险控制、内部管理等有关重大事项作出说明。

第七十条　保险集团（控股）公司、保险公司严重违反资金运用有关规定的，中国保监会可以责令调整负责人及有关管理人员。

第七十一条　保险集团（控股）公司、保险公司严重违反保险资金运用有关规定，被责令限期改正逾期未改正的，中国保监会可以决定选派有关人员组成整顿组，对公司进行整顿。

第七十二条　保险集团（控股）公司、保险公司违反本办法规定运用保险资金的，由中国保监会依法予以罚款、限制业务范围、责令停止接受新业务或者吊销业务许可证等行政处罚，对相关责任人员依法予以警告、罚款、撤销任职资格、禁止进入保险业等行政处罚。

受到行政处罚的，保险集团（控股）公司、保险公司应当对相关责任人员进行内部责任追究。

第七十三条 保险资金运用的其他当事人在参与保险资金运用活动中，违反有关法律、行政法规和本办法规定的，中国保监会应当记录其不良行为，并将有关情况通报其行业主管部门；情节严重的，中国保监会可以通报保险集团（控股）公司、保险公司3年内不得与其从事相关业务，并商有关监管部门依法给予行政处罚。

第七十四条 中国保监会工作人员滥用职权、玩忽职守，或者泄露所知悉的有关单位和人员的商业秘密的，依法追究法律责任。

第六章　附　　则

第七十五条 保险资产管理机构以及其他投资管理人管理运用保险资金参照本办法执行。

第七十六条 中国保监会对保险集团（控股）公司、自保公司以及其他类型保险机构的资金运用另有规定的，从其规定。

第七十七条 本办法由中国保监会负责解释和修订。

第七十八条 本办法自2018年4月1日起施行。中国保监会2010年7月30日发布的《保险资金运用管理暂行办法》（保监会令2010年第9号）、2014年4月4日发布的《中国保险监督管理委员会关于修改〈保险资金运用管理暂行办法〉的决定》（保监会令2014年第3号）同时废止。

保险公司信息披露管理办法

（2018 年 4 月 28 日中国银行保险监督管理委员会令
2018 年第 2 号公布　自 2018 年 7 月 1 日起施行）

第一章　总　　则

第一条　为了规范保险公司的信息披露行为，保障投保人、被保险人、受益人以及相关当事人的合法权益，促进保险业健康发展，根据《中华人民共和国保险法》等法律、行政法规，制定本办法。

第二条　本办法所称保险公司，是指经中国银行保险监督管理委员会批准设立，并依法登记注册的商业保险公司。

本办法所称信息披露，是指保险公司向社会公众公开其经营管理相关信息的行为。

第三条　保险公司信息披露应当遵循真实、准确、完整、及时、有效的原则，不得有虚假记载、误导性陈述和重大遗漏。

保险公司信息披露应当尽可能使用通俗易懂的语言。

第四条　保险公司应当按照法律、行政法规和中国银行保险监督管理委员会的规定进行信息披露。

保险公司可以在法律、行政法规和中国银行保险监督管理委员会规定的基础上披露更多信息。

第五条　保险公司按照本办法拟披露的信息属于国家秘密、商业秘密，以及存在其他因披露将导致违反国家有关保密的法律、行政法规等情形的，可以豁免披露相关内容。

第六条　中国银行保险监督管理委员会根据法律、行政法规和国务院授权，对保险公司的信息披露行为进行监督管理。

第二章 信息披露的内容

第七条 保险公司应当披露下列信息：

（一）基本信息；

（二）财务会计信息；

（三）保险责任准备金信息；

（四）风险管理状况信息；

（五）保险产品经营信息；

（六）偿付能力信息；

（七）重大关联交易信息；

（八）重大事项信息；

（九）中国银行保险监督管理委员会规定的其他信息。

第八条 保险公司披露的基本信息应当包括公司概况、公司治理概要和产品基本信息。

第九条 保险公司披露的公司概况应当包括下列内容：

（一）公司名称；

（二）注册资本；

（三）公司住所和营业场所；

（四）成立时间；

（五）经营范围和经营区域；

（六）法定代表人；

（七）客服电话、投诉渠道和投诉处理程序；

（八）各分支机构营业场所和联系电话。

第十条 保险公司披露的公司治理概要应当包括下列内容：

（一）实际控制人及其控制本公司情况的简要说明；

（二）持股比例在5%以上的股东及其持股情况；

（三）近3年股东大会（股东会）主要决议，至少包括会议召开的时间、地点、出席情况、主要议题以及表决情况等；

（四）董事和监事简历；

（五）高级管理人员简历、职责及其履职情况；

（六）公司部门设置情况。

第十一条 保险公司披露的产品基本信息应当包括下列内容：

（一）审批或者备案的保险产品目录、条款；

（二）人身保险新型产品说明书；

（三）中国银行保险监督管理委员会规定的其他产品基本信息。

第十二条 保险公司披露的上一年度财务会计信息应当与经审计的年度财务会计报告保持一致，并包括下列内容：

（一）财务报表，包括资产负债表、利润表、现金流量表、所有者权益变动表和附注；

财务报表附注，包括财务报表的编制基础，重要会计政策和会计估计的说明，重要会计政策和会计估计变更的说明，或有事项、资产负债表日后事项和表外业务的说明，对公司财务状况有重大影响的再保险安排说明，企业合并、分立的说明，以及财务报表中重要项目的明细。

（二）审计报告的主要审计意见，审计意见中存在带强调事项段的无保留意见、保留意见、否定意见或者无法表示意见的，保险公司还应当就此作出说明。

实际经营期未超过 3 个月的保险公司年度财务会计报告可以不经审计。

第十三条 保险公司披露的上一年度保险责任准备金信息包括准备金评估方面的定性信息和定量信息。

保险公司应当按照准备金的类别提供以下说明：未来现金流假设、主要精算假设方法及其结果等。

保险公司应当按照准备金的类别列示准备金评估结果以及与前一年度评估结果的对比分析。

保险公司披露的保险责任准备金信息应当与财务会计报告相关

信息保持一致。

第十四条　保险公司披露的风险管理状况信息应当与经董事会审议的年度风险评估报告保持一致，并包括下列内容：

（一）风险评估，包括保险风险、市场风险和信用风险等风险的敞口及其简要说明，以及操作风险、战略风险、声誉风险、流动性风险等的简要说明；

（二）风险控制，包括风险管理组织体系简要介绍、风险管理总体策略及其执行情况。

第十五条　人身保险公司披露的产品经营信息应当包括下列内容：

（一）上一年度原保险保费收入居前5位的保险产品的名称、主要销售渠道、原保险保费收入和退保金；

（二）上一年度保户投资款新增交费居前3位的保险产品的名称、主要销售渠道、保户投资款新增交费和保户投资款本年退保；

（三）上一年度投连险独立账户新增交费居前3位的投连险产品的名称、主要销售渠道、投连险独立账户新增交费和投连险独立账户本年退保。

第十六条　财产保险公司披露的产品经营信息是指上一年度原保险保费收入居前5位的商业保险险种经营情况，包括险种名称、保险金额、原保险保费收入、赔款支出、准备金、承保利润。

第十七条　保险公司披露的上一年度偿付能力信息是指经审计的第四季度偿付能力信息，至少包括核心偿付能力充足率、综合偿付能力充足率、实际资本和最低资本等内容。

第十八条　保险公司披露的重大关联交易信息应当包括下列内容：

（一）交易概述以及交易标的的基本情况；

（二）交易对手情况；

（三）交易的主要内容和定价政策；

（四）独立董事的意见；

（五）中国银行保险监督管理委员会规定的其他事项。

重大关联交易的认定和计算，应当符合中国银行保险监督管理委员会的有关规定。

第十九条 保险公司有下列重大事项之一的，应当披露相关信息并作出简要说明：

（一）控股股东或者实际控制人发生变更；

（二）更换董事长或者总经理；

（三）当年董事会累计变更人数超过董事会成员人数的三分之一；

（四）公司名称、注册资本、公司住所或者营业场所发生变更；

（五）经营范围发生变化；

（六）合并、分立、解散或者申请破产；

（七）撤销省级分公司；

（八）对被投资企业实施控制的重大股权投资；

（九）发生单项投资实际投资损失金额超过公司上季度末净资产总额5%的重大投资损失，如果净资产为负值则按照公司注册资本5%计算；

（十）发生单笔赔案或者同一保险事故涉及的所有赔案实际赔付支出金额超过公司上季度末净资产总额5%的重大赔付，如果净资产为负值则按照公司注册资本5%计算；

（十一）发生对公司净资产和实际营运造成重要影响或者判决公司赔偿金额超过5000万元人民币的重大诉讼案件；

（十二）发生对公司净资产和实际营运造成重要影响或者裁决公司赔偿金额超过5000万元人民币的重大仲裁事项；

（十三）保险公司或者其董事长、总经理受到刑事处罚；

（十四）保险公司或者其省级分公司受到中国银行保险监督管理委员会或者其派出机构的行政处罚；

（十五）更换或者提前解聘会计师事务所；

（十六）中国银行保险监督管理委员会规定的其他事项。

第三章　信息披露的方式和时间

第二十条　保险公司应当建立公司网站，按照本办法的规定披露相关信息。

第二十一条　保险公司应当在公司网站披露公司的基本信息。

公司基本信息发生变更的，保险公司应当自变更之日起 10 个工作日内更新。

第二十二条　保险公司应当制作年度信息披露报告，年度信息披露报告应当至少包括本办法第七条第（二）项至第（六）项规定的内容。

保险公司应当在每年 4 月 30 日前在公司网站和中国银行保险监督管理委员会指定的媒介上发布年度信息披露报告。

第二十三条　保险公司发生本办法第七条第（七）项、第（八）项规定事项之一的，应当自事项发生之日起 10 个工作日内编制临时信息披露报告，并在公司网站上发布。

临时信息披露报告应当按照事项发生的顺序进行编号并且标注披露时间，报告应当包含事项发生的时间、事项的起因、目前的状态和可能产生的影响。

第二十四条　保险公司不能按时进行信息披露的，应当在规定披露的期限届满前向中国银行保险监督管理委员会报告相关情况，并且在公司网站公布不能按时披露的原因以及预计披露时间。

第二十五条　保险公司网站应当保留最近 5 年的公司年度信息披露报告和临时信息披露报告。

第二十六条　保险公司在公司网站和中国银行保险监督管理委员会指定媒介以外披露信息的，其内容不得与公司网站和中国银行保险监督管理委员会指定媒介披露的内容相冲突，且不得早于公司网站和中国银行保险监督管理委员会指定媒介的披露时间。

第四章　信息披露的管理

第二十七条　保险公司应当建立信息披露管理制度并报中国银行保险监督管理委员会。信息披露管理制度应当包括下列内容：

（一）信息披露的内容和基本格式；

（二）信息的审核和发布流程；

（三）信息披露的豁免及其审核流程；

（四）信息披露事务的职责分工、承办部门和评价制度；

（五）责任追究制度。

保险公司修订信息披露管理制度后，应当在修订完成之日起10个工作日内向中国银行保险监督管理委员会报告。

第二十八条　保险公司拟披露信息属于豁免披露事项的，应当在豁免披露事项通过公司审核后10个工作日内向中国银行保险监督管理委员会报告。

豁免披露的原因已经消除的，保险公司应当在原因消除之日起10个工作日内编制临时信息披露报告，披露相关信息、此前豁免披露的原因和公司审核情况等。

第二十九条　保险公司董事会秘书负责管理公司信息披露事务。未设董事会的保险公司，应当指定公司高级管理人员负责管理信息披露事务。

第三十条　保险公司应当将董事会秘书或者指定的高级管理人员、承办信息披露事务的部门的联系方式报中国银行保险监督管理委员会。

上述情况发生变更的，保险公司应当在变更之日起10个工作日内向中国银行保险监督管理委员会报告。

第三十一条　保险公司应当在公司网站主页置顶的显著位置设置信息披露专栏，名称为"公开信息披露"。

保险公司所有公开披露的信息都应当在该专栏下分类设置子栏目列示，一级子栏目名称分别为"基本信息""年度信息""重大事项"和"专项信息"等。其中，"专项信息"栏目下设"关联交易""股东股权""偿付能力""互联网保险""资金运用""新型产品""交强险"等二级子栏目。

上市保险公司可以在"投资者关系"栏目下披露本办法要求披露的相关内容。

第三十二条 保险公司应当加强公司网站建设，维护公司网站安全，方便社会公众查阅信息。

第三十三条 保险公司应当使用中文进行信息披露。同时披露外文文本的，中、外文文本内容应当保持一致；两种文本不一致的，以中文文本为准。

第五章 法律责任

第三十四条 保险公司有下列行为之一的，由中国银行保险监督管理委员会依据法律、行政法规进行处罚：

（一）未按照本办法的规定披露信息的；

（二）未按照本办法的规定报送或者保管报告、报表、文件、资料的，或者未按照规定提供有关信息、资料的；

（三）编制或者提供虚假的报告、报表、文件、资料的；

（四）拒绝或者妨碍依法监督检查的。

第三十五条 保险公司违反本办法规定的，中国银行保险监督管理委员会除按照本办法第三十四条的规定对该公司给予处罚外，对其直接负责信息披露的主管人员和其他直接责任人员依据法律、行政法规进行处罚。

第六章　附　　则

第三十六条　中国银行保险监督管理委员会对保险产品经营信息和其他信息的披露另有规定的，从其规定。

第三十七条　下列保险机构参照适用本办法，法律、行政法规和中国银行保险监督管理委员会另有规定的除外：

（一）保险集团（控股）公司；

（二）再保险公司；

（三）保险资产管理公司；

（四）相互保险组织；

（五）外国保险公司分公司；

（六）中国银行保险监督管理委员会规定的其他保险机构。

第三十八条　上市保险公司按照上市公司信息披露要求已经披露本办法规定的相关信息的，可免予重复披露。

保险集团（控股）公司下属的保险公司已经按照本办法规定披露保险责任准备金信息、保险产品经营信息等信息的，保险集团（控股）公司可免于重复披露。

对于上述免于重复披露的内容，上市保险公司或者保险集团（控股）公司应当在公司网站和中国银行保险监督管理委员会指定的媒介上披露链接网址及其简要说明。

第三十九条　本办法由中国银行保险监督管理委员会负责解释。

第四十条　本办法自 2018 年 7 月 1 日起施行。原中国保险监督管理委员会 2010 年 5 月 12 日发布的《保险公司信息披露管理办法》（保监会令 2010 年第 7 号）、2010 年 6 月 2 日发布的《关于实施〈保险公司信息披露管理办法〉有关问题的通知》（保监统信〔2010〕604 号）同时废止。

银行保险违法行为举报处理办法

（2019 年 12 月 25 日中国银行保险监督管理委员会令 2019 年第 8 号公布　自 2020 年 3 月 1 日起施行）

第一条　为规范中国银行保险监督管理委员会及派出机构（以下统称银行保险监督管理机构）对银行保险违法行为举报处理工作，维护经济金融秩序，根据《中华人民共和国银行业监督管理法》《中华人民共和国商业银行法》《中华人民共和国保险法》等有关法律、行政法规，制定本办法。

第二条　自然人、法人或者其他组织（以下简称举报人），对被举报人违反相关银行保险监管法律、行政法规、部门规章和其他规范性文件的行为向银行保险监督管理机构举报，请求银行保险监督管理机构依法履行查处职责，银行保险监督管理机构对该举报的处理，适用本办法。

本办法所称被举报人，包括银行业金融机构及从业人员，保险机构、保险中介机构及从业人员，银行保险监督管理机构负责监管的其他主体，以及涉嫌非法设立银行业金融机构、保险机构、保险中介机构和非法经营银行业务、保险业务、保险中介业务的自然人、法人或者其他组织。

第三条　举报处理工作应当遵循统一领导、属地管理、分级负责的原则。

银行保险监督管理机构应当明确举报处理工作的管理部门和承办部门，分别负责对举报处理工作进行管理和办理。

第四条　银行保险监督管理机构应当遵循依法、公正、及时的原则，建立健全举报处理工作机制。

第五条　银行保险监督管理机构应当在官方网站公开受理举报

的通信地址、联系电话、举报受理范围等信息。

第六条 银行保险监督管理机构对被举报人违法行为的管辖，根据银行保险监督管理机构对被举报人的直接监管职权管辖范围确定。

不同银行保险监督管理机构对同一举报事项的管辖权有争议的，报请共同的上级机构确定。

第七条 举报分为实名举报和匿名举报。在举报时提供本人真实姓名（名称）、有效身份信息和有效联系方式、身份证复印件等信息并签字（盖章）的，为实名举报。

对举报人采取书面邮寄方式向银行保险监督管理机构提出举报的，银行保险监督管理机构应当依据书面举报材料进行处理。对采取面谈方式提出举报的，银行保险监督管理机构应当予以记录并经其本人签字确认后提交。对采取电话方式提出举报的，举报人应当补充提交书面举报材料。拒绝签字确认或补充提交书面材料的，视为匿名举报。

五名以上举报人拟采取面谈方式共同提出举报的，应当推选一至二名代表。

对于实名举报，银行保险监督管理机构需按本办法要求，履行相关告知程序。对于匿名举报，银行保险监督管理机构根据举报内容及举报人提供的相关证明材料等情况依法进行处理，不受本办法规定的期限限制，也不履行本办法规定的相关告知程序。

第八条 举报同时符合下列条件的，予以受理：

（一）举报事项属于本机构的监管职责范围；

（二）有明确的被举报人；

（三）有被举报人违反相关银行保险监管法律、行政法规、部门规章和其他规范性文件行为的具体事实及相关的证明材料。

第九条 有下列情形之一的，银行保险监督管理机构不予受理：

（一）不符合本办法第八条规定的受理条件的；

（二）已经受理的举报，举报人在处理期间再次举报，且举报内容无新的事实、证明材料的；

（三）已经办结的举报，举报人再次举报，且举报内容无新的事实、证明材料的；

（四）已经或依法应当通过诉讼、仲裁、行政复议等法定途径予以解决的；

（五）反映的被举报人银行保险违法行为已由其他银行保险监督管理机构依法处理，或已由本机构通过举报以外的途径发现并依法处理的；

（六）已经或者依法应当由其他国家机关处理的；

（七）其他依法不应当受理的情形。

银行保险监督管理机构经审核认为举报材料中部分事项或诉求属于受理范围，部分事项或诉求不属于受理范围的，可作部分受理，并书面告知举报人。

银行保险监督管理机构在受理举报材料后发现存在本条所列情形的，可作出撤销举报材料受理的决定，并书面告知举报人。

第十条 银行保险监督管理机构应当在收到举报之日起 15 日内审查决定是否受理，并书面告知举报人。

举报材料不符合本办法第八条第二项、第三项规定，或举报人提供的身份信息等材料不符合实名举报的要求的，银行保险监督管理机构可以要求举报人在合理期限内补充提供有关材料。受理审查时限自收到完整材料之日起计算。举报人无正当理由逾期未补充提供符合本办法第八条第二项、第三项规定的举报材料的，视为放弃举报。举报人无正当理由逾期未补充提供符合实名举报要求的身份信息等材料的，视为匿名举报。

第十一条 对于不属于本机构负责处理，但属于其他银行保险监督管理机构负责处理的举报，应当在收到举报之日起 15 日内转交其他有职责的单位，同时将举报转交情形告知举报人。

接受转交举报的银行保险监督管理机构，应当在收到转交举报之日起 15 日内审查决定是否受理，并书面告知举报人。

对于不属于银行保险监督管理机构负责处理的举报，应当在收到举报之日起 15 日内书面告知举报人向有权机关提出。

第十二条 银行保险监督管理机构应当在受理后及时开展对举报的调查工作。自受理之日起 60 日内，对被举报的违法行为作出书面调查意见，并及时书面告知举报人，但不得泄露国家秘密、商业秘密和个人隐私。举报人在办理期限内针对已经受理的同一举报事项提出新的事实、证明材料和理由，并需要查证的，或多个举报人就同一事项提出举报的，可以合并处理。举报办理期限自收到新材料之日起重新计算，并书面告知举报人。法律、行政法规另有规定的，从其规定。

银行保险监督管理机构决定或协调组织开展鉴定以及需要其他行政机关进行协查等工作的，所需时间不计入前款规定的期限。

银行保险监督管理机构依法对被举报的违法行为进行调查后，如发现存在违法违规行为，但无法在受理之日起 60 日内作出行政处罚、监管强制措施等决定的，在书面调查意见中应当告知举报人将依法予以处理。

在本条规定的 60 日期限内发现情况复杂，需要延长调查期限的，经批准可以适当延期，一般不超过 30 日，并应当书面告知举报人。

上级机构可以将本机构受理的举报事项交由下级机构调查。接受交办的下级机构应当及时向上级机构反馈有关情况。

第十三条 在举报调查期限内，举报人主动提出撤回举报申请的，视为放弃举报。银行保险监督管理机构不再将调查处理情况告知举报人。

第十四条 被举报人应当配合银行保险监督管理机构调查，如实提供相关材料。

第十五条 银行保险监督管理机构及其工作人员在举报处理工作中，应当依法对举报人的个人隐私及举报材料中需要保密的内容或有关情况履行必要的保密义务，未经批准，不得随意对外泄露。

银行保险监督管理机构工作人员与举报事项、举报人或者被举报人有直接利害关系的，应当回避。

第十六条　举报人提出举报，应当实事求是，遵守法律、行政法规、部门规章，对所提供材料内容的真实性负责。举报人捏造、歪曲事实，诬告陷害他人的，依法承担法律责任。

第十七条　中国银行保险监督管理委员会建立举报处理工作年度报告制度，各省级派出机构应当于每年4月30日前向中国银行保险监督管理委员会报告上一年度举报处理工作情况。

各派出机构发生重大举报事项的，应当及时向上一级机构报告。

第十八条　对有重大社会影响的银行保险违法行为举报典型案例，银行保险监督管理机构可以向社会公布，但涉及国家秘密、商业秘密和个人隐私的除外。

第十九条　银行保险监督管理机构可以使用举报处理专用章办理本办法规定的举报事项。

第二十条　对银行保险违法违规问题的举报，相关法律、行政法规和国务院文件有专门规定的，按相关规定处理。

第二十一条　本办法所称"日"为自然日。

本办法所称"书面告知"，包括纸质告知以及通过平台短信等电子信息形式进行的告知。

第二十二条　各省级派出机构可以根据本办法制定实施细则。

第二十三条　本办法由中国银行保险监督管理委员会负责解释。

第二十四条　本办法自2020年3月1日起施行。《保险违法行为举报处理工作办法》和《保险消费投诉处理管理办法》同时废止。原中国银监会、原中国保监会以前发布的规定与本办法不一致的，以本办法为准。

银行业保险业消费投诉处理管理办法

（2020 年 1 月 14 日中国银行保险监督管理委员会令 2020 年第 3 号公布　自 2020 年 3 月 1 日起施行）

第一章　总　　则

第一条　为了规范银行业保险业消费投诉处理工作，保护消费者合法权益，根据《中华人民共和国银行业监督管理法》《中华人民共和国商业银行法》《中华人民共和国保险法》《中华人民共和国消费者权益保护法》等法律法规，制定本办法。

第二条　本办法所称银行业保险业消费投诉（以下简称"消费投诉"），是指消费者因购买银行、保险产品或者接受银行、保险相关服务与银行保险机构或者其从业人员产生纠纷（以下简称"消费纠纷"），并向银行保险机构主张其民事权益的行为。

第三条　银行业保险业消费投诉处理工作应当坚持依法合规、便捷高效、标本兼治和多元化解原则。

第四条　银行保险机构是维护消费者合法权益、处理消费投诉的责任主体，负责对本单位及其分支机构消费投诉处理工作的管理、指导和考核，协调、督促其分支机构妥善处理各类消费投诉。

第五条　各相关行业协会应当充分发挥在消费纠纷化解方面的行业自律作用，协调、促进其会员单位通过协商、调解、仲裁、诉讼等方式妥善处理消费纠纷。

第六条　中国银行保险监督管理委员会（以下简称"中国银保监会"）是全国银行业保险业消费投诉处理工作的监督单位，对全国银行业保险业消费投诉处理工作进行监督指导。

中国银保监会各级派出机构应当对辖区内银行业保险业消费投

诉处理工作进行监督指导，推动辖区内建立完善消费纠纷多元化解机制。

第二章　组织管理

第七条　银行保险机构应当从人力物力财力上保证消费投诉处理工作顺利开展，指定高级管理人员或者机构负责人分管本单位消费投诉处理工作，设立或者指定本单位消费投诉处理工作的管理部门和岗位，合理配备工作人员。

银行保险机构应当畅通投诉渠道，设立或者指定投诉接待区域，配备录音录像等设备记录并保存消费投诉接待处理过程，加强消费投诉管理信息系统建设，规范消费投诉处理流程和管理。

第八条　银行保险机构应当在官方网站、移动客户端、营业场所或者办公场所醒目位置公布本单位的投诉电话、通讯地址等投诉渠道信息和消费投诉处理流程，开通电子邮件、官网平台等互联网投诉渠道的，应当公布本单位接收消费投诉的电子邮箱、网址等。在产品或者服务合约中，银行保险机构应当提供投诉电话或者其他投诉渠道信息。

第九条　银行保险机构开展消费投诉处理工作应当属地管理、分级负责，充分考虑和尊重消费者的合理诉求，公平合法作出处理结论。及时查找引发投诉事项的原因，健全完善溯源整改机制，切实注重消费者消费体验，提升服务水平。

第十条　银行保险机构应当加强对第三方机构合作业务消费投诉的管理，因合作销售产品或者提供服务而产生消费纠纷的，银行保险机构应当要求相关第三方机构配合处理消费投诉，对消费投诉事项进行核实，及时提供相关情况，促进消费投诉顺利解决。银行保险机构应当将第三方机构对消费投诉处理工作的配合情况纳入合作第三方机构的准入退出评估机制。

第三章　银行业保险业消费投诉处理

第十一条　银行保险机构应当负责处理因购买其产品或者接受其服务产生的消费投诉。

第十二条　银行保险机构可以要求投诉人通过其公布的投诉渠道提出消费投诉。

采取面谈方式提出消费投诉的，银行保险机构可以要求投诉人在其指定的接待场所提出。多名投诉人采取面谈方式提出共同消费投诉的，应当推选代表，代表人数不超过 5 名。

第十三条　银行保险机构可以要求投诉人提供以下材料或者信息：

（一）投诉人的基本情况，包括：自然人或者其法定代理人姓名、身份信息、联系方式；法人或者其他组织的名称、住所、统一社会信用代码，法定代表人或者主要负责人的姓名、身份信息、联系方式，法人或者其他组织投诉代理人的姓名、身份信息、联系方式、授权委托书；

（二）被投诉人的基本情况，包括：被投诉的银行保险机构的名称；被投诉的银行业保险业从业人员的相关情况以及其所属机构的名称；

（三）投诉请求、主要事实和相关依据；

（四）投诉人提交书面材料的，应当由投诉人签字或者盖章。

银行保险机构已经掌握或者通过查询内部信息档案可以获得的材料，不得要求投诉人提供。

第十四条　投诉人提出消费投诉确有困难的，银行保险机构应当接受投诉人委托他人代为投诉，除第十三条规定材料或者信息外，可以要求提供经投诉人亲笔签名或者盖章的授权委托书原件，受托人身份证明和有效联系方式。

银行保险机构应当接受消费者继承人提出的消费投诉,除第十三条规定材料或者信息外,可以要求提供继承关系证明。

第十五条 银行保险机构可以接受投诉人撤回消费投诉。投诉人撤回消费投诉的,消费投诉处理程序自银行保险机构收到撤回申请当日终止。

第十六条 投诉人提出消费投诉,应当客观真实,对所提供材料内容的真实性负责,不得提供虚假信息或者捏造、歪曲事实,不得诬告、陷害他人。

投诉人在消费投诉过程中应当遵守法律、行政法规和国家有关规定,维护社会公共秩序和消费投诉处理单位的办公经营秩序。

第十七条 银行保险机构应当建立消费投诉处理回避制度,收到消费投诉后,应当指定与被投诉事项无直接利益关系的人员核实消费投诉内容,及时与投诉人沟通,积极通过协商方式解决消费纠纷。

第十八条 银行保险机构应当依照相关法律法规、合同约定,公平公正作出处理决定,对于事实清楚、争议情况简单的消费投诉,应当自收到消费投诉之日起 15 日内作出处理决定并告知投诉人,情况复杂的可以延长至 30 日;情况特别复杂或者有其他特殊原因的,经其上级机构或者总行、总公司高级管理人员审批并告知投诉人,可以再延长 30 日。

消费投诉处理过程中需外部机构进行鉴定、检测、评估等工作的,相关期间可以不计入消费投诉处理期限,但应当及时告知投诉人。

投诉人在消费投诉处理期限内再次提出同一消费投诉的,银行保险机构可以合并处理,如投诉人提出新的事实和理由,处理期限自收到新的投诉材料之日起重新计算。

在消费投诉处理过程中,发现消费投诉不是由投诉人或者其法定代理人、受托人提出的,银行保险机构可以不予办理,并告知投诉提出人。

第十九条　银行保险机构在告知投诉人处理决定的同时，应当说明对消费投诉内容的核实情况、作出决定的有关依据和理由，以及投诉人可以采取的申请核查、调解、仲裁、诉讼等救济途径。

第二十条　投诉人对银行保险机构分支机构消费投诉处理结果有异议的，可以自收到处理决定之日起 30 日内向其上级机构书面申请核查。核查机构应当对消费投诉处理过程、处理时限和处理结果进行核查，自收到核查申请之日起 30 日内作出核查决定并告知投诉人。

第二十一条　银行保险机构应当依照本办法的规定向投诉人告知相关事项并保留相关证明资料，投诉人无法联系的除外。

采取书面形式告知的，应当在本办法规定的告知期限内当面递交，或者通过邮寄方式寄出。

采取短信、电子邮件等可以保存的电子信息形式告知的，应当在本办法规定的告知期限内发出。

采取电话形式告知的，应当在本办法规定的告知期限内拨打投诉人电话。

银行保险机构与投诉人对消费投诉处理决定、告知期限、告知方式等事项协商一致的，按照协商确定的内容履行。

第二十二条　银行保险机构在消费投诉处理工作中，应当核实投诉人身份，保护投诉人信息安全，依法保护国家秘密、商业秘密和个人隐私不受侵犯。

第二十三条　银行保险机构在消费投诉处理过程中，可以根据需要向投诉人提出通过调解方式解决消费纠纷的建议。投诉人同意调解的，银行保险机构和投诉人应当向调解组织提出申请。调解期间不计入消费投诉处理期限。

第二十四条　银行保险机构应当充分运用当地消费纠纷调解处理机制，通过建立临时授权、异地授权、快速审批等机制促进消费纠纷化解。

第四章 银行业保险业消费投诉处理工作制度

第二十五条 银行保险机构应当根据本办法健全本单位消费投诉处理工作制度，明确消费投诉处理流程、责任分工、处理时限等要求。

第二十六条 银行保险机构应当建立消费投诉统计分析、溯源整改、信息披露、责任追究制度，定期开展消费投诉情况分析，及时有效整改问题；通过年报等方式对年度消费投诉情况进行披露；对于消费投诉处理中发现的违规行为，要依照相关规定追究直接责任人员和管理人员责任。

第二十七条 银行保险机构应当健全消费投诉处理考核评价制度，综合运用正向激励和负面约束手段，将消费投诉以及处理工作情况纳入各级机构综合绩效考核指标体系，并在各级机构高级管理人员、机构负责人和相关部门人员的薪酬分配、职务晋升等方面设定合理考核权重。

第二十八条 银行保险机构应当建立消费投诉处理登记制度和档案管理制度。消费投诉登记记录、处理意见等书面资料或者信息档案应当存档备查，法律、行政法规对保存期限有规定的，依照其规定执行。

第二十九条 银行保险机构应当依照国家有关规定制定重大消费投诉处理应急预案，做好重大消费投诉的预防、报告和应急处理工作。

重大消费投诉包括以下情形：

（一）因重大自然灾害、安全事故、公共卫生事件等引发的消费投诉；

（二）20名以上投诉人采取面谈方式提出共同消费投诉的群体性投诉；

（三）中国银保监会及其派出机构（以下统称"银行保险监督管理机构"）认定的其他重大消费投诉。

第五章 监督管理

第三十条 银行保险监督管理机构应当明确银行保险机构消费投诉处理工作的监督管理部门。

第三十一条 银行保险监督管理机构设立消费投诉转办服务渠道，方便投诉人反映与银行保险机构的消费纠纷。

第三十二条 投诉人反映与银行保险机构的消费纠纷，同时提出应当由银行保险监督管理机构负责处理的其他事项的，依照有关规定处理。

第三十三条 银行保险监督管理机构的消费投诉处理监督管理部门应当自收到辖区内消费投诉之日起7个工作日内，将消费投诉转送被投诉银行保险机构并告知投诉人，投诉人无法联系的除外。

第三十四条 银行保险监督管理机构应当对银行保险机构消费投诉处理情况进行监督检查。

第三十五条 银行保险机构应当按照银行保险监督管理机构的要求，报告本单位消费投诉处理工作相关制度、消费投诉管理工作责任人名单，以及上述事项的变动情况。

第三十六条 银行保险机构应当按照银行保险监督管理机构的要求，报告本单位消费投诉数据、消费投诉处理工作情况，并对报送的数据、文件、资料的真实性、完整性、准确性负责。

第三十七条 银行保险监督管理机构应当定期将转送银行保险机构的消费投诉情况进行通报和对外披露，督促银行保险机构做好消费者权益保护工作。

第三十八条 银行保险监督管理机构应当将银行保险机构消费投诉处理工作情况纳入年度消费者权益保护监管评价。

第三十九条　银行保险监督管理机构要加强对银行业保险业消费纠纷调解组织建设的指导，推动建立行业调解规则和标准，促进行业调解组织各项工作健康、规范、有序开展。

第四十条　银行保险机构在处理消费投诉中有下列情形之一的，银行保险监督管理机构可以提出整改要求，并监督其限期整改：

（一）未按照本办法第八条规定公布消费投诉处理相关信息的；

（二）未按照本办法规定程序办理消费投诉并告知的；

（三）无正当理由拒绝配合调解工作或者履行调解协议的。

第四十一条　银行保险机构违反本办法规定，有下列情形之一的，银行保险监督管理机构应当责令限期改正；逾期未改正的，区别情形，银行保险监督管理机构可以进行监督管理谈话，并对银行业金融机构依照《中华人民共和国银行业监督管理法》采取暂停相关业务、责令调整高级管理人员、停止批准增设分支机构以及行政处罚等措施，对保险机构、保险中介机构依照《中华人民共和国保险法》采取罚款、限制其业务范围、责令停止接受新业务等措施，对银行保险监督管理机构负责监管的其他主体依照相关法律法规采取相应措施。

（一）未按照本办法规定建立并实施消费投诉处理相关制度的；

（二）未按照本办法规定报告消费投诉处理工作有关情况的；

（三）违反本办法第四十条规定并未按照要求整改的；

（四）其他违反本办法规定，造成严重后果的。

第六章　附　　则

第四十二条　本办法所称银行保险机构包括银行业金融机构、保险机构、保险中介机构以及银行保险监督管理机构负责监管的其他主体。

第四十三条　本办法所称的"以内""以上"均包含本数。

本办法中除"7个工作日"以外的"日"均为自然日。

第四十四条 本办法由中国银保监会负责解释。

第四十五条 本办法自 2020 年 3 月 1 日起施行,原《保险消费投诉处理管理办法》(保监会令 2013 年第 8 号)和《中国银监会办公厅关于印发银监会机关银行业消费者投诉处理规程的通知》(银监办发〔2018〕13 号)同时废止。原中国银监会、原中国保监会发布的规定与本办法不一致的,以本办法为准。

中国银保监会行政处罚办法

(2020 年 6 月 15 日中国银行保险监督管理委员会令 2020 年第 8 号公布 自 2020 年 8 月 1 日起施行)

第一章 总 则

第一条 为规范中国银行保险监督管理委员会(以下简称银保监会)及其派出机构行政处罚行为,维护银行业保险业市场秩序,根据《中华人民共和国行政处罚法》《中华人民共和国银行业监督管理法》《中华人民共和国商业银行法》《中华人民共和国保险法》等相关法律,制定本办法。

第二条 银行保险机构、其他单位和个人(以下简称当事人)违反法律、行政法规和银行保险监管规定,银保监会及其派出机构依法给予行政处罚的,按照本办法实施。法律、行政法规另有规定的除外。

第三条 本办法所指的行政处罚包括:

(一)警告;

(二)罚款;

(三)没收违法所得;

（四）责令停业整顿；

（五）吊销金融、业务许可证；

（六）取消、撤销任职资格；

（七）限制保险业机构业务范围；

（八）责令保险业机构停止接受新业务；

（九）撤销外国银行代表处、撤销外国保险机构驻华代表机构；

（十）要求撤换外国银行首席代表、责令撤换外国保险机构驻华代表机构的首席代表；

（十一）禁止从事银行业工作或者禁止进入保险业；

（十二）法律、行政法规规定的其他行政处罚。

第四条　银保监会及其派出机构实施行政处罚，应当遵循以下原则：

（一）公平、公正、公开；

（二）程序合法；

（三）过罚相当；

（四）维护当事人的合法权益；

（五）处罚与教育相结合。

第五条　银保监会及其派出机构实行立案调查、审理和决定相分离的行政处罚制度，设立行政处罚委员会。

行政处罚委员会下设办公室，行政处罚委员会办公室设在银保监会及其派出机构的法律部门；暂未设立法律部门的，由相关部门履行其职责。

第六条　银保监会及其派出机构在处罚银行保险机构时，依法对相关责任人员采取责令纪律处分、行政处罚等方式追究法律责任。

第七条　当事人有下列情形之一的，应当依法从轻或者减轻行政处罚：

（一）主动消除或者减轻违法行为危害后果的；

（二）受他人胁迫有违法行为的；

（三）配合行政机关查处违法行为有立功表现的；

336

（四）其他依法从轻或者减轻行政处罚的。

违法行为轻微并及时纠正，没有造成危害后果的，不予行政处罚。

第八条 当事人有下列情形之一的，依法从重处罚：

（一）屡查屡犯的；

（二）不配合监管执法的；

（三）危害后果严重，造成较为恶劣社会影响的；

（四）其他依法从重行政处罚的情形。

第九条 银保监会及其派出机构参与行政处罚的工作人员有下列情形之一的，本人应当申请回避，当事人及其代理人也有权申请其回避：

（一）是案件当事人或其代理人的近亲属的；

（二）与案件有直接利害关系的；

（三）与案件当事人或其代理人有其他关系，可能影响案件公正处理的；

（四）根据法律、行政法规或者其他规定应当回避的。

当事人及其代理人提出回避申请的，应当说明理由。回避决定作出前，有关工作人员应当暂停对案件的调查审理，有特殊情况的除外。

第十条 案件调查人员及审理人员的回避由相关人员所在部门负责人决定，行政处罚委员会委员的回避由主任委员决定；主任委员的回避由所在银行保险监督管理机构的主要负责人决定，主要负责人担任主任委员的，其是否回避由上一级机构决定。

第十一条 当事人对银保监会及其派出机构作出的行政处罚，享有陈述权和申辩权。对行政处罚决定不服的，有权依法申请行政复议或者提起行政诉讼。

当事人提出的事实、理由和证据成立的，银保监会及其派出机构应当予以采纳，不得因当事人申辩而加重处罚。

第十二条 银保监会及其派出机构参与行政处罚的工作人员应

当保守案件查办中获悉的国家秘密、商业秘密和个人隐私。

第二章 管 辖

第十三条 银保监会对下列违法行为给予行政处罚：

（一）直接监管的银行业法人机构及其从业人员实施的；

（二）直接监管的保险业法人机构及其从业人员实施的；

（三）其他应当由银保监会给予行政处罚的违法行为。

第十四条 派出机构负责对辖区内的下列违法行为给予行政处罚：

（一）直接监管的银行业法人机构及其从业人员实施的；

（二）银行业法人机构的分支机构及其从业人员实施的；

（三）保险公司分支机构及其从业人员实施的；

（四）保险中介机构及其从业人员实施的；

（五）非法设立保险业机构，非法经营保险业务的；

（六）其他应由派出机构给予行政处罚的违法行为。

第十五条 异地实施违法行为的，由违法行为发生地的派出机构管辖。行为发生地的派出机构应当及时通知行为主体所在地的派出机构，行为主体所在地的派出机构应当积极配合违法行为的查处。

违法行为发生地的派出机构认为不宜行使管辖权的，可以移交行为主体所在地的派出机构管辖。

违法行为发生地的派出机构或行为主体所在地的派出机构作出行政处罚决定前可以征求对方意见，并应当书面告知处罚结果。

第十六条 因交叉检查（调查）或者跨区域检查（调查）发现违法行为需要给予行政处罚的，应当提请有管辖权的监督管理机构立案查处，并及时移交相关证据材料。

第十七条 派出机构发现不属于自己管辖的违法行为的，应当移送有管辖权的派出机构。两个以上派出机构对同一违法行为都有管辖权的，由最先立案的派出机构管辖。

对管辖权不明确或者有争议的，应当报请共同的上一级机构指定管辖。

第十八条 上级机构可以直接查处应由下级机构负责查处的违法行为，可以授权下级机构查处应由其负责查处的违法行为，也可以授权下级机构查处应由其他下级机构负责查处的违法行为。

授权管辖的，应当出具书面授权文件。

第十九条 派出机构管辖的电话销售保险违法行为，原则上按照下列要求确定具体管辖地：

（一）在对电话销售业务日常监管中发现的违法行为，由呼出地派出机构查处；

（二）在投诉、举报等工作中发现的违法行为，由投保人住所地派出机构查处，经与呼出地派出机构协商一致，也可以由呼出地派出机构查处。

第二十条 吊销银行业机构金融许可证的行政处罚案件，由颁发该金融许可证的监督管理机构管辖，处罚决定抄送批准该机构筹建的监督管理机构及银保监会相关部门。

责令银行业机构停业整顿的行政处罚案件，由批准该银行业机构开业的监督管理机构管辖，处罚决定抄送批准该机构筹建的监督管理机构及银保监会相关部门。

第三章 立案调查

第二十一条 银保监会及其派出机构发现当事人涉嫌违反法律、行政法规和银行保险监管规定，依法应当给予行政处罚且有管辖权的，应当予以立案。

第二十二条 立案应当由立案调查部门填写行政处罚立案审批

表，由分管立案调查部门的负责人批准。

立案调查部门应当在立案之日起九十日以内完成调查工作。有特殊情况的，可以适当延长。

第二十三条 调查人员应当对案件事实进行全面、客观、公正的调查，并依法充分收集证据。

行政处罚立案前通过现场检查、调查、信访核查等方式依法获取的证明材料符合行政处罚证据要求的，可以作为行政处罚案件的证据，但应当在调查报告中载明上述情况。

第二十四条 在证据可能灭失或者以后难以取得的情况下，可以采取先行登记保存措施。采取先行登记保存措施，应当填写先行登记保存证据审批表，并由银保监会负责人或者派出机构负责人批准。

第二十五条 先行登记保存证据的，应当签发先行登记保存证据通知书，填写先行登记保存证据清单，由当事人签字或者盖章确认，并加封银保监会或者派出机构先行登记保存封条，就地由当事人保存。

登记保存证据期间，当事人或者有关人员不得损毁、销毁或者转移证据。对于先行登记保存的证据，应当在七日以内作出处理决定。

第二十六条 调查人员进行案件调查时不得少于二人，并应当向当事人或者有关单位和个人出示合法证件和调查（现场检查）通知书。

第二十七条 需要银保监会派出机构协助调查的，调查机构应当出具协助调查函。协助机构应当在调查机构要求的期限内完成调查。需要延期的，协助机构应当及时告知调查机构。

第二十八条 当事人违法行为不属于银保监会及其派出机构管辖的，立案调查部门应当依法及时向有关部门移送处理。

当事人违法行为涉嫌犯罪的，立案调查部门应当依照有关规定及时移送司法机关或者纪检监察机关。

第二十九条　立案调查部门在调查银行保险机构违法行为时，应当对相关责任人员的违法行为及其责任一并进行调查认定。

第三十条　调查终结后，立案调查部门应当制作调查报告。调查报告应当载明以下事项：

（一）案件来源；

（二）当事人的基本情况；

（三）调查取证过程；

（四）机构违法事实和相关证据；

（五）相关责任人员的违法事实、相关证据以及责任认定情况；

（六）行政处罚时效情况；

（七）当事人的陈述意见、采纳情况及理由；

（八）违法行为造成的风险、损失以及违法所得情况；

（九）从重、从轻、减轻的情形及理由；

（十）行政处罚建议、理由及依据。

第四章　取　　证

第三十一条　行政处罚证据包括：

（一）书证；

（二）物证；

（三）视听资料；

（四）电子数据；

（五）证人证言；

（六）当事人陈述；

（七）鉴定意见；

（八）勘验笔录、现场笔录；

（九）法律、行政法规规定的其他证据。

第三十二条　调查人员应当全面收集当事人违法行为及其情节

轻重的有关证据，证据应当符合以下要求：

（一）与被证明事实具有关联性；

（二）能够真实、客观反映被证明事实；

（三）收集证据行为符合法定程序。

第三十三条 调查人员收集书证，应当符合下列要求：

（一）收集书证的原件，收集原件确有困难的，可以收集与原件核对无误的复印件、扫描件、翻拍件、节录本等复制件；

（二）复印件、扫描件、翻拍件、节录本等复制件应当注明提供日期、出处，由提供者载明"与原件核对一致"，加盖单位公章或由提供者签章，页数较多的可以加盖骑缝章；

（三）收集报表、会计账册、专业技术资料等书证，应当说明具体证明事项。

第三十四条 调查人员收集物证时，应当收集原物。收集原物确有困难的，可以收集与原物核对无误的复制件或证明该物证的照片、录像等其他证据，但是应当附有制作过程、时间、制作人等情况的相关说明。

第三十五条 调查人员提取视听资料应当符合下列要求：

（一）提取视听资料的原始载体，提取原始载体有困难的，可以提取复制件，但是应附有制作过程、时间、制作人等内容的说明，并由原始载体持有人签字或者盖章；

（二）视听资料应当附有声音内容的文字记录。提取视听资料应当注明提取人、提取出处、提取时间和证明对象等。

第三十六条 调查人员可以直接提取电子计算机管理业务数据库中的数据，也可以采用转换、计算、分解等方式形成新的电子数据。调查人员收集电子数据，应当提取电子数据原始载体，并附有数据内容、收集时间和地点、收集过程、收集方法、收集人、证明对象等情况的说明，由原始数据持有人签名或者盖章。

无法提取原始载体或者提取确有困难的，可以提供电子数据复制件，但是应当附有复制过程、复制人、原始载体存放地点等情况的说明。

第三十七条　调查人员可以询问当事人或有关人员，询问应当分别进行，询问前应当告知其有如实陈述事实、提供证据的义务。

询问应当制作调查笔录，调查笔录应当交被询问人核对，对没有阅读能力的，应当向其宣读；笔录如有差错、遗漏，应当允许其更正或者补充，更正或补充部分由被询问人签字或盖章确认；经核对无误后，调查人员应当在笔录上签名，被询问人逐页签名或者盖章；被询问人拒绝签名或者盖章的，调查人员应当在笔录上注明。

第三十八条　当事人或有关人员拒绝接受调查、拒绝提供有关证据材料或者拒绝在证据材料上签名、盖章的，调查人员应当在调查笔录上载明或以录音、录像等视听资料加以证明。必要时，调查人员可以邀请无利害关系的第三方作为见证人。

通过上述方式获取的材料可以作为认定相关事实的证据。

第三十九条　调查人员对涉嫌违法的物品进行现场勘验时，应当有当事人在场，并制作现场勘验笔录；当事人拒绝到场的，应当在现场勘验笔录中注明。

第四十条　抽样取证，应当开具物品清单，由调查人员和当事人签名或者盖章。

第四十一条　现场检查事实确认书记载的有关违法事实，当事人予以确认的，可以作为认定违法事实的证据。现场检查事实确认书应当有相关检查取证材料作为佐证。

第四十二条　对司法机关或者其他行政执法机关保存、公布、移送的证据材料，符合证据要求的，可以作为行政处罚的证据。

第四十三条　调查人员应当制作证据目录，包括证据材料的序号、名称、证明目的、证据来源、证据形式、页码等。

第四十四条　其他有关收集和审查证据的要求，本办法没有规定的，可以按照其他法律、行政法规、规章规定或者参照有关司法解释规定执行。

第五章　审　理

第四十五条　立案调查结束后，需要移送行政处罚委员会的，由立案调查部门提出处罚建议，将案件材料移交行政处罚委员会办公室。

其他案件由立案调查部门根据查审分离的原则，指派调查人员以外的工作人员进行审理，审理程序参照本章规定执行。行政处罚委员会办公室在立案调查部门认定的违法事实基础上，就处罚依据、处罚种类法律适用问题进行审核。

第四十六条　立案调查部门移交行政处罚委员会办公室的案件材料应当包括：

（一）立案审批表；

（二）调查（现场检查）通知等文书；

（三）案件调查报告书；

（四）证据、证据目录及相关说明；

（五）当事人的反馈材料；

（六）拟被处罚机构负责法律文书接收工作的联系人、联系方式；

（七）当事人送达地址确认书；

（八）移交审理表；

（九）其他必要材料。

第四十七条　立案调查部门移交审理的案件材料应当符合下列标准：

（一）材料齐全，内容完整，装订整齐，页码连续；

（二）证据目录格式规范，证据说明清晰，证据材料与违法事实内容一致；

（三）证据应当是原件，不能提供原件的，复制件应与原件一致。

344

立案调查部门对送审材料的真实性、准确性、完整性，以及执法的事实、证据、程序的合法性负责。

第四十八条 行政处罚委员会办公室收到立案调查部门移交的案件材料后，应当在三个工作日以内进行审查并作出是否接收的决定。

符合规定标准的，行政处罚委员会办公室应当办理接收手续，注明案件接收日期和案卷材料等有关情况。不符合接收标准的，应当退回立案调查部门并说明理由。

第四十九条 行政处罚委员会办公室接收案件材料后，应当基于调查报告载明的违法事实和责任人员，从调查程序、处罚时效、证据采信、事实认定、行为定性、处罚种类与幅度等方面进行审理，对案件审理意见负责。

第五十条 有下列情形之一的，行政处罚委员会办公室应当请立案调查部门书面说明或者退回补充调查：

（一）违法事实不清的；

（二）证据不足或不符合要求的；

（三）责任主体认定不清的；

（四）调查取证程序违法的；

（五）处罚建议不明确或明显不当的。

第五十一条 行政处罚委员会办公室应当自正式接收案件之日起九十日以内完成案件审理，形成审理报告提交行政处罚委员会审议。有特殊情况的，可以适当延长。

立案调查部门根据办公室意见需要补充材料的，自办公室收到完整补充材料之日起重新计算审理期限。

审理报告主要内容应当包括：

（一）当事人的基本情况；

（二）当事人违法事实与有关人员责任认定情况；

（三）拟处罚意见、理由和依据。

审理报告可以对调查报告载明的违法事实认定、行为定性、量罚依据、处罚幅度或种类等事项提出调整或者变更的意见或建议。

第六章　审　　议

第五十二条　行政处罚委员会审议会议应当以审理报告为基础对案件进行审议，审议的主要内容包括：

（一）程序是否合法；

（二）事实是否清楚、证据是否确凿；

（三）行为定性是否准确；

（四）责任认定是否适当；

（五）量罚依据是否正确；

（六）处罚种类与幅度是否适当。

第五十三条　行政处罚委员会审议会议由主任委员主持，每次参加审议会议的委员不得少于全体委员的三分之二。

第五十四条　参会委员应当以事实为依据，以法律为准绳，坚持专业判断，发表独立、客观、公正的审议意见。

第五十五条　行政处罚委员会审议会议采取记名投票方式，各委员对审理意见进行投票表决，全体委员超过半数同意的，按照审理意见作出决议，会议主持人当场宣布投票结果。

参会委员应当积极履行职责，不得投弃权票。

第五十六条　行政处罚委员会审议案件，可以咨询与案件无利益冲突的有关法官、律师、学者或专家的专业意见。

第七章　权利告知与听证

第五十七条　银保监会及其派出机构拟作出行政处罚决定的，应当制作行政处罚事先告知书，告知当事人拟作出行政处罚决定的事实、理由及依据，并告知当事人有权进行陈述和申辩。

第五十八条 行政处罚事先告知书应当载明下列内容：

（一）拟被处罚当事人的基本情况；

（二）拟被处罚当事人违法事实和相关证据；

（三）拟作出处罚的理由、依据；

（四）拟作出处罚的种类和幅度；

（五）当事人享有的陈述、申辩或者听证权利；

（六）拟作出处罚决定的机构名称、印章和日期。

第五十九条 当事人需要陈述和申辩的，应当自收到行政处罚事先告知书之日起十个工作日以内将陈述和申辩的书面材料提交拟作出处罚的银保监会或其派出机构。当事人逾期未行使陈述权、申辩权的，视为放弃权利。

第六十条 银保监会及其派出机构拟作出以下行政处罚决定前，应当在行政处罚事先告知书中告知当事人有要求举行听证的权利：

（一）作出较大数额的罚款；

（二）没收较大数额的违法所得；

（三）限制保险业机构业务范围、责令停止接受新业务；

（四）责令停业整顿；

（五）吊销金融、业务许可证；

（六）取消、撤销任职资格；

（七）撤销外国银行代表处、撤销外国保险机构驻华代表机构或要求撤换外国银行首席代表、责令撤换外国保险机构驻华代表机构的首席代表；

（八）禁止从事银行业工作或者禁止进入保险业。

前款所称较大数额的罚款是指：

（一）银保监会对实施银行业违法行为的单位作出的五百万元以上（不含本数，下同）罚款、对实施银行业违法行为的个人作出的五十万元以上罚款，对实施保险业违法行为的单位作出的一百五十万元以上罚款、对实施保险业违法行为的个人作出的十万元以上罚款；

（二）银保监局对实施银行业违法行为的单位作出的三百万元以上罚款、对实施银行业违法行为的个人作出的三十万元以上罚款，对实施保险业违法行为的单位作出的五十万元以上罚款、对实施保险业违法行为的个人作出的七万元以上罚款；

（三）银保监分局对实施银行业违法行为的单位作出的一百万元以上罚款、对实施银行业违法行为的个人作出的十万元以上罚款，对实施保险业违法行为的单位作出的三十万元以上罚款、对实施保险业违法行为的个人作出的五万元以上罚款。

本条第一款所称没收较大数额的违法所得是指银保监会作出的没收五百万元以上违法所得，银保监局作出的没收一百万元以上违法所得，银保监分局作出的没收五十万元以上违法所得。

第六十一条　当事人申请听证的，应当自收到行政处罚事先告知书之日起五个工作日以内，向银保监会或其派出机构提交经本人签字或盖章的听证申请书。听证申请书中应当载明下列内容：

（一）申请人的基本情况；

（二）具体的听证请求；

（三）申请听证的主要事实、理由和证据；

（四）申请日期和申请人签章。

当事人逾期不提出申请的，视为放弃听证权利。

当事人对违法事实有异议的，应当在提起听证申请时提交相关证据材料。

第六十二条　银保监会或者派出机构收到听证申请后，应依法进行审查，符合听证条件的，应当组织举行听证，并在举行听证七个工作日前，书面通知当事人举行听证的时间、地点。

第六十三条　行政处罚委员会办公室可以成立至少由三人组成的听证组进行听证。其中，听证主持人由行政处罚委员会办公室主任或其指定的人员担任，听证组其他成员由行政处罚委员会办公室的工作人员或者其他相关人员担任。

听证组应当指定专人作为记录员。

第六十四条 听证主持人履行下列职责：

（一）主持听证会，维持听证秩序；

（二）询问听证参加人；

（三）决定听证的延期、中止或终止；

（四）法律、行政法规和规章赋予的其他职权。

第六十五条 当事人在听证中享有下列权利：

（一）使用本民族的语言文字参加听证；

（二）申请不公开听证；

（三）申请回避；

（四）参加听证或者委托代理人参加听证；

（五）就听证事项进行陈述、申辩和举证、质证；

（六）听证结束前进行最后陈述；

（七）核对听证笔录；

（八）依法享有的其他权利。

第六十六条 当事人和其他听证参加人应当承担下列义务：

（一）按时参加听证；

（二）依法举证和质证；

（三）如实陈述和回答询问；

（四）遵守听证纪律；

（五）在核对无误的听证笔录上签名或盖章。

第六十七条 当事人可以委托一至二名代理人参加听证。

第六十八条 代理人参加听证的，应当提交授权委托书、委托人及代理人身份证明等相关材料。授权委托书应当载明如下事项：

（一）委托人及其代理人的基本情况；

（二）代理人的代理权限；

（三）委托日期及委托人签章。

第六十九条 调查人员应当参加听证，提出当事人违法的事实、证据和行政处罚建议，并进行质证。

第七十条 需要证人、鉴定人、勘验人、翻译人员等参加听证的，调查人员、当事人应当提出申请，并提供相关人员的基本情况。经听证主持人同意的，方可参加听证。

证人、鉴定人、勘验人不能亲自到场作证的，调查人员、当事人或其代理人可以提交相关书面材料，并当场宣读。

第七十一条 听证应当公开举行，但涉及国家秘密、商业秘密、个人隐私或影响金融稳定的除外。听证不公开举行的，应当由银保监会及其派出机构行政处罚委员会主任委员决定。

第七十二条 听证公开举行的，银保监会或者派出机构应当通过张贴纸质公告、网上公示等适当方式先期公告当事人姓名或者名称、案由、听证时间和地点。

公民、法人或者非法人组织可以申请参加旁听公开举行的听证；银保监会或其派出机构可以根据场地等条件，确定旁听人数。

第七十三条 听证开始前，记录员应当查明听证当事人和其他听证参加人是否到场，并宣布听证纪律。

对违反听证纪律的，听证主持人有权予以制止；情节严重的，责令其退场。

第七十四条 听证应当按照下列程序进行：

（一）听证主持人宣布听证开始，宣布案由；

（二）听证主持人核对听证参加人身份，宣布听证主持人、听证组成员、听证记录员名单，告知听证参加人在听证中的权利义务，询问当事人是否申请回避；

（三）案件调查人员陈述当事人违法的事实、证据、行政处罚的依据和建议等；

（四）当事人及其代理人就调查人员提出的违法事实、证据、行政处罚的依据和建议进行申辩，并可以出示无违法事实、违法事实较轻或者减轻、免除行政处罚的证据材料；

（五）经听证主持人允许，案件调查人员和当事人可以就有关证据相互质证，也可以向到场的证人、鉴定人、勘验人发问；

（六）当事人、案件调查人员作最后陈述；

（七）听证主持人宣布听证结束。

第七十五条 记录员应当制作听证笔录，听证笔录当场完成的，应当交由当事人核对；当事人核对无误后，应当逐页签名或盖章。

当事人认为听证笔录有差错、遗漏的，可以当场更正或补充；听证笔录不能当场完成的，听证主持人应指定日期和场所核对。

当事人拒绝在听证笔录上签名或盖章的，记录员应当在听证笔录中注明，并由听证主持人签名确认。

第七十六条 出现下列情形的，可以延期或者中止举行听证：

（一）当事人或其代理人因不可抗拒的事由无法参加听证的；

（二）当事人或其代理人在听证会上提出回避申请的；

（三）需要通知新的证人到场，调取新的证据，需要重新鉴定、调查，需要补充调查的；

（四）其他应当延期或者中止听证的情形。

第七十七条 延期、中止听证的情形消失后，应当恢复听证，并将听证的时间、地点通知听证参加人。

第七十八条 出现下列情形之一的，应当终止听证：

（一）当事人撤回听证要求的；

（二）当事人无正当理由不参加听证，或者未经听证主持人允许中途退场的；

（三）其他应当终止听证的情形。

当事人撤回听证要求的，听证记录员应当在听证笔录上记明，并由当事人签名或者盖章。

第七十九条 银保监会及其派出机构应当对当事人陈述、申辩或者听证意见进行研究。需要补充调查的，进行补充调查。

第八十条 采纳当事人陈述、申辩或者听证意见，对拟处罚决定作出重大调整的，应当重新对当事人进行行政处罚事先告知。

第八章　决定与执行

第八十一条 银保监会及其派出机构应当根据案件审理审议情

况和当事人陈述、申辩情况，以及听证情况拟定行政处罚决定书。

第八十二条　行政处罚决定书应当载明下列内容：

（一）当事人的基本情况；

（二）违法事实和相关证据；

（三）处罚的依据、种类、幅度；

（四）处罚的履行方式和期限；

（五）申请行政复议或者提起行政诉讼的途径和期限；

（六）作出处罚决定的机构名称、印章和日期。

第八十三条　银保监会及其派出机构送达行政处罚决定书等行政处罚法律文书时，应当附送达回证，由受送达人在送达回证上记明收到日期，并签名或者盖章。

受送达人被羁押、留置的，可以通过采取相关措施的机关转交行政处罚法律文书，确保行政处罚程序正常进行。

送达的具体程序本办法没有规定的，参照民事诉讼法的有关规定执行。

第八十四条　行政处罚决定作出后，应当报送相应纪检监察部门，并按要求将相关责任人被处罚情况通报有关组织部门。涉及罚款或者没收违法所得的，同时将行政处罚决定抄送财会部门。

第八十五条　作出取消、撤销相关责任人员任职资格处罚的，应当将行政处罚决定书抄送核准其任职资格的监督管理机构和其所属的银行保险机构。

第八十六条　作出禁止从事银行业工作或者禁止进入保险业处罚的，应当将行政处罚决定书抄送被处罚责任人所属的银行保险机构。

第八十七条　银保监会及其派出机构作出的罚款、没收违法所得行政处罚决定，当事人应当自收到行政处罚决定书之日起十五日以内缴款。银保监会及其派出机构和执法人员不得自行收缴罚款。

第八十八条　银保监会及其派出机构作出停业整顿或者吊销金融、业务许可证行政处罚的，应当在银保监会官方网站或具有较大影响力的全国性媒体上公告，公告内容包括：

（一）银行保险机构的名称、地址；

（二）行政处罚决定、理由和法律依据；

（三）其他需要公告的事项。

第八十九条 立案调查部门负责行政处罚决定的监督执行。

第九十条 当事人确有经济困难，需要延期或者分期缴纳罚款的，经当事人申请，由分管立案调查部门的负责人批准，可以暂缓或者分期缴纳。

第九十一条 当事人逾期不履行行政处罚决定的，作出行政处罚决定的机构可以采取下列措施：

（一）到期不缴纳罚款的，每日按照罚款数额的百分之三加处罚款；

（二）经依法催告后当事人仍未履行义务的，申请人民法院强制执行；

（三）法律、行政法规规定的其他措施。

加处罚款的数额不得超出罚款数额。

第九十二条 行政处罚案件材料应当按照有关法律法规和档案管理规定归档保存。

第九十三条 银保监会及其派出机构应当按照规定在官方网站上公开行政处罚有关信息。

第九十四条 当事人对行政处罚决定不服的，可以在收到行政处罚决定书之日起六十日以内申请行政复议，也可以在收到行政处罚决定书之日起六个月以内直接向有管辖权的人民法院提起行政诉讼。

行政处罚委员会审议并作出处罚决定的案件，当事人申请行政复议或者提起行政诉讼的，法律部门应当做好复议答辩和应诉工作，立案调查部门予以配合。

无需移送行政处罚委员会的案件，当事人申请行政复议或者提起行政诉讼的，立案调查部门应当做好复议答辩和应诉工作，法律部门予以配合。

第九章　法　律　责　任

第九十五条　对于滥用职权、徇私舞弊、玩忽职守、擅自改变行政处罚决定种类和幅度等严重违反行政处罚工作纪律的人员，依法给予行政处分；涉嫌犯罪的，依法移送纪检监察机关处理。

第九十六条　银保监会及其派出机构违法实施行政处罚给当事人造成损害的，应当依法予以赔偿。对有关责任人员应当依法给予行政处分；涉嫌犯罪的，依法移送纪检监察机关处理。

第九十七条　银保监会及其派出机构工作人员在行政处罚过程中，利用职务便利索取或者收受他人财物、收缴罚款据为己有的，依法给予行政处分；涉嫌犯罪的，依法移送纪检监察机关处理。

第十章　附　　　则

第九十八条　银保监会及其派出机构应当为行政处罚工作提供必要的人力资源与财务经费保障。

第九十九条　银保监会建立行政处罚信息管理系统，加强行政处罚统计分析工作。

银保监会及其派出机构应当按照规定及时将行政处罚决定书等有关行政处罚信息录入行政处罚信息管理系统。必要时可向有关部门和机构披露银行保险机构和从业人员的处罚情况。

第一百条　本办法所称银行业机构，是指依法设立的商业银行、农村合作银行、农村信用社、村镇银行等吸收公众存款的金融机构和政策性银行，金融资产管理公司、信托公司、企业集团财务公司、金融租赁公司、汽车金融公司、消费金融公司，以及经银保监会及其派出机构批准设立的其他银行业机构。

本办法所称保险业机构，是指依法设立的保险集团（控股）公司、保险公司、保险资产管理公司、保险代理机构、保险经纪机构、保险公估机构、外国保险机构驻华代表机构，以及经银保监会及其派出机构批准设立的其他保险业机构。

第一百零一条　本办法所称"以内"皆包括本数或者本级。

第一百零二条　执行本办法所需要的法律文书式样，由银保监会制定。银保监会没有制定式样，执法工作中需要的其他法律文书，银保监局可以制定式样。

第一百零三条　本办法由银保监会负责解释。

第一百零四条　本办法自 2020 年 8 月 1 日起施行，《中国银监会行政处罚办法》（中国银监会令 2015 年第 8 号）、《中国保险监督管理委员会行政处罚程序规定》（中国保监会令 2017 年第 1 号）同时废止。

中国银保监会现场检查办法（试行）

（2019 年 12 月 24 日中国银行保险监督管理委员会令 2019 年第 7 号公布　自 2020 年 1 月 28 日起施行）

第一章　总　　则

第一条　为全面贯彻落实党中央、国务院对金融工作的决策部署，加强对银行业和保险业的监督管理，规范现场检查行为，提升现场检查质效，促进行业健康发展，根据《中华人民共和国银行业监督管理法》《中华人民共和国保险法》《中华人民共和国商业银行法》等有关法律法规，制定本办法。

第二条　本办法所称现场检查，是指中国银行保险监督管理委员会（以下简称"银保监会"）及其派出机构依法对银行业和保险业机构经营管理情况进行监督检查的行政执法行为。

第三条 现场检查是银保监会及其派出机构监督管理的重要组成部分，通过发挥查错纠弊、校验核实、评价指导、警示威慑等作用，督促银行业和保险业机构贯彻落实国家宏观政策及监管政策，提高经营管理水平、合法稳健经营，落实银行业和保险业机构风险防控的主体责任，维护银行业和保险业安全，更好服务实体经济发展。

第四条 银保监会及其派出机构开展现场检查应当依照法律、行政法规、规章和规范性文件确定的职责、权限和程序进行。

第五条 银保监会及其派出机构和实施现场检查的人员（以下简称检查人员）应当依法检查，文明执法，严格落实中央八项规定精神，遵守保密和廉政纪律。银保监会及其派出机构应当加强现场检查纪律和廉政制度建设，加强对检查人员廉洁履职情况的监督。

第六条 银保监会及其派出机构依法开展现场检查，被查机构及其工作人员应当配合，保证提供的有关文件资料及相关情况真实、准确、完整、及时。对于被查机构及其工作人员存在不配合检查、不如实反映情况或拒绝、阻碍检查等行为的，银保监会及其派出机构可以根据情节轻重，对相关机构和个人依法采取监管措施和行政处罚。

检查期间，被查机构应当为现场检查工作提供必要的办公条件和工作保障。

被查机构及其工作人员未经银保监会及其派出机构同意，不得将检查情况和相关信息向外透露。

第七条 本办法所指现场检查包括常规检查、临时检查和稽核调查等。

常规检查是纳入年度现场检查计划的检查。按检查范围可以分为风险管理及内控有效性等综合性检查，对某些业务领域或区域进行的专项检查，对被查机构以往现场检查中发现的重大问题整改落实情况进行的后续检查。

临时检查是在年度现场检查计划之外，根据重大工作部署或临时工作任务开展的检查。

稽核调查是适用简化现场检查流程对特定事项进行专门调查的活动。

第八条　银保监会及其派出机构应当建立和完善现场检查管理信息系统，实现检查资源共享，提高现场检查效率。

第九条　银保监会及其派出机构应当严格按照法律法规规定的程序编制现场检查项目经费预算，强化预算管理，合规使用检查费用。

第十条　银保监会及其派出机构应当配备与检查任务相适应的检查力量，加强现场检查专业人才培养，建立完善随机检查人员名录库，细化人才的专业领域，提升现场检查水平，将现场检查作为培养银行业和保险业监管队伍和提高监管能力的重要途径。

第十一条　银保监会各部门、各派出机构在现场检查工作中应当加强沟通协调，建立有效的现场检查联动机制。

第二章　职　责　分　工

第十二条　根据监管职责划分，银保监会及其派出机构现场检查工作实行分级立项、分级实施，按照"谁立项、谁组织、谁负责"的工作机制，开展现场检查。

第十三条　银保监会负责统筹全系统现场检查工作，根据监管职责划分，组织对相关银行业和保险业机构的现场检查，组织全系统重大专项检查、临时检查和稽核调查，对派出机构的现场检查进行统筹指导和考核评价。

第十四条　各派出机构负责统筹辖内现场检查工作，根据监管职责划分，组织对辖内银行业和保险业机构的现场检查，完成上级部门部署的现场检查任务，对下级部门的现场检查工作进行指导、考核和评价。

第十五条　根据需要，银保监会可以对银保监局监管的机构、银保监局可以对辖内银保监分局监管的机构直接开展现场检查。

第十六条　银保监会及其派出机构现场检查部门负责现场检查的归口管理。

银保监会及其派出机构承担现场检查任务的部门负责现场检查的立项和组织实施，提出整改、采取监管措施和行政处罚的建议，通过约谈、后续检查和稽核调查等方式对被查机构整改情况进行评价，并就现场检查情况及时与相关部门进行沟通。

银保监会及其派出机构的其他机构监管和功能监管等部门积极配合开展现场检查工作，负责提出现场检查立项建议，加强信息共享，提供现场检查所需的数据、资料和相关信息。

第十七条　银保监会及其派出机构应当加强与政府相关部门的工作联动，沟通检查情况，依法共享检查信息，积极探索利用征信信息、工商登记信息、纳税信息等外部数据辅助现场检查工作。配合建立跨部门双随机联合抽查工作机制，必要时可以联合其他部门开展对银行业和保险业机构相关业务领域的现场检查。

第十八条　银保监会及其派出机构应当根据监管备忘录等合作协议规定和对等原则，开展对中资银行业和保险业机构境外机构及业务的检查，并加强与境外监管机构的沟通协作，配合境外监管机构做好外资银行业和保险业机构境内机构及业务的检查。

第三章　立项管理

第十九条　根据监管职责划分，银保监会及其派出机构实行分级立项。银保监会及其派出机构应当加强现场检查立项管理，根据银行业和保险业机构的依法合规情况、评级情况、系统重要性程度、风险状况和以往检查情况等，结合随机检查对象名录库及随机抽查事项清单，确定现场检查的频率、范围，确保检查项目科学、合理、可行。未经立项审批程序，不得开展现场检查。

第二十条 银保监会现场检查部门应当在征求机构监管、功能监管等部门以及各银保监局意见基础上，结合检查资源情况，制定年度现场检查计划，报委务会议或专题主席会议审议决定，由银保监会主要负责人签发。各银保监局制定辖内的年度现场检查计划，按相关规定向银保监会报告。

第二十一条 银保监会按年度制定现场检查计划，现场检查计划一经确定原则上不作更改。列入年度计划的个别项目确需调整的，应当说明调整意见及理由，每年中期集中调整一次。调整时，对于银保监会负责的项目，应当经银保监会负责人审批；对于派出机构负责的项目，应当经银保监局负责人审批同意后，按要求向银保监会报告。

第二十二条 经银保监会或银保监局主要负责人批准，银保监会或银保监局可以立项开展临时检查。各银保监局应当在临时立项后10个工作日内，将立项情况向银保监会报告。银保监会相关部门针对重大风险隐患或重大突发事件拟按照现场检查流程开展的检查，原则上应当按照职责分工和分级立项要求，会签相应的现场检查部门。

第二十三条 稽核调查可以纳入年度现场检查计划，也可以适用临时检查立项程序。

第四章　检查流程

第二十四条 现场检查工作分为检查准备、检查实施、检查报告、检查处理和检查档案整理五个阶段。

第二十五条 银保监会及其派出机构组织实施现场检查可以采取以下方式：

（一）由立项单位组织实施；

（二）由上级部门部署下级部门实施；

（三）对专业性强的领域，可以要求银行业和保险业机构选聘符合条件的第三方机构进行检查，并将检查结果报告监管部门；

（四）必要时可以按照相关程序，聘请资信良好、符合条件的会计师事务所等第三方机构参与检查工作，具体办法由银保监会另行制定；

（五）采用符合法律法规及规章规定的其他方式实施。

第二十六条 银保监会及其派出机构依法组织实施现场检查时，检查人员不得少于二人，并应当出示执法证或工作证等合法证件和检查通知书。检查人员少于二人或未出示合法证件和检查通知书的，被检查单位和个人有权拒绝检查。

第二十七条 存在影响或者可能影响依法公正履行职责情况的，现场检查人员应当按照履职回避的相关规定予以回避，并且不得参加相关事项的讨论、审核和决定，不得以任何方式对相关事项施加影响。被查机构认为检查人员与其存在利害关系的，有权申请检查人员回避。

第二十八条 银保监会及其派出机构应当在实施现场检查前组成检查组，根据检查任务，结合检查人员业务专长，合理配备检查人员。检查组实行组长负责制。检查组组长在检查组成员中确定主查人，负责现场检查工作的具体组织和实施。

第二十九条 检查组根据检查项目需要，开展查前调查，收集被查机构检查领域的有关信息，主要包括被查机构内外部审计报告及其对内外部检查和审计的整改和处罚情况，被查机构的业务开展情况、经营管理状况，监管部门掌握的被查机构的情况等，并进行检查分析和模型分析，制定检查方案，做好查前培训。

第三十条 检查组应当提前或进场时向被查机构发出书面检查通知，组织召开进点会谈，并向被查机构提出配合检查工作的要求。同时由检查组组长或负责人宣布现场检查工作纪律和有关规定，告知被查机构对检查人员履行监管职责和执行工作纪律、廉政纪律情况进行监督。

第三十一条　检查人员应当按要求做好工作记录、检查取证、事实确认和问题定性。

第三十二条　检查过程中，应当加强质量控制，做到检查事实清楚、问题定性准确、责任认定明晰、定性依据充分、取证合法合规。

第三十三条　检查组通过事实确认书、检查事实与评价等方式，就检查过程中发现的问题与被查机构充分交换意见，被查机构应当及时认真反馈意见。承担现场检查任务的部门应当与相关部门加强对检查情况的沟通。

第三十四条　检查结束后，检查组应当制作现场检查工作报告，并向被查机构出具现场检查意见书。必要时，可以将检查意见告知被查机构的上级管理部门或被查机构的董事会、监事会、高级管理层或主要股东等。

第三十五条　检查人员应当按照相关规定认真收集、整理检查资料，将记录检查过程、反映检查结果、证实检查结论的各类文件、数据、资料等纳入检查档案范围。

第三十六条　稽核调查参照一般现场检查程序，根据工作要求和实际情况，可以简化流程，可以不与调查对象交换意见，可以不出具检查意见书，以调查报告作为稽核调查的成果。调查过程中如发现涉及需要采取监管措施或行政处罚的事项，应当按照相关要求收集证据，依程序进行处理。

第三十七条　对于有特殊需要的现场检查项目，经检查组组长确定，可以适当简化检查程序，包括但不限于不进行查前培训、不组织进点会谈等。

第五章　检查方式

第三十八条　检查过程中，检查人员有权查阅与检查事项有关的文件资料和信息系统、查看经营管理场所、采集数据信息、测试有关系统设备设施、访谈或询问相关人员，并可以根据需要，收集原件、原物，进行复制、记录、录音、录像、照相等。对可能被转移、隐匿或者毁损的文件、资料，可以按照有关法律法规进行封存。

根据工作需要，可以采取线上检查、函询稽核等新型检查方法。线上检查是运用信息技术和网络技术分析筛查疑点业务和机构并实施的穿透式检查。函询稽核是对重大风险或问题通过下发质询函等方式检查核实的活动。

第三十九条　银保监会及其派出机构应当持续完善检查分析系统，充分运用信息技术手段，开展检查分析，实施现场检查，提高现场检查质效。银行业和保险业机构应当按照银保监会及其派出机构要求，加强数据治理，按照监管数据标准要求，完成检查分析系统所需数据整理、报送等工作，保证相关数据的全面、真实、准确、规范和及时。银保监会及其派出机构应当加强对银行业和保险业机构信息科技外包服务等工作的监督检查。

第四十条　检查人员可以就检查事项约谈银行业和保险业机构外聘审计机构人员，了解审计情况。银行业和保险业机构外聘审计机构时，应当在相关合同或协议中明确外聘审计人员有配合银保监会及其派出机构检查的责任。对外聘审计机构审计结果严重失实、存在严重舞弊行为等问题的，银保监会及其派出机构可以要求被查机构立即评估该外审机构的适当性。

第四十一条　必要时，银保监会及其派出机构可以要求银行业和保险业机构内审部门对特定项目进行检查。内审部门应当按照监管要求实施检查、形成报告报送监管部门。银保监会及其派出机构应当加强检查指导，对检查实行质量控制和评价。

第四十二条　检查过程中，为查清事实，检查组需向除被查机构以外的其他银行业和保险业机构了解情况的，可以要求相关机构予以配合。经银保监会承担现场检查任务部门的负责人批准，检查人员可以向相关银行业和保险业机构了解情况，也可以委托相关机构所在地银保监局或检查组予以协助。涉及跨银保监局辖区的协查事项，经银保监局负责人批准，可以发函要求相关机构所在地银保监局予以协助。银保监局辖内的协查事项，由各银保监局自行确定相关程序和要求。协查人员负责调取相关资料，查明相关情况，检查责任由检查组承担。

第四十三条 银保监会及其派出机构依法对银行业和保险业机构进行检查时，为了查清涉嫌违法行为，可以根据《中华人民共和国银行业监督管理法》第四十二条、《中华人民共和国保险法》第一百五十四条的规定对与涉嫌违法事项有关的单位和个人进行调查。

第四十四条 银保监会及其派出机构行使相关调查权应当符合以下条件：

（一）在检查中已获取银行业和保险业机构或相关人员涉嫌违法的初步证据；

（二）相关调查权行使对象限于与涉嫌违法事项有关的单位和个人。

第四十五条 与涉嫌违法事项有关的单位和个人包括与涉嫌违法行为有直接关系的民事主体，也包括没有参与违法行为，但掌握违法行为情况的单位和个人。主要指：

（一）银行业和保险业机构的股东、实际控制人、关联方、一致行动人及最终受益人等；

（二）银行业和保险业机构的客户及其交易对手等；

（三）为银行业和保险业机构提供产品和服务的企业、市场中介机构和专业人士等；

（四）通过协议、合作、关联关系等途径扩大对银行业和保险业机构的控制比例或巩固其控制地位的自然人、法人或其他组织；

（五）其他与银行业和保险业机构涉嫌违法事项有关的单位和个人。

第四十六条 调查人员依法开展相关调查时，被调查单位和个人应当配合，如实说明有关情况，并提供有关文件、资料，不得拒绝、阻碍和隐瞒。阻碍银保监会及其派出机构工作人员依法执行调查任务的,由银保监会及其派出机构提请公安机关依法给予治安管理处罚,涉嫌构成犯罪的,依法移送司法监察机关等部门。

第六章　检查处理

第四十七条　银保监会及其派出机构可以将现场检查情况通报被查机构的上级部门或主要股东,可以与被查机构的董事、监事、高级管理人员进行监管谈话,要求其就检查发现的问题作出说明和承诺,也可以对相关责任人进行谈话提醒、批评教育或者责令书面检查等。

第四十八条　对于检查中发现的问题,银保监会及其派出机构应当在检查意见书中责令被查机构限期改正。被查机构应当在规定时间内提交整改报告。

第四十九条　对于被查机构在现场检查前反馈的自查情况中主动发现并及时纠正相关问题,符合《中华人民共和国行政处罚法》第二十七条规定的相关情形的,应当依法提出从轻、减轻或不予行政处罚的意见建议。

第五十条　银保监会及其派出机构在检查中发现被查机构存在违反法律法规、审慎经营规则和偿付能力监管规则等情形的,应当依法采取《中华人民共和国银行业监督管理法》《中华人民共和国保险法》规定的监管措施。

第五十一条　银保监会及其派出机构应当对现场检查中发现涉及行政处罚的违法违规行为及时启动行政处罚立案调查程序,按照《中华人民共和国银行业监督管理法》《中华人民共和国保险法》及银保监会行政处罚有关规定办理。

第五十二条　立案前现场检查中已经依法取得的证据材料,符合行政处罚证据要求的可以作为认定违法、违规事实的证据。审查过程中确需补充证据材料的，应当按照有关规定开展补充立案调查。

第五十三条　银保监会及其派出机构在现场检查中发现银行业和保险业机构及其工作人员、客户以及其他相关组织、个人涉嫌犯罪的，应当根据有关规定，依法向司法监察机关等部门移送。

第五十四条　检查结束后，承担现场检查任务的部门应当将现场检查意见书及时抄送机构监管部门及其他相关部门。机构监管部门应当根据检查意见，督促被查机构落实整改要求。必要时，可以设立一定的整改观察期。

第五十五条　承担现场检查任务的部门负责对被查机构整改情况进行评价。评价过程中，可以查阅被查机构的整改报告、要求被查机构补充相关材料、约谈被查机构相关人员、听取机构监管部门等相关部门意见，必要时可以通过后续检查、稽核调查等方式进行。

第五十六条　被查机构未按要求整改的，银保监会及其派出机构可以根据《中华人民共和国银行业监督管理法》《中华人民共和国保险法》规定采取进一步监管措施或进行行政处罚。

第五十七条　银保监会及其派出机构应当加强对检查情况和整改情况的统计分析，建立现场检查信息反馈和共享机制。对于检查中发现的普遍性、典型性风险和问题，应当及时采取监管通报、风险提示等措施；对于检查中发现的系统性风险苗头，应当及时专题上报；对于检查中发现的监管机制和制度存在的问题，应当及时提出修订和完善监管机制与制度的建议。

第五十八条　银保监会及其派出机构应当将现场检查发现的情况和问题，在被查机构的监管评级和风险评估中反映，必要时相应调整被查机构的监管评级和风险评估，并依照相关规定在市场准入工作中予以考虑。

第五十九条　银保监会及其派出机构有权按照规定披露相关检查情况，但涉及国家秘密、商业秘密、个人隐私以及公布后可能危及国家安全、公共安全、经济安全和社会稳定的除外。

第七章　考核评价

第六十条　银保监会及其派出机构应当建立现场检查工作质量控制和考核评价机制，对检查立项的科学性、检查实施的合规性、检查成果的有效性以及现场检查人员的履职尽责情况等进行质量控制和考核评价。

第六十一条　银保监会及其派出机构可以建立现场检查正向激励机制，对于检查能力突出、查实重大违法违规问题、发现重大案件或重大风险隐患的检查人员，可以给予表彰奖励。

第六十二条　银保监会及其派出机构应当按照权责一致、宽严适度、教育与惩戒相结合的原则，完善现场检查工作问责和免责机制。对于在现场检查工作中不依法合规履职的，应当在查清事实的基础上依照有关法律法规及银保监会履职问责有关规定，对相关检查人员予以问责。对于有证据表明检查人员已履职尽责的，免除检查人员的责任。

第六十三条　对于滥用职权、徇私舞弊、玩忽职守、泄露所知悉的被查机构商业秘密等严重违反现场检查纪律的人员，依法给予纪律处分；涉嫌构成犯罪的，依法移送司法监察机关等部门。

第八章　附　　则

第六十四条　银保监会及其派出机构根据日常监管需要，开展的信访举报和投诉核查、监管走访、现场调查、核查、督查或调研等活动，不属于本办法规定的现场检查，具体办法由银保监会另行制定。

第六十五条　本办法所称银行业和保险业机构，包括：

（一）在中华人民共和国境内依法设立的政策性银行和商业银行、农村信用社等吸收公众存款的金融机构、外国银行在华代表处；

（二）在中华人民共和国境内依法设立的保险集团（控股）公司、保险机构、保险资产管理机构、保险中介机构、外国保险公司驻华代表处；

（三）在中华人民共和国境内依法设立的信托机构、金融资产管理公司、企业集团财务公司、金融租赁公司、汽车金融公司、消费金融公司、货币经纪公司以及经银保监会及其派出机构批准设立的其他非银行金融机构；

（四）经银保监会及其派出机构批准在境外设立的金融机构。

第六十六条 银保监会可以依照本办法制定现场检查规程及相关实施细则。各派出机构可以依照本办法制定辖内现场检查实施细则。

第六十七条 本办法由银保监会负责解释。

第六十八条 本办法自 2020 年 1 月 28 日起施行。《中国银监会现场检查暂行办法》同时废止。本办法施行前有关规定与本办法不一致的，以本办法为准。

保险公司非现场监管暂行办法

（2022 年 1 月 18 日中国银行保险监督管理委员会令第 3 号公布 自 2022 年 3 月 1 日起施行）

第一章 总 则

第一条 为建立健全保险公司非现场监管体系，明确非现场监管职责分工，规范非现场监管工作流程，提高非现场监管工作效率，依据《中华人民共和国保险法》《保险公司管理规定》等有关法律法规，制定本办法。

第二条 保险公司非现场监管是指监管机构通过收集保险公司

和保险行业的公司治理、偿付能力、经营管理以及业务、财务数据等各类信息，持续监测分析保险公司业务运营、提供风险保障和服务实体经济情况，对保险公司和保险行业的整体风险状况进行评估，并采取针对性监管措施的持续性监管过程。

非现场监管是保险监管的重要手段，监管机构要充分发挥其在提升监管效能方面的核心作用。

第三条 本办法所称监管机构是指银保监会及其派出机构。

本办法所称保险公司包括保险公司法人机构及其分支机构。其中保险公司法人机构是指经国务院保险监督管理机构批准设立，并依法登记注册的商业保险公司。保险公司分支机构是指保险公司法人机构依法设立的省级（含直辖市、计划单列市）分公司和地市级中心支公司，不包括支公司、营业部、营销服务部和各类专属机构。

第四条 监管机构对保险公司开展非现场监管，应遵循以下原则：

（一）全面风险监管原则。开展非现场监管应以风险为核心，全面识别、监测和评估保险公司的风险状况，及时进行风险预警，并采取相应的监管措施，推动保险公司持续健康发展。

（二）协调监管原则。机构监管部门和其他相关监管部门应当建立非现场监管联动工作机制，加强信息共享和工作协调，充分整合监管力量。

（三）分类监管原则。开展非现场监管应根据保险公司的业务类型、经营模式、风险状况、系统重要性程度等因素，合理配置监管资源，分类施策，及时审慎采取监管措施。

（四）监管标准统一原则。开展非现场监管应设定统一的非现场监管目标，建立统一的工作流程和工作标准，指导监管人员有序高效地履行非现场监管职责。

第二章　职责分工和工作要求

第五条 机构监管部门负责研究制定非现场监管的制度规定、

工作流程和工作标准；对直接监管的保险公司法人机构和保险行业的系统性风险开展非现场监管，并指导派出机构开展非现场监管。

第六条 其他相关监管部门要加强与机构监管部门的协调配合，为构建完善非现场监管制度体系，开展非现场监管提供数据资料、政策解读等相关支持。

第七条 派出机构负责对属地保险公司法人机构、辖内保险公司分支机构以及保险行业的区域性风险开展非现场监管。

第八条 机构监管部门和其他相关监管部门与派出机构之间应当建立非现场监管联动工作机制，加强横向和纵向的监管联动，积极推动实现监管信息的有效共享。

第九条 非现场监管应当与行政审批、现场检查等监管手段形成有效衔接，与公司治理、偿付能力、资金运用和消费者权益保护等重点监管领域实现合作互补，共同构建高效、稳健的保险监管体系，为监管政策的制定实施提供有力支持。

第十条 非现场监管的工作流程分为信息收集和整理、日常监测和监管评估、评估结果运用、信息归档等四个阶段。

第十一条 监管机构应当根据监管人员配置情况和履职回避要求，明确专人负责单家保险公司的非现场监管工作，确保非现场监管分工到位、职责到人，定期对非现场监管人员进行培训、轮岗。

第三章 信息收集和整理

第十二条 监管机构应根据非现场监管的需要，从监管机构、保险公司、行业组织、行业信息基础设施等方面收集反映保险公司经营管理情况和风险状况的各类信息。

第十三条 监管机构应充分利用各类保险监管信息系统采集的报表和报告，整理形成可用于非现场监管的信息。

监管机构应定期收集日常监管工作中形成的现场检查、行政处罚、调研、信访举报投诉、行政审批、涉刑案件等方面信息，整理后用于非现场监管。

第十四条 监管机构应充分利用保险公司已报送的各类信息；对于非现场监管需要保险公司补充报送的信息，可以通过致函问询、约见访谈、走访等方式从保险公司补充收集。

监管机构认为必要时可要求保险公司提供经会计师事务所、律师事务所、税务师事务所、精算咨询机构、信用评级机构和资产评估机构等中介服务机构审计或鉴证的相关资料。

第十五条 监管机构应加强与保险业协会、保险学会、保险资管业协会等行业组织，以及保险保障基金公司、银保信公司、中保投资公司和上海保交所等行业机构的沟通协作，充分利用其工作成果，整理形成可用于非现场监管的信息。

监管机构应充分利用保单登记平台等行业信息基础设施，为非现场监管提供大数据分析支持。

第十六条 监管机构应当不断完善非现场监管信息收集和整理流程，加强各保险监管信息系统整合，提高信息收集、整理和分析效率。

第十七条 监管机构应督促保险公司贯彻落实监管要求，切实加强信息报送管理，确保报送信息的真实、准确、及时和完整；对于未按照非现场监管工作要求报送信息的，可视情节严重程度，依法对保险公司及责任人实施行政处罚。

第四章 日常监测和监管评估

第十八条 监管机构应当根据保险公司的业务类型、经营模式识别各业务领域和经营环节的风险点，编制建立风险监测指标体系，用于对保险公司经营发展情况进行日常动态监测和风险预警。

第十九条 监管机构应坚持定性分析与定量分析相结合的方法，

通过综合分析收集的各类信息，结合风险监测指标预警情况，对保险公司的潜在风险进行有效识别，并确定特定业务领域、经营环节以及整体风险的非现场监管评估结果。

第二十条　监管机构原则上每年至少对保险公司法人机构和分支机构的整体风险状况进行一次非现场监管评估。

监管机构应综合考虑监管资源的配置情况、保险行业发展情况、保险公司经营特点和系统重要性程度等因素，确定合适的风险监测频次，对特定业务领域和经营环节进行专项非现场监管评估。

第二十一条　监管机构开展非现场监管评估，其内容包括但不限于：

（一）保险公司基本情况、评估期内业务发展情况及重大事项；

（二）本次非现场监管评估发现的主要问题、风险和评估结果，以及变化趋势；

（三）关于监管措施和监管意见的建议；

（四）非现场监管人员认为应当提示或讨论的问题和事项；

（五）针对上次非现场监管评估发现的问题和风险，公司贯彻落实监管要求、实施整改和处置风险的情况。

第二十二条　监管机构应在单体保险公司非现场监管的基础上，关注宏观经济和金融体系对保险行业的影响，以及保险行业内部同质风险的产生和传递，开展系统性区域性非现场监管。

第二十三条　机构监管部门应建立非现场监管评估结果的共享机制。机构监管部门和派出机构应根据各自的监管职责，及时在监管机构内部通报非现场监管评估结果、拟采取的监管措施等信息。

第二十四条　机构监管部门根据保险公司的业务范围和机构层级，制定适用于财产保险公司、人身保险公司和再保险公司的风险监测和非现场监管评估指引，明确风险监测指标的定义和非现场监管评估的方法，并根据保险行业和金融市场的变化发展等情况及时进行修订。

第五章　评估结果运用

第二十五条　监管机构应依据有关法律法规，针对风险监测和非现场监管评估发现的问题和风险，及时采取相应的监管措施；并根据风险监管的需要，要求保险公司开展压力测试、制定应急处置预案，指导和督促保险公司及其股东有效防范化解风险隐患。

第二十六条　监管机构发现保险公司违反法律法规或有关监管规定的，应当责令限期改正，并依法采取监管措施和实施行政处罚。

第二十七条　监管机构可以通过监管谈话、监管通报，以及下发风险提示函、监管意见书等形式向保险公司反馈非现场监管评估结果，并提出监管要求。

监管机构可以视情况选择非现场监管评估结果和监管要求的部分或全部内容向社会公布，发挥公众和舆论的监督约束作用，推动保险公司及时认真整改。

第二十八条　监管机构根据非现场监管评估结果，对需要开展现场检查的重点机构、重点业务、重点风险领域和主要风险点向现场检查部门提出立项建议；在项目立项后提供非现场监管的相关数据资料，及时跟踪检查进展和结果，并与非现场监管评估结果进行比对。

第二十九条　监管机构在开展市场准入、产品审批等行政审批工作时，应将非现场监管评估结果作为重要考虑因素。

第三十条　监管机构在开展非现场监管过程中，分析认为监管法规、监管政策等方面存在需要关注的事项的，应当及时在监管机构内部通报相关情况。

第六章　信息归档

第三十一条　监管机构应将非现场监管过程中收集的信息资料、形成的工作材料以及风险监测和非现场监管评估报告等及时归档管理。

第三十二条　监管机构应加强非现场监管的信息档案管理，明确档案保管、查询和保密的相关权限。

第三十三条　从事非现场监管的工作人员对非现场监管信息负有保密义务，未经必要决策程序，不得擅自对外披露。非现场监管信息主要包括：

（一）保险公司根据非现场监管要求报送的数据和信息资料；

（二）开展非现场监管所使用的各类监管工作信息；

（三）开展非现场监管形成的风险监测指标数值、监管评估结果和相关报告等；

（四）其他不宜对外披露的信息。

第七章　附　　则

第三十四条　监管机构应开展非现场监管后评价，对非现场监管组织开展情况和监管效果进行客观评价，发现问题，分析原因，不断完善非现场监管制度规定和工作流程。监管后评价的具体规则另行制定。

第三十五条　财产保险公司、人身保险公司和再保险公司的风险监测和非现场监管评估指引由相应的机构监管部门另行制定下发。

第三十六条　本办法所称机构监管部门是指银保监会负责各类保险公司监管工作的内设部门。其他相关监管部门是指银保监会负责保险公司现场检查、偿付能力监管、公司治理监管、保险资金运用监管、消费者权益保护、重大风险事件与案件处置、法规、统计信息与风险监测等的内设部门。

第三十七条　相互保险组织、政策性保险公司、保险集团（控股）公司和保险资产管理公司的非现场监管参照适用本办法。

第三十八条　本办法由银保监会负责解释和修订。

第三十九条　本办法自 2022 年 3 月 1 日起施行。

图书在版编目（CIP）数据

中华人民共和国保险法注解与配套／中国法制出版
社编 . —北京：中国法制出版社，2023. 7
　　（法律注解与配套丛书）
　　ISBN 978-7-5216-3692-5

　　Ⅰ. ①中… Ⅱ. ①中… Ⅲ. ①保险法-法律解释-中
国 Ⅳ. ①D922. 284. 5

中国国家版本馆 CIP 数据核字（2023）第 118603 号

策划编辑：袁笋冰　　　责任编辑：刘晓霞　　　封面设计：杨泽江

中华人民共和国保险法注解与配套
ZHONGHUA RENMIN GONGHEGUO BAOXIANFA ZHUJIE YU PEITAO

经销/新华书店
印刷/三河市国英印务有限公司
开本/850 毫米×1168 毫米　32 开　　　　　　印张/ 12. 5　字数/ 255 千
版次/2023 年 7 月第 1 版　　　　　　　　　2023 年 7 月第 1 次印刷

中国法制出版社出版
书号 ISBN 978-7-5216-3692-5　　　　　　　　　定价：36. 00 元

北京市西城区西便门西里甲 16 号西便门办公区
邮政编码：100053　　　　　　　　　　传真：010-63141600
网址：**http：//www. zgfzs. com**　　　　编辑部电话：**010-63141664**
市场营销部电话：010-63141612　　　　印务部电话：**010-63141606**

（如有印装质量问题，请与本社印务部联系。）